易100

100位
科学人物的
探索创新

画解科学图景

刘夕庆
编著/绘

人民邮电出版社
北京

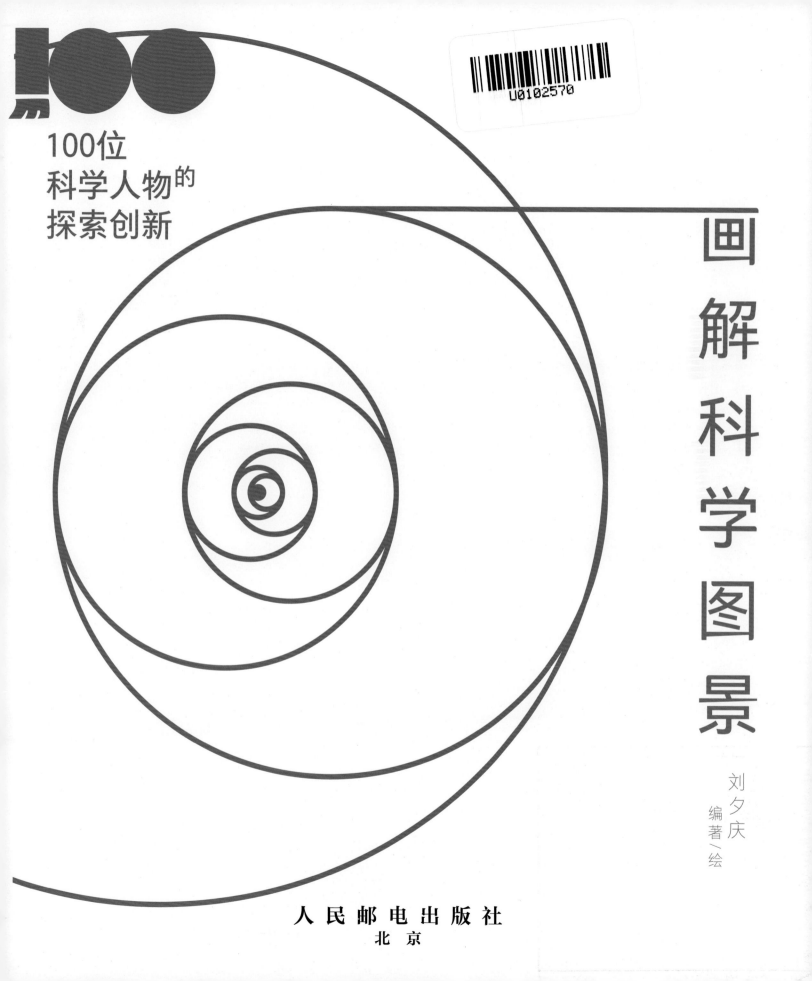

图书在版编目（CIP）数据

画解科学图景：100位科学人物的探索创新 / 刘夕庆编著、绘. -- 北京：人民邮电出版社，2023.10
ISBN 978-7-115-62275-4

Ⅰ. ①画… Ⅱ. ①刘… Ⅲ. ①科学家－传记－世界－画册 Ⅳ. ①K816.1-64

中国国家版本馆CIP数据核字(2023)第130989号

内 容 提 要

本书围绕古今中外 100 位科学人物及其所创科学图景进行融合性肖像创作，分为科学思想、科学精神、科学方法、科学实验、科学发现、科技发明、科学探索、科学文化、科学哲学、科学幻想 10 个图景篇章，解析这些人物突出的代表性探索成果的经纬脉络。肖像画表现了科学人物的精、气、神，而探索成果的融入使一些平常看起来相当深奥的科学内容变得容易理解，整体上让科学内容通俗化、可视化与艺术化。

本书基于科学肖像这一主体展开，辅之以科学图景的创绘，体现了科学+人文的思想理念，采用巧妙的艺术与科学结合的叙画论述，力图创造一种"用艺术理解科学"的范式。本书可为读者提供科学与艺术交融的阅读体验。

◆ 编著 / 绘　刘夕庆
　　责任编辑　韦　毅
　　责任印制　李　东　焦志炜
◆ 人民邮电出版社出版发行　　北京市丰台区成寿寺路 11 号
　　邮编　100164　电子邮件　315@ptpress.com.cn
　　网址　https://www.ptpress.com.cn
　　北京捷迅佳彩印刷有限公司印刷
◆ 开本：690×970　1/8
　　印张：31.5　　　　　　　　2023 年 10 月第 1 版
　　字数：499 千字　　　　　　2023 年 10 月北京第 1 次印刷

定价：129.00 元
读者服务热线：(010)81055552　印装质量热线：(010)81055316
反盗版热线：(010)81055315
广告经营许可证：京东市监广登字 20170147 号

献给所有创绘科学图景的人们

这本书将是另外一种有意义的尝试，通过艺术的手段表现科学人物及其科学图景，也是艺术赋予科学普及的一种新的形式。刘夕庆先生的努力令人钦佩。

周忠和

中国科普作家协会理事长，中国科学院院士，美国科学院外籍院士

从《玩转科学的"艺术家"》（上下册）到《玩转艺术的"科学家"》，再到最新呈现的《画解科学图景》，刘夕庆先生对科学与艺术的交融皆有精妙的剖解和阐发，对科学美术的探索创新已臻化境。在我心目中，从某种意义上说，他也是一位玩转科学的"艺术家"和玩转艺术的"科学家"。

尹传红

中国科普作家协会副理事长，科普时报社社长，科普作家

序

一幅科学的"全景图"

"图景"是我们这些搞空间艺术的人再熟悉不过的词语或概念了，它应该就是图画与景色的组合或融合之意。但如果不是夕庆的这本书，我们还真不太了解现代科学诞生以来，科学家和哲学家们竟然将"科学"和"图景"加以组合，让数学、空间、时间和机械等概念图景成为世界的表象。这种世界的图景化也和我们画家所面临的情况相同，其体验与描绘来源于人的主体意志——这些曾以为对我们搞艺术的人才成立的关系，怎么对"客观"看世界的科学家也成立呢？其中还含有数学化、空间化、时间化、机械化等诸多图景，我想这些表现形式可与我们画家所运用的线条、色彩、光影和构图等相类比。

在本书的前言中，夕庆援引了爱因斯坦的一段话，非常精彩，这段话让我们理解了上述关系，而且解答了我们的疑惑："人们总想以最适合自己的方式画出一幅简化而又易理解的世界图景；于是他就试图用他的这种世界体系来代替经验的世界，并来征服它。这就是画家、诗人、思辨哲学家、自然科学家各自按照自己的方式去做的事。各人都把世界及其构成作为他的情感生活的支点，由此找到他在个人经验的狭小范围内所不能找到的宁静和安定。"

可见，爱因斯坦的大格局，让他将科学家与艺术家的探索归结于对世界图景的主观追求——这对我们现在很多人的艺术观与科学观来讲，都是一次深刻的纠正。原来，自然科学家和我们这些画家一样，都是充满激情地去描绘一幅幅简化而又易理解的世界图景，只不过科学家的研究成果需要实验验证，而我们这些艺术家的创造作品需要同行认同。

这本书的 100 篇图文深刻地表述了上述观念，读者会在

享受个性化艺术的同时，接触到普适化科学的方方面面——那些图景化的科学以可视化的形式呈现于读者面前。弗朗西斯·培根那句"艺术是人与自然相乘"名言的内涵，在夕庆所创作的科学肖像中得到了充分的体现，不但给了我们双重的体验，而且让我们深切地体会到了科学与艺术的美美与共，以及二者融合所带来的思想升华。

过去，我们曾看到过一些关于科技发明的想象性漫画作

品，漫画家们幻想并创作出来的实体发明图景充分展示了人类的想象力、创造力和艺术表现力，它们中的很多后来都成了现实。但夕庆创作的科学肖像不一样，采用的是写实主义的手法，象征性地描写了100位科学人物的主体性形象，而后用他们创造力所凝练的方程、图形、短语和实物等形式，巧妙地借用联想、象征、比喻、夸张等手法，使之成为整个画面的有机部分，赋予科学与艺术图景以深入的关联内涵，深入浅出地表达了"图景"的含义。这无疑是一种创新的、可视化的科普表现形式，给人一种庄重、严谨和奥妙之感。

本书的主书名——"画解科学图景"，让我们这些搞绘画艺术的人感到兴奋：通过绘画艺术也可敲开科学技术的大门吗？细读了此书后，感到确实如此——夕庆已将漫画手法变化了，将绘画功能也扩大化了，关键是在以形象解析抽象上有了大胆创新。以前只看过一些表现实体发明的漫画，反映科学精神和思想的作品很少。夕庆在这本书里将写实主义与现代画派的一些画法相融合，再通过特有的绘画形式，将科学思想、科学精神、科学方法和科学实验等融入画中并进行解析，真有点让我意想不到。

当下国家倡导创新驱动发展，我个人曾担任全国政协委员、江苏省文化厅副厅长，是大力支持文化领域各方面原始创新的。通俗地讲，好点子、新形式就是艺术与科学发展的硬核。在本书"屠呦呦篇"中，我们看到的新中国本土首位诺贝尔自然科学奖获得者，不就是在"idea"（点子）的闪光点作用下努力描绘出了伟大的科学图景吗？

简言之，夕庆的这本书图文并茂、兼具科学性与艺术性，逻辑构架严谨且覆盖面广，不仅是一本领略科学家肖像及其成就的好书，而且具有中国山水画中所特有的"全景式"的画法形式，他将科学人物作为主体，与其所创绘的科学图景融为一体，多视角整合，正有些"高入云端、鸟瞰全景"的意味。

全国中国画学会副会长

中国美术家协会国家重大题材美术创作艺委会委员

中国国家画院院务委员兼研究员

前　言

1918 年 4 月，在柏林物理学会举办的普朗克 60 岁生日庆祝会上，爱因斯坦发表了讲话《探索的动机》，为我们讲述了在他之前的科学大师普朗克的探索动机，而正是这种动机让这两位科学大师在 20 世纪初为人类提出了两大革命性科学理论——量子理论和相对论，让世界图景发生了翻天覆地的变化。后来讲话稿被整理出版，爱因斯坦用简洁明了的文字为量子理论的创立者描绘出一幅惟妙惟肖的"肖像画"，其中有这样一段极其经典的话：

"人们总想以最适合自己的方式画出一幅简化而又易理解的世界图景；于是他就试图用他的这种世界体系来代替经验的世界，并来征服它。这就是画家、诗人、思辨哲学家、自然科学家各自按照自己的方式去做的事。各人都把世界及其构成作为他的情感生活的支点，由此找到他在个人经验的狭小范围内所不能找到的宁静和安定。"

爱因斯坦的这段话字数不多，但从一定意义上讲，蕴含丰富而深刻的内涵，既肯定了自笛卡儿以来有关"世界图景"的科学哲学意义，同时也推想扩大了想从不同视角、以不同方式表象世界图景的人群——不单单是自然科学家，还有画家、诗人、思辨哲学家等，从而扩大了确定以人作为主体、以世界作为表象的主体性哲学的适用范围。

受这段话的启发，我于 2012 年开始，从一个画者和一个科普作者的不同视角，为近 200 位与科学有关联的人物"造像"。我对爱因斯坦认定的表象世界图景的不同方式和视角进行了融合性尝试，即：科学探索者主体 + 所呈现的世界图景 + 画者特有的表现方式 = 科学人物个性化肖像。

我将这种尝试总结为"三部曲"。其一，2015 年，在第八届海峡两岸科普论坛期间，我在日照举办了个人科学美术作品展，随后出版了《玩转科学的"艺术家"》（上下册），入选 2017 年度"中华优秀科普图书榜"、第 13 届国家图书馆"文津奖"推荐图书。其二，2016 年，因收入多幅科学肖像的《绘画"讲述"的科学故事》一文荣获"十佳新锐科普创客"称号（由中国科普作家协会、北京科学技术普及创作协会和"蝌蚪五线谱"组织评选）。其三，我受邀为著名科普作家尹传红"青少年创新思维培养丛书"（3 册）绘制了科学肖像插画。

我创作的这些科学肖像中，除了上述提到的"三部曲"以及发表的其他科普作品中用到过一部分，还有很多没有完

"十佳新锐科普创客"颁奖现场。典礼对《绘画"讲述"的科学故事》的评语是："该系列漫画'讲述'了许多重大科学发现的故事，画面具有较高的艺术水准，同时还融入许多科学细节，将科学与人文相结合，使漫画作品艺术性和科学性兼备。"

整地公开呈现。这些科学肖像总体上很受欢迎。例如，南京先锋书店制作的《诗画科学》套装明信片（10 位著名科学家科学肖像）一经上架，很快就销售一空；在《知识就是力量》《科学画报》等科普期刊上发表的一些科学肖像也广受欢迎，并常被人引用。

走过这十余年的科学肖像创作历程，出版一本融科学与艺术为一体的画集类图书的想法一直存乎于心。今天，这本《画解科学图景：100 位科学人物的探索创新》就建立在上述作品的基础之上，只不过它换了一种内涵更加丰富、内容更具扩展性的图文形式——"以艺术画可视化解读科学图景"。

下面先介绍一下本书中"科学图景"的概念。我国科学史家吴国盛在《世界的图景化——现代数理实验科学的形而上学基础》一文中指出了它的要义："现代科学的主体是数理实验科学，数理实验科学的形而上学基础之一是世界的图景化。世界的图景化来源于人的主体意志，包括数学化、空间化、时间化和机械化。"法国哲学家、科学家笛卡儿提出主体性哲学既确定了人作为主体，也确定了世界作为表象——世界作为表象就是世界的图景化。德国哲学家海德格尔在一篇专门谈现代科学本质的文章《世界图景的时代》中提出，世界被表象为一个图景，是现代科学根本的形而上学前提。本书采用科学与艺术交融的方式，希望能让科学图景的概念普及开来，印刻于读者的头脑之中。本书书名中用了"画解"二字，即用画作进行解读。当今世界图景化已被普遍认同，"透过现象看本质"这句经典之语，也可以看作"事物本质的表象即为图景"的逆命题。在本书中，我采用"画解"这种形式，力图建立科学人物与数学化、空间化、时间化和机械化等科学图景的联系，其中又暗含着科学图景描绘和探索的动机是由人的需要而产生的这一主旨，100 位科学人物在画中成为各类科学图景的主体部分。

历史上，人类社会文明的各个领域都会出现代表性人物。从积极的意义上讲，"名人效应"对社会进步起着显而易见的促进和带动作用，"榜样的力量是无穷的"。本书中所介绍的"科学人物"是指对科学事业发展有着直接或间接促进作用的、成就斐然的杰出人物，除了不同学科领域的科学家、发明家外，还包括科学史家、科学哲学家、科学教育家与科学幻想家等。

前文提到，爱因斯坦说过，处于探索中的画家、诗人、思辨哲学家和自然科学家都把世界及其构成作为他们情感生活的支点，以此找到他们在个人经验的狭小范围内所不能找到的宁静和安宁。这些艺术家和科学家，为了寻求一种美妙的（艺术的、科学的，或两者兼具的）切身体验与结果，经历了无止境的探索过程。

在本书中的每篇文章之后，我特意加上了一段"创作感言"，与读者分享我在创作过程中的思考和心得，希望能让读者对书中的科学图景及绘就这些图景的探索者有一个简洁而深刻的关联性认识，引领读者领略科学之美、向往未知世界图景。

本书分为 10 章，每章收入 10 位科学人物，取"十全十美"之意，每章中的科学人物按出生时间排序。

我还想强调一下，在《探索的动机》一文中，爱因斯坦有着这样的论述："物理学家的最高使命是要得到那些普遍的基本定律，由此世界体系就能用单纯的演绎法建立起来。要通向这些定律，并没有逻辑的道路；只有通过那种以对经验的共鸣的理解为依据的直觉，才能得到这些定律……促使人们去做这种工作的精神状态是同信仰宗教的人或谈恋爱的人的精神状态相类似的；他们每天的努力并非来自深思熟虑的意向或计划，而是直接来自激情。"爱因斯坦具有切身感受的这段话给了我们这样一种崭新的认识，那就是"直觉"与"激情"不是为艺术家所独有的，科学家在描绘和创造科学图景时也同样迫切需要。从这个意义上讲，"直觉"和"激情"为艺术家和科学家所共有，科学和艺术在人性参与创造的层面是融合的。DNA 双螺旋结构的发现者之一沃森在 1962 年诺贝尔生理学或医学奖的获奖感言中也同样表达了这层意思："……我觉得记住下面这一点，是很重要的：科学不是从天上掉下来的，而是非常具有人性的人创造出来的。"从这些言论中，我获得启发，在科学肖像中突出了科学人物代表性年代的鲜明形象，力图体现科学图景中的"世界的图景化来源于人的主体意志"。

从某种意义上讲，科学家也像画家一样——画家充满激情地描绘对大自然和人类社会的理解及情感，科学家同样充满激情地描绘对大自然和人类社会的理解，从而形成科学图景；也就是说，科学家群体是科学图景描绘中不可或缺的主体部分，他们应该是对客观存在进行主观理解过程中"制造科学假设"的那群人。本书尝试将上述两方面进行有机交融，让科学图景与人性探索的闪光点同时绽放，以加深广大读者对科学本质的更进一步理解，带给读者一种全新的双重感受——一边欣赏科学名人风采，一边领略其描绘的科学图景。

从艺术创作的角度来看，本书中 100 幅科学肖像主要表现的是由科学人物适时的典型形象与其最突出或最有代表性的成果的有机结合。肖像画部分强调科学人物生动的精、气、神，而科学图景的融入则使画面的内涵更加深刻——特别是科学细节巧妙而可视化的介入，使得解析一些平日看似深奥难懂的科学内容成为可能。与科学实验并行不悖的方程式及结论化语言等图景，形成了现代科学"分科之学"的精华和演绎，由此，在创作中，我也特别地将相关内容展示了出来。

我采用这种有所创新的绘画艺术形式直面科学图景，正体现了一种既坚定文化自信、又加紧"补短板"的科学态度，其渐进目标只有一个，那就是：大力提高公众科学文化素养，推动促进国家创新驱动发展战略实施！

2022 年 8 月

目 录

10 科学幻想图景

1

014 ~ 035

科学思想图景

　　科学思想是人类在科学实践中形成的自然科学的主要成果、发展的重要学说的理论思想。科学思想对进一步的、更广泛的科学研究和社会实践具有导向作用。比如，哥白尼的"日心说思想"给大众对宇宙的认知带来了变革，牛顿的"力学思想"给数理科学带来了变革，达尔文的"进化论思想"给生物学带来了变革，爱因斯坦的"相对论思想"给大众对时空与质能关系的认知带来了变革，等等。本章描绘了 10 幅科学人物肖像，并解析其所凸显的科学思想图景。

Pythagoras:
"万物皆数"

$a^2+b^2=c^2$

毕达哥拉斯（Pythagoras，公元前 580 至公元前 570 之间—约公元前 500）

01

毕达哥拉斯

"万物皆数" 解析世界的构成

《历史上最伟大的 10 个方程》一书的作者在其引言中讲道："人们一旦理解了某个重要方程，就能窥见比我们感知的更深层面上的世界结构，揭示世界本身与人们经验之间的深层联系。"此书第一篇文章便是《文明的基础——毕达哥拉斯定理》。毕达哥拉斯，是梵蒂冈壁画《雅典学派》（画家拉斐尔在意大利文艺复兴时期所作）中突出描绘的一位古希腊重要学者。

毕达哥拉斯生于爱琴海的萨摩斯岛，后来移居到古希腊海港克罗顿（今属意大利），并在那里创立了"毕达哥拉斯学派"。他组建这个组织严密的学派是为了更加深入地研究数学和哲学等。在这个学派中，毕达哥拉斯及其追随者们认为"万物皆数"，西方以他的名字命名的毕达哥拉斯定理就是这一思想最好的佐证之一。

实际上，直到今天，谁也不能证实第一个证明了毕达哥拉斯定理的就是毕达哥拉斯本人。但有一种说法是，西方用毕达哥拉斯的名字为该定理冠名，大概是因为他第一个对自己所写的证明做了记录，并被后人保存了下来。还有另一种说法，并不是因为传言他首先指出了这种数形联系，而是因为他设计了一种从数学上证明它之所以如此的推算方法。事实上，这一定理的证明路数之多，是其他数学发现难以比拟的。在古代中国，它被称为"勾股定理"。

今天，人们都知道如何表述这一定理："直角三角形两个直角边长度的平方和等于斜边长度的平方。"（见题图右下角的数学公式：$a^2+b^2=c^2$）。对当时的毕达哥拉斯来说，按部就班地运用一些基本方法证明直角三角形具有共同的性质，并不是最令人惊讶的事情，倒是他坚信数字里蕴含着一种神秘力量的思想更加伟大。他认为，从某种意义上讲，数字是

有生命的，要么阳性，要么阴性；要么美丽，要么丑陋。他还认为"10"是最好的数字，因为它是头 4 个正整数之和：1+2+3+4=10，算作"十全十美"。

虽然毕达哥拉斯毫不怀疑万物皆数思想的正确性，但他仍然为一些看起来似乎不存在的数字感到困惑。当他把定理应用于一个两直角边相等的直角三角形时出现了问题——1的平方仍是 1，1 加 1 得 2；但是他已经指出 2 是一个素数，因此找不到一个有理数的平方等于 2。这个问题引发了第一次数学危机，也可以称为无理数危机。无论如何，是毕达哥拉斯创建了"万物皆数"这一简洁而又深刻的思想。今天，后人已经将其发展成"数学宇宙 ①"的学说。

古希腊毕达哥拉斯学派遵循着"哪里有数，哪里就有美"这一古老信条。而且他们发现，数字比例不仅存在于数学领域，同样可以用来进行音乐创作 ②。这样一来，毕达哥拉斯应该算作人类有记载以来第一位既是纯粹的数学家又是首位证明数字中的比例可用于音乐的人。数学可谓人类理性与想象的接口，它将现实与虚拟结合得天衣无缝。毕达哥拉斯与后来的开普勒、爱因斯坦等都是音乐伴随寻求真理的杰出人物，而在这方面，毕达哥拉斯堪称开先河者。

创作感言

毕达哥拉斯是最早的纯粹数学家，同时又是将数学与音乐融合的人，所以，我竭力将数形结构元素融入其科学肖像的创作之中，表现数学定理图形与音乐感相结合的直观艺术形象。考虑到他讲究几何比例和音乐韵律，其科学肖像中，我让其脑、眼、鼻、耳、口等都呈现出几何图形和隐约的律动条纹，其中较为突显的鼻部呈现出一个数字直角三角形，他那聪明绝顶的脑袋更显现出智慧的光芒。他正在书写的方程式是经典的"毕达哥拉斯定理"，采用光谱色是为了更加醒目地强调数形定理的美妙。

---

① "数学宇宙"，简单来说，就是由美国麻省理工学院物理学家泰格马克等发展起来的"我们的外部物理实在其实是一个数学结构"的假说。这一假说集包括毕达哥拉斯在内的所有前人这类思想之大成。

② 经过一些试验，毕达哥拉斯发现，当弦的长度之比为整数时，拨动琴弦会产生和谐的音调。这一发现对他试过的任何乐器都适用——这似乎是一条普适的规律。如果说数学中存在美感，那么，将数学法则应用于音乐，应该会有悦耳之声响起。因此他发现，比例不仅存在于数学领域，还可以应用于创作音乐。

尼古拉·哥白尼（Nicolaus Copernicus，1473—1543）

02
哥白尼

虔诚之心激发"日心说"思想

哥白尼生前是一位波兰神父，但他的神职工作并没有给世人留下太多记录，倒是他业余的天文观测及其思想，实际成为近代科学革命的原点，将自然研究从神学中解放了出来。他用一种有关行星运动的"日心说①"体系取代了公元 2 世纪托勒玫提出的地心体系。显而易见，哥白尼的理论引起了我们宇宙观历史上的一次革命，并引起了人类整个哲学观念的巨大转变。

早年，哥白尼在意大利求师访友，重读了古希腊和古罗马的哲学著作。经过长时间的研究和观测，他基本上弄清楚了地球运动的问题，并了解到古希腊萨摩斯岛的哲学家阿利斯塔克（公元前 3 世纪）等人的思想，即地球和其他行星是围绕太阳运行的。哥白尼不但确信这一思想的正确性，还于40 岁时写了一本小册子，提出了日心说的初步框架，但是这本手写的小册子仅在他的朋友中流传。后来，哥白尼又花了很多年时间进行观测、计算和研究，将完善后的内容写进了他那本伟大的著作——《天体运行论》。在此书中，他系统地描述了他的日心说思想，并给出了充分的证据。

虽然阿利斯塔克早在哥白尼之前 1700 多年就提出了"日心猜想"，但却从来没有为自己的理论提供充足的细节，证明并使之成为有科学价值的东西。所以，将科学的日心说之大部分贡献归于哥白尼是恰当的。在细节上解决了这一假说的数学问题后，哥白尼将其转化成了一种有用的宇宙学体系，一种可以用来预测天象，并检验很多天文观测的理论。同时，它还可用于与托勒玫的地心说进行有实际意义的抗衡。

如果我们仅仅考虑哥白尼的日心说思想对科学技术的直接影响，就会忽略其真正意义。他的著作是伽利略和开普勒两人工作不可或缺的"序幕"；而这两人的研究为牛顿力学做出了巨大贡献——正是基于他们的发现，牛顿提出了其万有引力定律和运动定律。所以，从历史的角度来看，哥白尼日心说思想的提出不仅是现代天文学的开始，也应该成为现代科学的起点。

《天体运行论》于 1543 年出版，当一本印好的书被送到哥白尼的病榻前时，他已处于弥留之际。在书中，他正确地描绘了地球及其他行星围绕太阳转动的画面。尽管他的理论并没有那么完美无缺，但他的书还是迅速引起了人们的极大兴趣，同时也促使了其他天文学家对行星运动进行更精确的观测。其中最知名的便是丹麦天文学家第谷——正是从第谷积累的观测数据中，开普勒推导出了行星运动三定律。可以认为，从哥白尼天文学革命到牛顿物理学革命，实际上存在着一条科学革命中的逻辑链条。

哥白尼革命拉开了现代科学发展的序幕，这与他具有艺术家般的直觉和转换视角看问题的能力是分不开的。最终，他成为创绘日心说思想新图景的伟大画师。

创作感言

我在创作的题图中，突出了哥白尼那艺术家般的长发、薄薄的嘴唇和坚毅的目光。我将他在《天体运行论》中的"日心说"插图放置在他的胸口，象征着这位神父将他的虔诚之心奉献于他的至上学说，并将那个时代日月星辰的画法作为其光辉形象的背景——太阳正挣扎着向上爬行并清除阴霾，欲借助日心说的思想威力确定其应有的地位……而哥白尼从下端象征着中世纪黑暗与神学思想禁锢的黑色大地中脱颖而出，其签名似铮铮铁骨，烘托着上方他转换视角所创立的"日心说"。

---

① 哥白尼将当时已知的行星分为两组。一组是水星和金星，它们位于地球内侧运行；另一组是火星、木星和土星，它们位于地球外侧运行。他以太阳为中心，将各行星按与太阳的距离远近的顺序排列，从而解释了托勒玫提出的地心体系无法解释的一些天象，例如，为什么其他行星整个晚上都可以看到，而水星和金星只在黎明和傍晚才能看到，等等。

艾萨克·牛顿（Isaac Newton，1643—1727）

03
牛顿

无所不包的宇宙 "统一概念"

2005 年，正值人们纪念爱因斯坦 "奇迹年"（1905 年）100 周年之际，英国皇家学会进行了一次名为 "谁是科学史上最有影响力的人" 的民意调查，牛顿被认为比爱因斯坦更具影响力。

虽然在各类世界科学家排行榜或评选中，牛顿与爱因斯坦总是轮流排名第一，但从 1942 年爱因斯坦为纪念牛顿诞辰 300 周年而写的《艾萨克·牛顿》中可以看出，爱因斯坦是自愧不如的——他在文章的最后写道："至今还没有可能用一个同样无所不包的统一概念，来代替牛顿的关于宇宙的统一概念。" 还有一点，爱因斯坦也无法与之相比拟——牛顿从研究物理问题出发创立了微积分，他与阿基米德、高斯、欧拉一般被公认为有史以来贡献最大的四位数学家。

事实似乎也是如此，是牛顿第一个成功地找到了一种用方程式清晰表述的科学思想体系，并从这个体系出发，用数学的思维，逻辑地、定量地演绎出范围广阔的科学图景，同时还能与经验相符。后来的物理学家（包括爱因斯坦），在很大程度上都是沿着牛顿所开创的概念体系前行。可以说，假如没有牛顿所描绘的科学思想图景，人类后续所取得的科学进步可能就难以实现。

特斯拉曾说过："有形的事物终归会湮灭，只有思想才是人类文明进步的真正动力……" 牛顿的伟大在于他打破了某些知识不是人类思想所能涉足的观念，这一观念之前已烙印于人类文化中达数世纪之久，而牛顿竟以自己的概念思想巧妙地将其打破。牛顿从根本上改变了人类的思维方式，他建立了今天我们称为 "牛顿宇宙[①]" 的理论框架。他是有史以来人类最伟大的物理学家、数学家、科学思想家，以及科学领域顶尖的天才人物之一，著有《自然哲学的数学原理》《光学》等影响世界数百年的科学著作。他还提出了由万有引力定律（见题图中的方程）和三大运动定律构成的经典力学体系[②]，而万有引力定律对人类具有划时代的意义。

牛顿创立的一套思想体系既能科学地解释宇宙天象变化，又可说明地上物体运动的规律，而且还继续被用于航天和各种工程的计算中。如果有人要问，为什么做到这一切的是牛顿，那会有很多不同的回答。在介绍 1931 年出版的牛顿的《光学》一书时，爱因斯坦提供了这样的回答："自然于他就是一本打开的书……他集实验家、理论家、技工以及处于爆发期的艺术家于一身。他坚定、强壮、孤独地站在我们面前。" 如此全面而罕见的一位人物，不是他，又能是谁？

牛顿关于苹果的传说可谓家喻户晓。不管实情究竟如何，他把苹果和月亮联想在一起，找出其中的天地关系和数学表达，这是最关键的——这种联想和演绎只有真正精于 "研究艺术" 的人才能做到。最终是他发现了天上和地下的 "力" 原本是一回事（万有引力）——这是人类第一次真正完成的关于自然力的统一认识。而牛顿描绘的广阔科学思想图景甚至比其具体的科学理论更加宏大——它们是哲学意义上的科学诗篇，是数学主题下的自然交响乐，是探寻世界体系的艺术研究方法。近 3 个世纪过去了，我们永记的是他给世界带来革命性变化的科学思想。

创作感言

我绘制的题图反映的是传说中的一个怡人秋夜，在英国伍尔斯索普村，一个苹果落地激发了牛顿灵感而凸显伟大发现的图景——其中苹果在空气中 "嗖嗖" 坠落的痕迹变成了竖式的万有引力定律之数学表达式。此时，牛顿坐在果树下，头顶弯月而沉思：所有的东西一旦失去支撑必将坠落，那月亮为何不会呢？刹那间，牛顿似乎看见了答案——月亮确实会下坠，然而由于它的 "切向速度" 非常大，大到足以让它一边逃离而一边又向地心下坠，结果恰好保持与地球一定的距离而绕其轨道运行。如果上述推论成立，那么，地球和其他行星绕着太阳的旋转便是自然之事了——这就是他向人们描绘的经典力学的科学思想图景。

---

① 牛顿宇宙是一个绝对的、精确的世界。在这个世界里，整个宇宙及所有物质都由各种客观存在的粒子构成，不论过去、现在与未来，时间都以固定的速度流失，因果关系极度严格，绝无例外，未来完全可以用过去来预测。

② 经典力学体系由万有引力定律（$F=Gm_1m_2/r^2$）与三大运动定律 [惯性定律、加速度定律（$F=ma$）、作用力与反作用力定律（$F=-F'$）] 构成，统一解释了当时天上和地下一切可感知的力学现象。

亚当·斯密（Adam Smith，1723—1790）

04

亚当·斯密

"看不见的手" 调控自由市场

经济学理论发展的开拓性人物、苏格兰经济学家亚当·斯密是对经济学理论进行系统研究的奠基者和主要首创者，并且是人类思想史在经济领域取得空前成就过程中的一位重要人物。他在麦克·哈特所著的《影响人类历史进程的100名人排行榜》（修订版）中，被列在第30位。

斯密并不是史上最先投身于经济学理论研究的人，他的不少有名的经济学思想也不是由他独创的。但他是第一个将经济理论体系完整化的人——这与许多其他领域的伟大科学家的综合性贡献性质相同。他于1776年出版的巨著《国民财富的性质和原因的研究》（简称《国富论》）是现代政治经济学研究的起点。

1751—1764年，斯密在格拉斯哥大学任哲学教授。在此期间，他出版了其第一部著作《道德情操论》，这本书为他在学术界赢得了声誉。然而，使他赢得终身荣誉的著作还是《国富论》。该书出版后大获成功，并影响至今。这本著作的贡献之一，就是澄清了过往许多错误的概念。斯密反对旧有的重商主义观念，同时也拒绝重农主义的观念。他强调劳动的特殊重要性，并着重强调了劳动分工带来生产的巨大增长，还抨击了当时政府制定的一系列妨碍工业化发展的陈旧的、随意的限制措施。

看似混乱的自由市场实际上有一种自我调控机制的思想，这是《国富论》的中心观念，其机制能自动倾向于以最合适的数量，生产那些社会中最受欢迎和最需要的产品——好比一双"看不见的手①"在进行操作（见题图背景中的两只黑色之手）。但是如果有对自由竞争的种种干预，"看不见的手"就不能很好地发挥作用。用斯密在《国富论》第四篇第二章中的话来说，"各个人都不绝努力为他自己所能支配的资本，寻觅最有利的用途"，但他们确确实实"是受着一只看不见的手的指导，促进了他们全不放在心上的目的……他们各自追求各自的利益，往往更能有效促进社会的利益"。

斯密经济思想体系的构建通过他的著作展示了出来。那些较早期的、有缺陷的经济思想流派在其后的几十年中被逐渐摒弃，但其中的正确观点都已被吸收于斯密的体系中。后来者，如马尔萨斯、李嘉图等人，精心地将斯密的经济学基本构架整体地结合，将其融入今天被称为古典经济学的理论结构中。尽管现代经济学已经增加了许多新的技术方法或概念，但它们主要还是基于古典经济学的发展结果。

《康普顿百科全书》按照定义，将"科学"分为三大门类，社会科学为其中之一，而经济学又属于社会科学范畴。诺贝尔奖评审委员会于1969年增设了经济学奖——弥补了诺贝尔系列大奖没有社会科学奖项之遗憾。由此，世界经济学得到了空前的发展。

创作感言

亚当·斯密的经济学思想图景的绘就与英伦三岛出现的牛顿、哈维、道尔顿、达尔文、麦克斯韦等各领域大师们的理论构架方法一脉相承——他们立足、构建的理论之原初思想并不完全属于自己，但是，其贡献不是孤立的或局部的，而在于体系或系统的创建，并且在所构建的理论体系中或全面清晰、或定量准确地描绘出科学思想的蓝图。于是，我在科学肖像中，用斯密在英伦特色头饰下所具有的坚毅眼神，凸显了他《国富论》中所体现的洞察力，而他所构建的社会经济运行体系与规律皆在其手中掌控，映射着"看不见的手"。

---

① 假定某种受欢迎的产品处于供应短缺状态，它的价格就会自然而然地上升，而较高的价格就会为那些生产它的人带来较高的利润；由于有较高的利润，其他生产商也希望加入进来生产这种产品。结果是产量的增加将缓解原先的短缺，进一步看，这种供应的增加与众多生产商之间的相互竞争联系在一起，这反过来促使价格回落到该产品的"自然价格"。没有人刻意去做什么，但是问题已经得到了解决。为了证明自由放任政策的合理性，他引入的这个"看不见的手"的说法，恐怕会将经济活动参与者的利己主义行为引向他们无法预料的结果，并且这个"看不见的手"被证明对社会是有用的。但"看不见的手"是不宜被严格定义的——说到底，它只是一种概念上的形象比喻。

$C_6H_{12}O_6 = 2C_2H_5OH + 2CO_2$

$A+B=C+D$

化学元素论
LAVOISIER

安托万 - 洛朗·拉瓦锡（Antoine-Laurent de Lavoisier，1743—1794）

05

拉瓦锡

让理论入正轨的"化学假说"

现代科学似乎是由于一系列学科因果关联地进化从而诞生的，这些学科的正式亮相以一些节点人物为标志——进化主线条的起点是以哥白尼为节点人物的天文学，然后是以牛顿等为节点人物的物理学，其后就是以拉瓦锡为节点人物的化学了。拉瓦锡之所以能成为现代化学史上的开拓性人物，主要是因为他的理论假说使化学真正起步于一条正确的道路。由此，人们普遍将他看作"现代化学之父"。

1743 年，拉瓦锡在巴黎出生时，化学的发展还远远落后于数学、天文学和物理学。那时，人类对科学的认识正在逐渐递进、深化，还没有轮到化学体系的正式登场。当时已发现了大量独立的化学现象，但还没有一个整合这些七零八落信息的理论构架。人们完全误解了火的本质，认为水与空气是两种基本元素，而且还以为所有可燃烧物里都隐含有一种想象中的"燃素"——它们一旦燃烧，物质就将这种燃素释放到空气里去。

18 世纪中后期，氢气、氧气、氮气和二氧化碳等重要气体已被发现，但受燃素说的影响，人们还无法理解这些气体物质的真正性质和意义。很明显，没有一个正确的基本原理框架统领，化学是不可能获得突飞猛进的发展的。

正是拉瓦锡的科学思想使化学理论步入了正轨。他从理论和实验两方面，将这些令人困惑的难点综合到一起，构建出了一个正确的化学思想体系来解释它们。首先，拉瓦锡认为根本就不存在什么所谓的燃素，燃烧过程就是可燃物与空气中的氧气之间化学作用的表现。其次，他认为水是氢和氧的化合物，空气主要是由氮气与氧气等组成的。他在其名著《化学基本教程》中非常清楚地表述了这些假说，所列举支持假说的证据更是令人信服，化学整体性思想图景由此逐步展开。

难能可贵的是，拉瓦锡在书中还演绎出了一张他确信是基本元素的物质名表，尽管其中有少量错误，但现在使用的元素周期表基本上就是他的元素表扩充了的、含有周期律的版本。拉瓦锡还和他人一同设计了世界上首个具有完备化学术语的命名系统（例如，氧——以 O 表示），它构成了我们现在所使用的化学体系的基础，使得全世界的化学家都能够清晰而统一地交流各自的成果，教科书也因此达成了一致。

拉瓦锡在坚持精准称量的基础上，得出化学反应前后物质重量相等的结论——是他第一个明确阐述了"物质不灭定律"[1]（见题图中红色字母构成的表达式及下面的天平称量）。就是说，化学反应可以将原有物质中的元素重新排列，但不会因此破坏任何元素，而且最终生成物的质量与原来反应物的质量相等，例如：$C_6H_{12}O_6=2C_2H_5OH+2CO_2$[2]。这种方程式中由原来的符号"→"改为"="的方法终于使化学成为一门精密定量的科学，并为后来大多数化学事业的进步铺平了道路。同时，拉瓦锡还在生理学方面做出了一项重大贡献，这项成就是其化学实验与思想的进一步推理[3]。由此可见，拉瓦锡的化学思想图景意义有多么重大。

创作感言

综上所述，我在创作拉瓦锡科学肖像时，不但特写了他眉目上挑、专注化学基础构建之坚定而自信的神情，而且描绘了他在化学实验与假说间反复推敲的思想图景（见其头像两侧）——从天平称量、质量守恒定律、具体化学方程式及零散的试验用设备、器皿，最后到他用鹅毛笔写出的《化学基本教程》，都是按照智慧大脑所产生的思想而运作的。

[1] "物质不灭定律"是当时拉瓦锡提出的定律名称，现在我们称之为"质量守恒定律"，它的一般表达式为：A+B=C+D。早期，俄国科学家罗蒙诺索夫就提出过这种思想，但由于缺乏确切的实验根据等，没有得到广泛的传播。

[2] 在一次意外的发现后，拉瓦锡养成了经常使用天平的习惯，并总结出"质量守恒定律"。如：$C_6H_{12}O_6=2C_2H_5OH+2CO_2$（葡萄糖转化为乙醇发酵过程的表达式）——这正是现代化学方程式的雏形。

[3] 即通过与拉普拉斯合作进行细心的实验，拉瓦锡指出，人类和动物利用吸入的氧气，造成一种体内有机物的缓慢燃烧并从中获取能量——这从另一个视角说明，没有化学学科的概念体系完善，现代科学发展的历程中生物或生理学学科的诞生将不可能水到渠成。

约翰·道尔顿（John Dalton，1766—1844）

06
道尔顿

引入"原子学说"的化学思想

将原子学说[①]引入主流科学，是 19 世纪早期英国科学家道尔顿的卓越贡献。几乎完全靠自学成才的他，在这项工作中提供了关键性的思想，使得自他那个时代以来化学领域的巨大进步成为可能。

与许多系统地提出伟大科学构思的人物一样，道尔顿并不是提出所有物质都是基于原子微粒的第一人。早期的原子理论中，没有一个是用定量方法表达思考的，它们多数只是出于哲学的考量，并没有被用在实际的科学研究中。最重要的一点是，没有人能看出有关原子的哲学推断与实实在在的化学表现之间有什么联系。正是道尔顿引入的思想体系，给出了一种清晰的、采用定量分析的方式。这一理论能够用来解释化学实验中的各种过程和表象，并能予以精确的检验。

虽然道尔顿当时所使用的图标、术语等与我们今天所看到的略有不同，但他清晰地给出了原子、分子、元素和化合物等概念的表达。他认为，虽然自然世界原子的总量巨大，但其种类却非常之少——其最初著作的列表中只排出了 20 余种元素、原子，而今天我们已知的元素种类却已过百。

道尔顿坚持认为相同种类的任何两个原子的特性是完全相同的，质量也相同。不过现代复杂的实验指出，这一规律也存在例外（如同位素）——它们在质量上略有差异，但化学特性几乎完全相同。道尔顿在他的著作中给出了一张表格，上面列出了不同种类原子的相对质量。这张史无前例的表格呈现了定量原子理论的关键特征。早在 1804 年，道尔顿就已完成了这种定量理论，不过他治学严谨，其著作《化学哲学的新体系》从 1808 年起才陆续出版，成为近代化学史上的经典学术专著。

道尔顿阐明了任何相同化合物的两个分子都是由相同原子组成的。例如，一个水分子（H_2O）由两个氢原子和一个氧原子构成。当两种元素所组成的化合物有两种以上时，在这些化合物中，如果一种元素的量一定，那么与它化合的另一种元素的量总是与之成倍数地变化——这就是"倍比定律"。道尔顿令人信服地提出他的量化思想，后来的几十年，大多数科学家都采纳了这一理论。化学家遵循他书中建议的步骤：精确测定原子的相对质量；通过质量来分析化合物；测定每一类分子包含的精确原子组合。

顺便提及，道尔顿 21 岁时开始对气象学产生兴趣，6 年后他出版了有关这一内容的著作——对空气和大气层的研究激发起他对气体一般特性的兴趣。通过一系列的实验，他提出了道尔顿定律[②]。道尔顿一直受着色盲的折磨，这曾使他对色盲机制产生了好奇——他研究了这一专题，并最终发表了有史以来这方面的第一篇论文。

多数具有伟大贡献的科学家，不止有一种成果呈现。如果将道尔顿引入化学的定量原子理论比作光彩照人的花朵，那他发现的支配气体行为的定律、分压定律、倍比定律，以及有史以来关于色盲的第一篇论文，则可比作相关领域的勃发绿叶。

创作感言

在题图的创作中，道尔顿的科学肖像描绘的是他"玩转"原子科学元素的思想与气体分压定律的图景。其中，右上角的⊙代表氢，○代表氧，●代表碳，皆为道尔顿自己发明的符号，从上至下分别表示二氧化碳、水和甲烷。他在草绿天蓝的大自然怀抱中，将原子学说引入了化学领域，使其升华为真正意义上的科学思想理论……

---

① 原子学说自古至今，经历了几个发展阶段。在古代，它只是一个天才的推测——所有物质都是由大量非常小的、不可被破坏的、被称为原子的粒子所组成的。这一概念是由古希腊哲学家德谟克利特（约公元前 460—约公元前 370）及更早的学者提出的。它被另一位古希腊哲学家伊壁鸠鲁（公元前 341—公元前 270）所采纳，由古罗马诗人、哲学家卢克莱修（约公元前 99—约公元前 55）在其著名的诗歌《物性论》中醒目地提出，18 世纪成了科学的假说；但直到 19 世纪，才由道尔顿发展成科学理论。

② 即理想气体混合物的总压强等于各组元气体分压强之和（如题图的道尔顿手掌上的方程：$P_t = P_a + P_b + P_c + \cdots$），它也被称作道尔顿分压定律。

查尔斯·罗伯特·达尔文（Charles Robert Darwin，1809—1882）

论证进化思想的 "物种起源"

科学史上，有些重大科学理论几乎是在同一时期被提出的，但却又来自不同的视角或基于不同的思想观念——比如，20 世纪初，海森伯和薛定谔分别提出量子力学的理论形式，前者采用了矩阵力学的方法，后者采用的则是波动力学的方法，它们在本质上却是等价的。这种情况在生物学领域也曾发生过，比如生物进化论的诞生。

生物进化[①] 的思想和学说可以从两种视角提出或论证，比如，英国生物学家达尔文提出的 "自然选择[②]"，或孟德尔发现的生物 "遗传定律"。我们今天所知的生物进化论是达尔文的自然选择学说与孟德尔的遗传定律等的有机融合、互补完善。

达尔文在提出进化论时并没有依据遗传学方面的任何理论。因为在达尔文生活的时代，除了孟德尔在修道院隐秘的条件下做着实验，没有人知道关于动植物的某些特征代代相传或偶发变异的原理，尽管孟德尔研究遗传学定律的工作与达尔文写作和出版他那具有划时代意义的《物种起源》等著作处于同一时期。

达尔文提出自然选择的原理，他认为通过这一机制的作用，生物进化就有可能发生，而且他用了大量具有说服力的证据（比如宏观上的外形差异或变化）来支持他的假说。达尔文主义的核心思想之一，就是地球上所有物种都是由其他物种逐步演变而来，而不是如神学所宣扬的那样，由上帝一个个被孤立而突然地创造出来。如今，适者生存、优胜劣汰及物竞天择等反映进化论思想的、言简意赅的术语或概念已被无数事实和实验所证明，并已成为人们常用的语汇。达尔

文一系列进化思想著作也带来了生物学和人类学的革命，并改变了我们对于自己在世界中所处地位的看法。

事实上，对自然选择原理的运用可覆盖极为广泛的领域，诸如人类学、社会学、政治学和经济学等。达尔文理论给人类思想带来了巨大影响，但至今关于他的学说之辩论仍不绝于耳。需要提出的是，达尔文理论对信仰宗教的人影响很大——自他那个时代以来，许多虔诚的宗教徒认为，接受了达尔文的理论，就意味着破坏了他们宗教信仰的基础。

自从哥白尼的《天体运行论》改变了人们对地球在宇宙中占据中心地位的认知之后，达尔文的《物种起源》也改变了人们对人类占据自然界中心地位的认知。如今人类只能将自己视为地球多样性物种中的一类——也许有一天，我们还会失去这种优势地位……进化论的成功之处在于，用自然选择原理解释生物进化的发生，从而为人类进化过程中几乎所有的问题提供了一致性的答案，这也是它的伟大之处。

创作感言

题图中，达尔文错落有致的雪白胡须如同灌木丛的枝枝杈杈，我将他笔记本中勾画的一幅 "生物演化分叉树" 图融汇其中——这是他在 5 年环球航行中观察到的众多事实及缜密思考后的形象表达；而从他大脑思考中渐渐涌出的是其 "灵长类进化树图草稿"，它们也融入了大自然生长的树杈丛中，以表达 "自然选择" 之寓意。右侧透过树枝的月光下 "小池塘" 景色的些许诗意描绘，表现了达尔文个人书信中曾经的猜想：生命起源于富含氨和磷的有机盐、光、热、电等相关物质的小池塘中。最新研究表明，地球生命可能起源于淡水池塘，而不是学术界以往普遍认为的深海热源附近，淡水比咸水更有可能孕育出生命。

---

① 生物进化是指一切生命形态发生、发展的演变过程。"进化"的英文 evolution 源自拉丁文 evolvere，原意为 "展开"，一般用于指事物的逐渐变化、发展，或由一种状态过渡到另一种状态。1762 年，瑞士学者邦尼特最先将此词用于生物学中。后来，达尔文也基于这一概念的思想提出了物种起源理论。

② 自然选择主要是指生物在生存斗争中适者生存、不适应者被淘汰的机制与现象，最初由达尔文提出。他从生物与环境相互作用的观点出发，认为生物的遗传、变异与自然选择作用会导致生物的适应性改变。

阿尔伯特·爱因斯坦（Albert Einstein，1879—1955）

08
爱因斯坦

热爱方能寻得 "宇宙能量"

爱因斯坦这位科学伟人的成就有很多，其中，有一种贯穿他思想并不断发展、值得大书特书的东西，那就是"能量"。牛顿对"力"的概念的发展延伸至整个宇宙，与之相仿，爱因斯坦对能量的发展也达到了"宇宙能级"，甚至超过了自然宇宙的能级。

大众对爱因斯坦在"能量"方面贡献中最熟悉的，莫过于他早年基于狭义相对论推导出的"质能关系式"：$E=mc^2$[①]（见题图下方太阳中标注的方程）。20 世纪上半叶，他的个人思想，对世界的科学进步、和平事业与社会事务的影响，像核能一样影响巨大。

人到中年，爱因斯坦将基于广义相对论推导出的引力场方程 $G_{\mu\nu}=\dfrac{8\pi G}{c^4}T_{\mu\nu}-\Lambda g_{\mu\nu}$[②]（见题图下方自行车尾迹所示方程）运用于宇宙整体模型的创建，得到的"静态宇宙"需要一个"Λ[③]"来平衡（见题图肖像之签名下方的黄色字母），而这个被称为"宇宙常数"的常数项与后来宇宙学家发展起来的"暗能量"概念有着异曲同工之妙——据科学家们的测算，这种能量已占到整个宇宙成分的 70%，你说够不够大？

更有甚者，爱因斯坦晚年与其继女有数量众多的通信往来，他在信中提出宇宙间最大的能量形态竟然是"爱"——这是高过一切自然力量的精神能量。因为，自小到大，是爱引导着爱因斯坦的一路前行；如果没有爱给予的精神支撑，他就不能够创作出宇宙中巨大科学能量概念的思想图景——这是因为没有人的存在，宇宙中再大的能量也无法被感知。爱因斯坦的那句关于热爱的名言——"热爱是最好的老师"——也间接证明了他对爱这一无与伦比能量形式的肯定。

毋庸置疑，爱因斯坦是 20 世纪乃至有史以来最伟大的科学思想家之一，在他思考并用实验证明后，自牛顿时代以来的时间、空间都变了形，整个宇宙中目前已知的四种基本物理元素（能量、质量、空间、时间）都产生了联系。

爱因斯坦引力论优于牛顿引力论的地方表现在它的精确性等方面，支持广义相对论的现象有：光线在巨大引力场天体周围通过时会发生偏折（引力透镜效应）和引力红移、水星进动等。对于这些现象，无法用牛顿引力论的精确计算来解释。爱因斯坦曾将大球置于橡皮膜上，让周边的小球绕行，以此来比喻时空弯曲的图景：如果将太阳放置于橡皮膜上，那地球绕行就相当于一颗小球的运动。他骑自行车绕圈行驶倾向内侧的情景也是一样的道理。他一贯奉行采用形象思维的"理想实验"方法。

在广义相对论的创立过程中，"引力质量和惯性质量相等"这一点是爱因斯坦在伯尔尼专利局当小职员期间顿悟的。而当他将广义相对论运用于静态宇宙模型时，又衍生出了一个能量四散的斥力形式 Λ——这是一个无可比拟的宇宙间强大的能量形态。心中有热爱，方能寻得"宇宙能量"。

创作感言

在题图中，晚年的爱因斯坦目光深邃、直向远方，额头上皱纹形同五线谱一般，推导引力场方程式过程留下的数字与符号就像跳跃的音符——它们仿佛是伴随其爱好一生的小提琴奏出的科学旋律，其中隐含着能量元素。他依据其独创的广义相对论场方程，并在其中添加了一个代表斥力的宇宙项。画中，老年的他正回首一生——最大的幸福莫过于创立了自己的引力论，而遗憾的则是在静态宇宙模型中加入了"Λ"斥力——殊不知，如今 Λ 又被宇宙学家重新拾起，因为必须要有一个与引力相对峙的力才行，否则便不会有宇宙如今的格局……

---

① $E = mc^2$（质能关系式），其中，E 为能量，m 为质量，c 为光速。这个方程表述的是：能量等于质量乘以光速的平方。表现形式有两种：核裂变与核聚变。比如，原子弹爆炸属于核裂变反应，太阳能量生成属于核聚变反应。

② $G_{\mu\nu}=\dfrac{8\pi G}{c^4}T_{\mu\nu}-\Lambda g_{\mu\nu}$（引力场方程）表述的是：时空决定物质如何运动，物质决定时空如何弯曲。

③ Λ（宇宙常数）是爱因斯坦在其场方程中引入的表征某种"宇宙斥力"的常数。

库尔特·哥德尔（Kurt Gödel，1906—1978）

09
哥德尔

让人谦逊的"不完全性定理"

随着数百年现代科学的进步，过去人们认为世界是绝对的、确定的和完全的之类的理念，被相对论、不确定性原理与不完全性定理所改变。而证明"不完全性定理[①]"的就是美籍奥地利数学家、逻辑学家哥德尔。它被列入《过去 2000 年最伟大的发明》一书的"思潮汹涌"部分。

哥德尔提出的定理对逻辑学与哲学均造成了相当大的冲击，其回响至今仍不绝于耳。但重要的是，这个定理终结了数学家几个世纪以来一直努力为所有数学构建一套严谨公理作为基础的理想图景，显示出数学这门学科的"不完全性"；而数学的这种性质又衔接了科学与艺术。

西方思想体系一度认为，不倦地追求和探索会让真实世界达到完全可知，宇宙图景迟早会被彻底地呈现在人类面前。但哥德尔四两拨千斤，用不完全性定理证明了其不可证实性，使我们认识到人类无法完全认识宇宙，即使在理论上也不行。这个启示还迫使人类抛弃了以控制者自居的观念，使我们谦逊地认识到永不能得到所有答案的道理，并且心悦诚服地接受世界的矛盾性与复杂性。

围绕哥德尔头像的图形显示了"逻辑空间中的哥德尔定理"，它形象地说明了，总存在像 G 那样的哥德尔陈述（见题画中 G 所代表的绿色区域）——G 这类陈述也存在于算术中，我们把像 G 这样的陈述叫作在 M 中"不可判定"的陈述。因此，我们不可能消除绿色区域，把整个背景色都涂成黑色的或白色的。这个结果对每一个可能的形式系统 M 都成立，只要系统是一致的，即对每一个一致的形式系统 M，至少存在一个陈述 G，它既不能在 M 中被证明（如框架中的白色区域），也不能在 M 中被证伪（如框架中的黑色区域）。哥德尔以不完全性定理击碎了希尔伯特所抱有的对数学公理化的希望——它代表了人类智慧成就的一个高峰，为数学、哲学、计算机科学、语言学、心理学，甚至宇宙学整体的相关发展提供了基础。

有些科学家将数学称为"上帝的语言"，它至简至繁，朴素优雅，却可以用于解释宇宙的各种现象，就像爱因斯坦（哥德尔晚年与其关系很亲密）在 1922 年的一次演讲中所说的那样，"不借助几何数学描述物理学定律，就像不用语言描述我们的想法一样"。

人们经常用"天才"来称呼那些为人类做出杰出贡献的人物，殊不知，这些天才人物也有着可能不为人知的一面。像人物传记影片《美丽心灵》中刻画的诺贝尔经济学奖获得者纳什，就曾遭受过精神分裂症的折磨。根据《逻辑人生：哥德尔传》一书所说的，哥德尔晚年患上了精神性厌食症，最终亡于饥饿——他的挚友爱因斯坦认为哥德尔是堪与其比肩的智慧巨人。我国知名学者赵鑫珊在《天才与疯子：天才的精神构造》一书中列举了古今中外众多天才人物的创造故事，其中也包括这两位人物的故事。有的时候，思维的"异常"与奇异科学思想的诞生不无关系，不完全性定理的问世就是经典的一例。

创作感言

针对以上深奥的科学思想，我将《逻辑人生——哥德尔传》中的一幅"逻辑空间中的哥德尔定理"示意图和一幅"哥德尔的宇宙"简图融入画中，形象地呈现了特立独行的哥德尔科学思想：他的头像被说明定理的图形所框限（这暗示着有条件的完全）；下左侧哥德尔外文名与右侧哥德尔定理的非形式化是用于形象化地呈现定理；画中最下部分的哥德尔宇宙是一个不断旋转的图景，所有的物质都绕着一个对称轴匀速转动，意指哥德尔将思想的触角伸向更广阔的疆域。

[①] 不完全性定理公开发表于 1931 年，证明了在任何数学系统内部，都必定可以做出在该系统内既不能证实、也不能证伪的命题。换言之，无论多么精确、多么有力，任何数学系统都是不完全的。他证明了任何包含整数系统的理论，它的相容性不能在自身理论体系内得到证明。换句话说，没有一种自称为数学基础的理论能够证明自身的合理性，从而必须从某一外部体系中获得合理性。哥德尔提出的这一定理给数学基础研究带来了极大的变化，其应用甚广，除了数学领域之外，还包括计算机科学、经济学、物理学等领域，在现代逻辑史上具有里程碑式的意义。

$$H = -K \sum_{i=1}^{n} \left[p(x_i) \log_2 p(x_i) \right]$$

Claude Elwood Shannon

克劳德·艾尔伍德·香农（Claude Elwood Shannon，1916—2001）

10

香农

"信息论" 的奠基之作

美国应用数学家香农于 1948 年发表了论文《通信的数学理论》，不仅介绍了通信理论的概念，还分析了信息的概念，标志着信息论思想的诞生。而信息论最重要的贡献在于，把通信过程看成一种信息移动（或传输）的过程。

信息论量度信息，并研究信息媒介的有效利用。从本质上说，信息是统计的——其量化形式与熵[①]密切关联（见题图中香农头顶的信息熵方程）。"通信的基本问题就是在一点重新准确地或近似地再现另一点所选择的消息。"这句话来自香农上述具有里程碑意义的论文之开篇，它不仅解释了通信中涉及的问题，也成为他后来研究生涯的指引。

香农首先把信息传输过程理想化地分为五个部分，即信源 → 编码器 → 信道（噪声源加入噪声）→ 译码器 → 信宿；其次，他提出信息量的量化概念，即把信息与熵联系起来；最后，他提出了关于受随机噪声影响的信道的最大数据传输率的结论，即香农定理[②]。此后，信息论主要在通信工程领域发挥作用，对一般系统科学的贡献则体现在提出了与热力学相关的信息概念。

现在，计算机虽然给人类提供了处理和加工信息的强大工具，但是，如果没有人提供信息内容，计算机就只是硬冷的设备。香农的信息论将可预见的东西与不可预见的东西进行分离——该理论认为只有不可预见的数据才是信息。他的另一个真知灼见是用最基本而又最简短的数据（二进制数字"1"和"0"；二进制数字是计算机语言的基础）给信息编码。这使得信息可以通过一系列机械转换得到处理，也使得信息能够以一系列脉冲信号的形式被传送。这多少让我们想起早

期莫尔斯电报传送信息的思路。于是，这些看似简单的信息传递，发展出了丰富的通信形式。

在香农那个时代的电传通信中，信源就是操作电传打字机的人，而电传打字机就是编码器。打字机由电话线（信道）与需要通信的、远处城市中的电传打印机（译码器）相连接。打字的人通过按动电传机的键钮来传送消息。每一个键钮的按动都能引起一个二进制数字序列的传输，这个二进制数字序列就代表了这个键钮上的字母。由电传打字机输出的脉冲信号都编码成二进制数字，在电话线上传送；在另一终端，二进数字序列被翻译为适当的文字——这在当时就是通信原理关注的传送信息的最佳方法。

如上所述，真正使香农感到兴奋的是，任何类型的消息都可以用一系列的"1"和"0"来传送，不管是单词、数字、图画或是声音。他同时也表明，所有的电传信息来源（人们说的话和电视的摄像等），都可以用每秒接收的比特数来衡量。他说，信道也可以用每秒接收的比特数来衡量其容量。很明显，只有信息来源不超过容量时，信息才能流动——这就是香农信息论中的科学思想。

创作感言

题图描绘的是香农信息论的科学思想图景，用绿色背景的数理逻辑图手书，以及头脑中冒出的信息熵方程，烘托香农的睿智思想。下部绘制的则是香农对机器制作的爱好，比如，他曾制作过一个长着铜胡须的闯迷宫的磁性老鼠（"忒修斯"，位于题图的宫格中），他利用电子学知识，使这一机械动物在迷宫中能找到自己的路。

---

① 熵：描述系统无序状况的广延性状态函数，以 S 表示。熵的改变＝热量变化/温度（$\Delta S = \Delta Q / T$）。在信息论中，熵是信息的量度（信源中的信息量）。任何信源的熵是消息中代表信源的最少的比特数。

② 香农定理：描述了有限带宽、随机热噪声信道的最大传输速率与信道带宽、信号噪声功率比之间的关系。

2

科学精神图景

    科学精神是人类在长期科学实践活动中形成的共同信念、价值标准和行为规范等的总称。它是指由科学性质所决定并贯穿于科学活动之中的基本精神状态和思维方式，是体现在科学知识中的思想或理念。一方面它被用来约束科学家的行为，是科学家在科学领域内取得成功的保证；另一方面，它又逐渐渗透到大众意识之中。一般来讲，它包括实事求是、坚持不懈、不辞艰辛和勇于创新等精神。本章描绘了 10 幅科学人物肖像，并解析其凸显的科学精神图景。

乔尔丹诺·布鲁诺（Giordano Bruno，1548—1600）

01
布鲁诺

火一般热情奉献"无限宇宙"

17 世纪,在牛顿发现万有引力定律之后,"日心说"才逐步为科学界所承认。100 多年间,哥白尼的体系经历曲折终被科学界接受,文艺复兴时期意大利哲学家布鲁诺的殉难是其中最震撼人心的事件。因为哥白尼学说与当时的宗教思想、占统治地位的亚里士多德物理学,以及传统常识均相抵触,一开始便遭到了除部分天文学家之外的各方的反对。

受到发源于意大利的文艺复兴思想的影响,布鲁诺对中世纪基督教的一切传统均持怀疑态度。他竭力宣扬无神论,倡导思想自由。一经接触哥白尼的学说,他马上燃烧起火一般的热情——日心说中的革命精神和思想内容强烈地感染了他。布鲁诺以宣扬此学说为终生事业,并进一步将其演绎成无限宇宙的思想——大胆的思想,加上富有鼓动性的演讲才华,使教会感到非常惧怕和愤怒。

1583 年,布鲁诺流亡到英国。在伦敦,他写下了哲学著作《论原因、本原和一》及《论无限、宇宙和众多世界》,并于次年出版。在这些著作中,布鲁诺以天才的直觉,发展了哥白尼的宇宙学说,提出了宇宙无限的思想。布鲁诺认为,宇宙是统一的、物质的、无限的,太阳系之外还有无限多个世界①,太阳处于运动之中,并且不是宇宙的中心——无限的宇宙根本没有中心。如果将这些思想精神拿到今天来进行演绎,依然具有相当的先进性。

布鲁诺拥护很多被教会称为"异端"思想和在科学、宗教、自然哲学上有争议的观点。在不了解观测技术和具体天文发现的情况下,他所信奉的日心说在形式上比哥白尼宣扬的更为激进。

在《论无限、宇宙和众多世界》中,布鲁诺认为,地球只是无数可以居住的星球中的一个,而这些星球又围绕着无数颗恒星在运转,就像我们自己的太阳系一样(如题图中的布鲁诺双手合围的无限个椭圆体系)。虽然这些观念在今天看来已经是天文学方面的常识,但对当时的教会来说,认为不止一个像我们太阳系这样的世界的观点是异端邪说,加上布鲁诺对基督教神学的中心教条极力抵制,特别是他在自己的宇宙观中认为上帝不是世界中心的思想,是传统所不能容忍的。

哥白尼在 1543 年提出日心说宇宙模型时并没有获得同行们的广泛接受。他作为一个天主教教士,没有成为观点争论的焦点人物,而是另有其人(布鲁诺)参与了这场争论——这类似于维护生物进化论的斗士是赫胥黎等,而不是进化论的提出者达尔文一样。

布鲁诺被描绘成为科学献身、为真理而战、反抗教条统治的英雄,他的一些关于宇宙的主张和思想后来被证明是正确的。布鲁诺所做的,不仅仅是维护和发展了哥白尼学说,更重要的是,他留给后人大胆怀疑和反抗的革命精神,以及批判权威和所谓常识的勇气。

创作感言

布鲁诺逃避宗教法庭的迫害长达 15 年,但最终还是被逮捕、受刑、定罪,于 1600 年被烧死在罗马的鲜花广场上。题图不但以火一样的多世界图景刻画了这个时代背景,而且还描绘了布鲁诺火一般向往真理的热情。星星之火,可以燎原——哥白尼的学说在布鲁诺那里得到了无限升华。图中,布鲁诺双手合围的日心说模型绚丽醒目,无数被开普勒证明的太阳系椭圆形轨道升腾于宇宙之中,"日心说"在布鲁诺手中,被置于地球的上方,逐渐从中世纪暗色的环境中升起且越发明亮,最后发展成为"无限、宇宙和众多世界"。

---

① 布鲁诺认为,地球只是无数行星中的一个,这些行星又围绕着无数颗恒星在运转,就像我们的太阳系一样;他的宇宙观认为地球和上帝都不是世界中心。布鲁诺是一位具有科学精神和科学倾向的哲学家,他虽不是一位真正意义上的天文学家,但通过哲学思辨得出的宇宙无限性观念,在宇宙思想史上极其重要。整个近代的宇宙论革命,就是从封闭世界走向无限宇宙的。从那时的无限宇宙到现时的平行宇宙,我们不能说现时的"多宇宙"思想直接来自布鲁诺的"无限、宇宙和众多世界",但毫无疑问,布鲁诺的宇宙学思想在当时异乎寻常和过于超前——他所描述的无限多太阳系并存的无限宇宙图景,差不多 300 年后才得到科学界的公认。

约翰尼斯·开普勒（Johannes Kepler，1571—1630）

02

开普勒

体现创造精神的 "三大定律"

天文学或宇宙学的革命性发现，有时会产生于数理科学的极微小差异中。比如，爱因斯坦创立的广义相对论与牛顿万有引力定律相比，计算结果有着微小的差别，但更接近事实；哈勃由极小差异的鉴定发现了宇宙正在膨胀。而最早这样的情况，出现在德国天文学家开普勒用椭圆行星运行轨道对哥白尼圆形运动轨道进行的修正[1]上。事实证明，一些看似不起眼的 "微小纠正" 会带来重大的科学变革——有时，科学研究的高超艺术就在于对 "毫厘之差" 所具有的勇敢挑战精神。

开普勒对光学、数学做出过重要的贡献，是现代实验光学的奠基人。他是行星运动三大定律[2]的提出者，这三大定律的发现奠定了经典天文学的基石。开普勒在科学思想上表现出了无比勇敢的创造精神。人们普遍认为他提出的三大定律就是天体行星运动的法规，并把开普勒视作那 "立法" 之人。而且，他证明了哥白尼认为是天经地义的行星圆形轨道实际是椭圆形的，并最终确定太阳的位置只在椭圆的一个焦点上。

就像在牛顿力学与爱因斯坦相对论两座科学高峰之间出现了麦克斯韦电磁学这一高峰一样，在哥白尼与牛顿之间也出现了像开普勒这样的人物——其主要成果表现在天文学领域，他是一个勇敢站出来捍卫哥白尼太阳中心学说，并在天文学方面具有突破性成就的人物。开普勒定律不但彻底摧毁了托勒玫的宇宙本轮系统，而且也把哥白尼体系从本轮的桎梏下解放出来，并为其带来充分的完整性和严谨性——他的革命性成就在于更彻底地找到了最简单的世界体系。

远在哥白尼创立日心宇宙体系之前，许多学者对 "天动地静" 的观念就提出过不同见解，但在开普勒之前，还从未有人对天体沿着完美的圆周匀速运动这一观念表示过怀疑，

然而开普勒却毅然否定了它。哥白尼是一个完美主义者，因为圆象征着完美无缺，他可能从来没有想过用椭圆来描述天体运行的轨道。正如开普勒所说："哥白尼没有觉察到他伸手可得的 '财富'"。

1605 年，开普勒划时代地发现火星的轨道并不是圆形的，而是椭圆形的，这就是后来被称为 "开普勒第一定律" 的椭圆定律（见题图最下端的椭圆图，也称轨道定律）。他对天文学的贡献可与哥白尼相媲美，甚至在某些方面，他的成就给人的印象更加深刻，因为他所面对的数学难题更大，成果更具创造精神——这在后来的牛顿革命那里得到了更进一步的发扬光大。

题图中几行用数字和符号编写的天文学诗句，表现了行星世界是一个匀称的、开普勒所说的和谐系统，广袤无垠的宇宙星空逐渐显得井然有序起来。太阳位于每个行星轨道的焦点之一。行星公转周期取决于各个行星与太阳的距离，与质量无关。正是在伽利略的影响下，开普勒通过对行星运动的深入研究，逐步抛弃了柏拉图和毕达哥拉斯单纯用数来解释宇宙构造的神秘主义学说，从而真正走上了追求真理和科学的道路。

创作感言

开普勒的天文学成就发生在哥白尼与牛顿之间，并且与同时代伽利略的成就共同为牛顿力学体系建立了坚实的基础。他的科学肖像融合了头顶象征着 "新天文学" 的椭圆形轨道（也映射着他应有的光环）以及他所发现的行星运动三大定律的具体形式。图中，他衣领上的方程为开普勒第一定律和第三定律的数学表达式，而胸前的椭圆示意图则表现了第二定律。背景上空的星星点点、数学坐标及其亲笔签名的优美线条加以点缀，整个画面呈现了 "天空立法者" 严谨而艺术的形象——我们称他为 "天体诗人"，天体诗歌简洁而有魅力，它以最简洁的语言概括了多样的天文现象。

---

[1] 开普勒通过寻找其他形状的轨道来阐明行星的运动。因为火星提供的问题最为典型，为了计算火星的运行位置，开普勒对圆周运动各种可能的组合做了尝试。虽然一次误差只有 8′，但是所有尝试都遭遇失败。然而他却说："就凭这 8′ 的差异，我们将创建一个可以阐明所有行星运动的新理论！" 他的后续工作成果呈现在 1609 年出版的《新天文学》一书中。

[2] 行星运动三大定律：开普勒第一定律（轨道定律），每个行星沿一个椭圆轨道环绕太阳运动，而太阳则处在椭圆的一个焦点中；开普勒第二定律（面积定律），从太阳到行星所连接的直线在相等时间内扫过同等的面积；开普勒第三定律（周期定律），各个行星绕太阳公转周期的平方和它们的椭圆轨道的半长轴的立方成正比。后来，牛顿利用这些定律，建立了万有引力定律和经典力学体系。

约瑟夫·普里斯特利（J.Joseph Priestley，1733—1804）

03

普里斯特利

坚忍不拔发现了 "氧气"

关于众多牧师、神父和修道士对科学的贡献甚至可以写成一本书——其中大名鼎鼎的有创建 "日心说" 的波兰神父哥白尼、发现 "遗传规律" 的奥地利修道士孟德尔和对 "大爆炸宇宙论" 做出过卓越贡献的比利时神父勒梅特。本篇的主人公普里斯特利也是一位神职人员，他将业余时间全都献给了科学。

英国化学家普里斯特利是氧气的发现者。在自幼漂泊不定的生活中，他养成了坚忍不拔的精神和独立思考的习惯。1766 年，他当选为英国皇家学会会员，1782 年被选为法兰西科学院外籍院士。这位牧师对气体化学的研究成果 [出版过巨著《不同气体的实验与观察》(三卷)]，一直拥有着强烈的求知欲与非凡的坚守精神，以及精湛的实验技能。他曾获得英国皇家学会授予的科普利奖。

1775 年，普里斯特利发表了一篇实验论文，描述了他通过一个直径很大的聚光透镜产生的高温，加热密闭在玻璃罩内的氧化汞所得到的某种 "特殊" 气体，并发现物质在这种气体里燃烧比在空气中更剧烈，他称这种气体为 "脱去燃素的空气" ——虽然普里斯特利毕生信奉 "燃素说①"，但这还是人类实际上首次发现了氧气的存在。可以说，在化学领域中，是普里斯特利首先对空气产生了兴趣，并思考了许多有关空气的问题，例如导致老鼠不能长期存活、蜡烛燃烧不久后就熄灭的 "受污染的空气" 与 "活命空气②" 等。

善于思考和钻研问题的普里斯特利进一步想到，动物在 "受污染的空气" 中会死去，那么植物又会怎样呢？对此，他设计了下列实验：把一盆植物放在玻璃罩内，旁边放了一支

燃烧着的蜡烛，用来检验受污染的空气情况。当蜡烛熄灭几小时后，植物却看不出什么变化。他又把这套装置放到靠近窗子的桌子上，次日早晨却发现，花不仅没死，而且长出了花蕾。由此他想到，难道植物能够净化空气吗？为了验证这一想法，他又点燃了一支蜡烛，并迅速放入罩内。蜡烛果然正常燃烧着，过了一段时间才熄灭（见题图右下两个密闭玻璃罩中的实验）。

1774 年 10 月，普里斯特利到了巴黎，把他的实验情况告诉了拉瓦锡。拉瓦锡立刻意识到这位英国同事实验的重要性。当他重复普里斯特利的实验后，果真得到了一种支持燃烧的气体，他确定这种气体是一种新的元素。正是拉瓦锡的再次实验和结论，让当时的化学家们正确地认识到空气的组分和 "活命空气" 实际上就是氧气，以及氧气对物质燃烧及生命持续所起的作用，从而推翻了以往的燃素学说。

纵观普里斯特利的一生，他 37 岁起研究气体化学，曾分离并论述过了大批种类多样的气体，数目之多，超过了他同时代的其他人。他是 18 世纪下半叶的一位 "业余" 化学大师，其知识获得主要走的是自学路径，其科学上的成就得益于他内在的、坚忍不拔的精神。

创作感言

普里斯特利勤奋刻苦之精神无与伦比。虽然他的主职是位神学家，但业余时间的科学成就却让后人牢记——宗教与科学仿佛集于一个人身上。为什么呢？最突出的一点可能就是他无功利之心的信念。题图中，在气体实验不确定的 "灰暗" 背景中，他依然神情坚定，折射出不折不挠的科学精神。通过不断调整思路和实验方法，最终发现，窗外透过的阳光，让植物可以通过光合作用，吸收二氧化碳，释放出氧气。于是，一切皆拨云见日——蜡烛续燃，白鼠续命；阳光也照亮了普里斯特列的前进方向。

---

① 18 世纪中叶，化学的发展还远远落后于数学、天文学和物理学。当时化学家们已经发现了大量独立的化学现象，但没有一个适当的理论框架来综合这些相互隔离的、零碎的化学知识。而且，当时人们还完全错误地理解了燃烧的本质与火的性质——人们认为所有可燃物质中都包含一种被称为 "燃素" 的假想物质，在燃烧时，可燃物质就将它的 "燃素" 释放到空气中。这种学说即 "燃素说"。

② 当时，科学家们把一切气体统称为空气。为了确定究竟有几种空气，普里斯特利曾多次重复自己的实验。他认为，在啤酒发酵、蜡烛燃烧以及动物呼吸时产生的气体，就是早先人们所称的 "固定空气" [实则为二氧化碳（CO_2）]。他对这种 "固定空气" 的性质做了深入研究，并证明，植物吸收 "固定空气" 的同时，还可以放出 "活命空气" [实则为氧气（O_2）]。他还进一步发现了这种气体既可以维持动物呼吸，又能使物质更猛烈地燃烧。

弗洛伦斯·南丁格尔（Florence Nightingale，1820—1910）

南丁格尔

提灯女神绽放的 "科学之花"

在南丁格尔的一生中，科学精神从两个方面得到了全面呈现。虽然她并不是与主流科学关系密切的人物，但她以尊重事实、坚持不懈、不辞艰辛和勇于创新的精神，将护理事业从医疗行业中细分了出来，开辟了真正意义上的护理学[①]；并在护理实践的基础上，创立了一种花一样的、具有统计学意义图形——南丁格尔玫瑰图[②]。这种图形可以更加直观地统计不同类别的伤员数——从而使精准的科学精神与人道主义紧密相连。

科学精神是指由科学性质所决定的，贯穿于科学活动之中的基本精神状态和思维方式，是体现在科学知识中的思想或理念——它是人类在科学领域内取得成功的保证。关于这一点，护理学从表观上体现得更加具体。其实早期人类的医疗、护理是合为一体的，医生们既要负责诊治疾病，又要对病人进行护理，直到南丁格尔所处的那个特殊时代，由于有大量专业而具体的护理工作要做，二者才得以分开。这个行业留下的动人图景都是感人至深并值得被颂扬的，南丁格尔的贡献和精神就是其中闪耀光辉的一例。

在中世纪时期的西方医院里，医生们既要照顾躺在床上的病人，又要接待来看病的伤者，还要为患者上药和换药等——这在现在看来好像很不专业，但就是这群入职时宣读"希波克拉底誓言[③]"的人，无论身处何种境地都要坚守那闪耀着人性光芒的共同信念。医护事业被认为是人类最崇高的职业之一，而医护工作者也被人们形象地尊称为"白衣天使"。

南丁格尔深受前辈工作的影响。她在人们的记忆中是一位"提灯女神"，在克里米亚战争期间改善了医院的卫生条件，从而挽救了无数人的生命。她的成功离不开她的统计学知识。在克里米亚战争期间，她收集了伊斯坦布尔郊区地狱般的塞利米耶军营的死亡数据，并证明她采取的卫生措施避免了大量的人员伤亡。南丁格尔回到伦敦之后，在向高层演示数据的时候，使用了她发明的"玫瑰图"。后来这种极具可视化的科学辅助手段被称为"饼图"。

南丁格尔1820年出生在意大利一个富裕家庭里，她是世界上第一个真正的女护士，也是"护士"这一职业的创始人。"5·12"国际护士节就设立在她生日的这一天，意在纪念这位近代护理事业的开创者，以她的名字设立的"南丁格尔奖"是国际护理领域的最高奖。在人们的印象中，她就是一位天使般的女护士（见题图"提灯女神"的形象）。她用自己的亲力亲为，证明了改善卫生措施的绝对重要性——现在住过医院或去病房看过病号的人都有这样的感觉。

同时，由于南丁格尔的努力，昔日身份低微的护士的社会地位和形象都大为提升，护士这个职业成为崇高事业的象征。因此，"南丁格尔"也成为护理科学精神的代名词。

创 作 感 言

题图描绘的是克里米亚战争期间，人类护理事业的创始人兼实用统计学家南丁格尔"提灯女神"的形象。她的形象，更主要的是她的美丽心灵，是以慈悲为怀的理性化身。画中突出了她的智慧绽放出了"统计学之花"的图景——以她名字命名的"玫瑰图"。我强调了黑暗中她"提灯女神"的形象，而灯光照耀之下的就是她护理的人间生灵。她的大脑中逐渐绽放出的"玫瑰图"具有多重意义——它既是一种高效的数学统计方法应用于战场护理的结果，又是一种对科学之爱的表达。

① 护理学：它是以自然科学和社会科学为基础的、医学科学中的一门独立学科；是一门研究维护、促进、恢复人类健康的护理理论、知识、技能及其发展规律的综合性应用科学；也是一门技能性极强的学科，对实践、动手能力有很高的要求。

② 南丁格尔玫瑰图：南丁格尔在护理生涯中，创造了一种色彩缤纷的图表形式，让病人的数据能够更加形象且直观。它的展现形式是有一个圆心，以扇区来展示数据的大小或比重。与传统饼图的区别在于，采用这个统计图，既可以使用扇区的面积来区分数据的大小，也可以使用不同扇区半径的长短来区分数据的大小，因而比普通饼图更直观易读。南丁格尔还是一位优秀的统计学家，她曾收集和分析了克里米亚战争的伤亡数据，并用她发明的"极坐标图"表示出来。这种"极坐标图"就是现在常用的饼图的前身。

③ 希波克拉底誓言：学习医学的学生入学第一课就要学习并正式宣誓的誓言——据说由古希腊"医学之父"希波克拉底所作。

托马斯·亨利·赫胥黎（Thomas Henry Huxley，1825—1895）

05
赫胥黎

斗犬精神确立 "人猿同祖论"

生物进化论从萌发到发展完善，是一个由许多学者包括生物学家参与的过程。在将人类纳入生物界进化谱系方面，英国自学成才的博物学家赫胥黎甚至比进化论的创立者达尔文本人还激进得多（这有点儿类似于布鲁诺对哥白尼日心说的捍卫）。赫胥黎最先提出了"人猿同祖论"，从而确定了人类在动物界的位置。

19 世纪后半叶，由于捍卫物种起源和自然选择学说，赫胥黎的名字也和达尔文一样变得家喻户晓，经常出现在世界各地的杂志和报纸上，还附有专门的文字和漫画介绍。达尔文本人由于各种原因没有抛头露面，也没有正面理会那些恶意的攻击。但达尔文主义有一批忠实的信徒，这些坚定的进化论拥护者在公开的场合捍卫达尔文的生物进化思想，使进化论有效地传播开来，他们中最为著名的当数赫胥黎、海克尔和斯宾塞。赫胥黎是一位精力充沛、头脑机敏、热情似火、才华横溢而又兴趣广泛的人[1]，在捍卫达尔文的进化思想的斗争中充当了"达尔文的斗犬"。

1859 年《物种起源》出版后，英国上流社会掀起了一股反对进化论的浪潮。1860 年 6 月，在保守派的大本营——牛津大学召开了一次大不列颠学会年会。会上，达尔文提出的进化论成了争论的焦点，当时的解剖学家欧文率先向进化论者们发难。他从比较解剖学的角度指出，人脑与大猩猩的脑之间的区别要比大猩猩的脑与猕猴的脑之间的区别大得多，因此说人由猿进化而来是缺乏根据的。在欧文的怂恿下，牛津大主教威尔伯福斯也站了出来。这位不懂进化论的大主教因为有欧文撑腰，先是向听众灌输宗教情感，对达尔文的理论攻击了一番。接着，他转向赫胥黎："请问赫胥黎教授，您是通过祖父还是通过祖母接受猴子的血统的？"对此，赫胥黎先是向公众通俗讲解了进化论是怎么一回事，随后严肃地指出："关于人类起源于猴子的问题，当然不能像主教大人那样粗浅地理解，它只是说，人类是由类似猴子那样的动物进化而来的。"

在《物种起源》中，达尔文还没有涉及人类的进化问题[2]。有许多激进的进化论者（包括赫胥黎在内）很快就将之用于说明人类在自然界的位置，但达尔文希望能有一些更严肃的科学研究对此加以支持。1871 年，他出版了《人类的由来及性选择》，很谨慎地描述了人类在整个生物界进化谱系的进化图景。而赫胥黎等人的激进作为，无形中加速了"人猿同祖论"的问世。

有关进化论的激烈争论表明，科学与根深蒂固的旧传统观念之间会不断地发生一场场较量。许多人对达尔文的解释感到心神不安，因为这一解释暗示，自然界众多物种都是通过自然选择而从共同祖先演变而来的。当时，英国几乎每份保守的报刊都登载过漫画，讽刺达尔文和他的支持者赫胥黎，把他们画成猿、猴等。但社会对此的高度关注恰恰表明这是人类思想史上的一场重大较量。要是没有赫胥黎等维护进化论的卫士们，达尔文的革命性思想就不可能快速地深入人心。因此可以说，赫胥黎在进化论的捍卫与发展上刻画了深深的一笔。

创作感言

题图中，我细致地描绘了赫胥黎头部的侧面形象，其面部的神情诠释了人们给予他的"达尔文的斗犬"称号——目视着前方，那正是其坚信的人类进化论（"人猿同祖论"）图景。背景上，我采用的描绘手法旨在体现天人合一的意境，大片深蓝绿色与主人公的服装颜色协调融合，突出其暖色调的面部与人类进化的情景。画中右下部分赫胥黎手握骷髅的描绘，既是对画面内容的衬托，也呈现了主人公论证进化论所需的证据——他提出的科学论证显示出人类和猿猴的脑部解剖既具有相似性，也隐含着内在的进化性。

---

[1] 赫胥黎不仅是一位科学家，还是一位优秀的科普作家、演说家；他不但为捍卫进化论针锋相对地与反对者作斗争，而且还著书立说，大力宣扬进化论的重要观点。1893 年，他出版了《进化论与伦理学》一书，被当时我国近代启蒙思想家严复译为《天演论》，在我国广泛传播，书中提出了我们现在所熟悉的物竞天择、优胜劣汰的观点。

[2] 达尔文在《物种起源》中提出，生物进化的基础是自然选择，而对人类进化一笔带过，这足以引发激烈的论战（《物种起源》暗指人类是从低等生物形态进化而来的，直接挑战了《圣经·创世纪》）——这也成了赫胥黎展示其论战本领的大好机会。

路易·维克多·德布罗意（Louis Victor de Broglie，1892—1987）

06
德布罗意

独创精神假设 "物质波" 存在

在丰富想象力基础之上的合理直觉和大胆怀疑、假设都可以看作科学精神的具体体现。法国理论物理学家德布罗意在 20 世纪 20 年代萌发出 "物质波[①]" 思想的过程，就体现了这种精神。

德布罗意开始并没有明确提出 "物质波" 这一概念，他只是用相波的概念，假想有一种非物质波。可是究竟这是一种什么波呢？在其研究论文的结尾处，他特别声明："我特意将相波和周期现象说得比较含糊，就像光量子的定义一样，可以说只是一种解释，因此最好将这一理论看成物理内容尚未说清楚的一种表达方式，而不能看成最后定论的学说。"他将他的结论认定为是一种科学假说。

爱因斯坦在知道德布罗意具有独创性的假设后，非常高兴，他没有想到，自己创立的有关光的波粒二象性的观念，在德布罗意那里竟扩展到了运动微观粒子。起先，德布罗意的论文并没有多大反响，后来引起人们注意是因为爱因斯坦的支持。当时，爱因斯坦在自己撰写的有关量子统计的论文中加了一段介绍德布罗意工作的内容。他写道："一个物质粒子或物质粒子系可以怎样用一个波场相对应，德布罗意先生已在一篇很值得注意的论文中指出了。"之后，德布罗意的工作立即引起人们的注意。

1926 年，薛定谔在发表波动力学论文时，也曾明确表示过："这些考虑的灵感，主要归因于德布罗意先生的独创性的论文。"次年，美国的戴维森、革末以及英国的汤姆孙通过电子衍射实验各自证实了电子确实具有波动性。至此，德布罗意具有独创精神的理论作为大胆假设而成功的例子获得普遍

的赞赏，他凭借着创立物质波理论获得了 1929 年的诺贝尔物理学奖。

物质波概念是在薛定谔方程建立之后，由薛定谔在诠释波函数的物理意义时提出的。德布罗意并没有明确提出波长 λ 和动量 p（mv）之间的关系式（见题图中德布罗意思考的图景）：$\lambda=h/mv$（λ 为波长；h 为普朗克常数；mv 为粒子动量），只是后来人们发觉在德布罗意的论文中已经隐含了这一关系，就把这一关系称为 "德布罗意公式"。英国作家罗宾·J.威尔逊所著的《邮票上的数学》一书中列举了 "改变世界面貌的 10 个数学公式"，其中第 8 个就是德布罗意提出的物质波公式。实事求是地讲，是德布罗意的科学精神使得量子力学迈出了革命性的第一步。由此可见，科学成就与科学精神具有内在的、相辅相成的联系。

创作感言

我在创作德布罗意的科学肖像时，首先考虑到 "波" 的含义和表达，譬如用宏观水波作为主人公的背景，这样可让读者类比理解。直观上看来，水与水波不可分离——没有水，则无所谓水波；而波动现象离不开具体存在的物质体——朴素的 "物质波" 概念就此形成，如同题图中表现的物质（粒子）性和波动性就像硬币的两面，缺一不可。而在量子力学中，德布罗意所思考的运动微观粒子所具有的波粒二象性通过其思考的 "德布罗意公式" 之图景表现了出来。

---

① 1919—1922 年，法国物理学家布里渊发表一系列论文，提出了一种能解释具有定态轨道的玻尔原子模型的理论。他设想原子核周围的 "以太" 会因电子的运动激发一种波，这种波互相干涉，只有在电子轨道半径适当时，才能形成环绕原子核的驻波，因而轨道半径是量子化的。这一见解被德布罗意吸收了，他把以太的概念去掉，将其波动性直接赋予电子本身。1923 年 9—10 月，德布罗意在《法国科学院通报》上发表了 3 篇有关量子和物质波的论文。在这 3 篇论文中，他相继提出实物粒子（如电子）也可以像光量子一样具有爱因斯坦所说的波粒二象性，一个物质粒子或物质粒子系可以怎样用一个波场相对应，其论文中虽然没有明确提出，但已隐含了后来用于描述 "物质波" 的 "德布罗意公式"。

左：让·弗雷德里克·约里奥-居里（Jean Frederic Joliot - Curie，1900—1958）

右：伊雷娜·约里奥-居里（Irène Joliot - Curie，1897—1956）

07

约里奥－居里夫妇

科学精神俘获 "人工放射性"

如果让我们评选一下现代科学发展中世界著名的"科学伉俪"的话，那么，无论从获奖人数还是科研水平方面考虑，居里家族的两对夫妻（皮埃尔·居里夫妇和约里奥－居里夫妇）应该是名列前茅甚至无与伦比的（他们 4 人共获得 3 项诺贝尔自然科学奖）；如果有关于为科学献身精神的奖项，那么这个家族的成员也会被公认为首屈一指。

证明放射性元素的存在并把它们分离出来，是居里夫人和丈夫皮埃尔一生中最了不起的科学功绩（"放射性"一词就是居里夫人提出来的）。取得这样的成就，不仅有赖于大胆的直觉，而且也离不开在难以想象的极端困难情况下工作的热忱和顽强的精神，这样的经历，在实验科学的历史上实属罕见。居里夫人不仅自己拥有这样持之以恒、锲而不舍的科学精神，而且还将其传承给她的大女儿女伊雷娜及女婿约里奥。除丈夫皮埃尔·居里因交通事故过早地离开人世外，居里夫人和大女儿、大女婿均因长期接触放射性物质而患上相关疾病，早早地离开了人世，但他们所坚持的献身科学的精神却与世长存、永驻人间。

弗雷德里克·约里奥和伊雷娜·居里结婚后不久，同时将自己的姓氏更改为约里奥－居里。仿佛与"放射性"科学有缘，居里家族的最主要成就都跟放射性及其物质元素有关，只不过约里奥－居里夫妇后来发现的不是天然放射性元素，而是"人工放射性[①]"元素（如题图中两个化学式交接处箭头内容所示）。

1934 年 2 月 10 日，约里奥－居里夫妇在《自然》杂志上发表了一篇论文，公布了用 α 粒子轰击铝、硼和镁等原子核获得人工放射性元素的发现——他们夫妇因合成新的放射性核素而共同获得了 1935 年的诺贝尔化学奖。

科学是相对正确的，反映客观现实、研究其规律并用于改造客观的知识。研究客观规律应坚持可重复、可检验的原则，掌握规律就可以预测和改造客观事物。因此，在严格的科学事实面前，科学家须勇于维护真理，具有反对谬误、实事求是的科学精神。约里奥－居里夫妇正是坚持这种精神的杰出代表。而体现这种精神的科学伉俪在中外历史上还有过不少，如拉瓦锡和玛丽·安妮，他们以大无畏的科学精神，在不同的科学领域为人类做出了巨大贡献。

约里奥－居里夫妇经过连续两次失误之后又重启实验，他俩并没有因失误灰心丧气，而是总结经验教训，秉持科学精神，最终取得了成功。他们用同样的方法，还发现了其他一些人工生成的放射性物质——这是 20 世纪最重要的实验科学发现之一，是人类变革微观世界的一个突破，为同位素和核能的利用提供了可能。

约里奥－居里夫妇继承了皮埃尔·居里夫妇的衣钵，他们为科学的献身精神、执着的追求和精湛的实验技术，堪称优秀实验家的典型代表。这对科学伉俪在专业上的默契配合与精神互补，他们所取得的成就，在题图描绘中得以呈现。

创作感言

题图的焦点是通过约里奥－居里夫妇相互合作、专心工作时各自的象征性"眼光"（见题图实验中的两个关键性化学式），体现交会处所呈现的产生核反应的图景；画面深绿色背景上的白色痕迹是他们实验所引发的裂变（产生的中子）后续能够引起"链式反应"的示意。而约里奥－居里夫妇做实验时的身躯就像两座山峰，底部有交集——那是共同的目标与爱情；眼神有交流——那是一起发现的人工放射性元素。而诞生这些成果的源头正是他们家族传承下来的科学精神。

---

① 1934 年，约里奥－居里夫妇用居里夫人发现的天然放射性元素钋所产生的 α（He）射线轰击铝（Al）箔，发现当 α 源移去后，铝箔仍有放射性，其强度随时间按指数规律下降。这种放射性是由 α 粒子打在铝 -27 上发出一个中子（n）而形成磷（P）-30，磷 -30 不稳定，产生稳定元素硅（Si），又放射出正电子（e$^+$）和 v 射线而形成的。即，此实验产生了一个天然不存在的放射性元素——磷的同位素，这个不稳定的同位素产生之后又很快转变为稳定元素硅，同时放出正电子。于是这个过程就诞生了人类首次利用人工产生的放射性元素（具有人工放射性）。

乔治·伽莫夫（George Gamow，1904—1968）

08
伽莫夫

逻辑反推宇宙的"热大爆炸"

宇宙学家将哈勃 1929 年发现空间的膨胀作为宇宙过去比现在小的证据。如果你能回到极其久远的过去（根据现在估算约 137 亿年以前），你将会发现宇宙已从一个极端热而致密的小点通过大爆炸膨胀变大至今——伽莫夫的"热大爆炸"理论正是运用了这种反向推演的逻辑方法，而这种方法的背后是从古希腊起便诞生的科学精神。

"宇宙微波背景辐射①" 余晖的发现，证明了宇宙起源于热大爆炸预言的正确性。后续的空间卫星测量发现，宇宙的微波背景辐射的平均温度是 2.725 开尔文，具有非常微小的起伏。而这些物质和空间的起伏也是最终成长为现在星系的"种子"，因此目前仍然存在的宇宙微波背景辐射又可称为"宇宙化石"。

早在 20 世纪 40 年代末，大爆炸宇宙论的"鼻祖"伽莫夫就认为，我们的宇宙正处于早期高温宇宙的残余辐射中，它正如一个刚熄灭的火炉，还冒着一点热气。1964 年，美国贝尔电话公司的工程师彭齐亚斯和威尔逊在调试巨大的喇叭形天线时，出乎意料地接收到一种无线电噪声信号，这种信号在各个方向上的强度都一样，历时数月，没有变化。后来确认这个辐射温度约为 2.7 开尔文的宇宙微波背景辐射与伽莫夫等的理论预言非常接近，这对大爆炸宇宙论是一个非常有力的支持！这一发现为宇宙观测开辟了一个新领域，也为各种宇宙模型提供了一个新的观测约束。由此，彭齐亚斯和威尔逊获得了 1978 年诺贝尔物理学奖。

伽莫夫在 1948 年发表的论文中预言了热大爆炸的存在，解释了宇宙中现有大量不同的元素跟大爆炸早期发生的热核反应有关。这项研究是由伽莫夫和他的研究生阿尔法一起完成的，应该署名"阿尔法与伽莫夫"才对，不过生性爱开玩笑的伽莫夫决定将他朋友、极为出色的物理学家贝特的名字也加上去——虽然贝特对这项研究没有丝毫贡献，于是他给这篇论文的署名为 "Alpher,Bethe,and Gamow"（这 3 个名字的读音与希腊字母 α、β 和 γ 极为相似）。发表此篇文章时又恰逢愚人节，对这种巧妙而艺术的处理，伽莫夫很高兴。至今，宇宙学家仍默认这篇论文的署名作者为他们三人。

在近代科学史上，伽莫夫恐怕是勒梅特"大爆炸理论"最积极的支持者了——公众普遍听说过的这个理论，就是他大力完善和宣扬的结果。

1954 年，伽莫夫投入另一个截然不同的研究领域②——就像薛定谔一样，研究方向从无机物宇宙到有机物世界。他于生物化学中，首先提出了核酸在酶的形成中起到"遗传密码"的作用，也正是他第一个提出"遗传密码"是由 3 个一组的核苷酸构成的。实际上，他的细节论述是错误的，但是他的观点是正确的，并已于 1961 年得到证实。从这点来看，伽莫夫真可谓从宇宙的"头"（大爆炸之初）研究到了宇宙的"尾"（生命的奥秘）。

创作感言

伽莫夫提出解释宇宙诞生之初元素形成的大爆炸核合成学说的过程值得我们追忆，他就像一位善于在创作前收集绘画素材的画家，最终通过大脑和双手，将丰富多样的局部材料巧妙地融进了一幅巨大而完整的杰作之中，形成了一个完善且具有预见性的理论。生性幽默而爱开玩笑的伽莫夫是一个非常有趣的人，因此我在他的科学肖像中也试图给人一种欢快中见真理的感觉：指点"大爆炸"、领带"DNA"、烟绕"银河系"和袖扣"伽莫夫"等，都给人一种严肃科学与快乐创造形影不离之感。

---

① 伽莫夫和同事一同提出了解释宇宙诞生之初元素形成的大爆炸核合成学说，其中断言今天宇宙应该仍然存在一些余晖，并预计这些余晖的温度只比绝对零度高 3 ~ 5 开尔文。后经测量发现，这个实测温度约为 2.725 开尔文的辐射就是宇宙微波背景辐射。

② 要找到蛋白质制造过程的重要线索，似乎应该进一步研究 RNA，而不是 DNA。为了鼓励大家破解"密码"，也就是解开 DNA 序列和蛋白质上氨基酸之间的谜一样的关系，伽莫夫和沃森创立了一个具有幽默意味的学术组织——"RNA 领带俱乐部"。由于只有 20 种氨基酸，所以俱乐部成员人数限制为 20 人，每个人代表一个氨基酸。伽莫夫特地为俱乐部成员设计了标志性的领带。

袁隆平（1930—2021）

09

袁隆平

科学增粮追寻 "禾下乘凉梦"

马尔萨斯在《人口论》[①]中提出，人口的增长快于粮食供应的增长。中国是一个人口大国，如果能让粮食高速增产，那么粮食安全形势就会大为改观。在这方面，袁隆平的杂交高产水稻绝对算得上是解决粮食短缺问题的一剂良方。"杂交"意味着两种不同特点稻种间的有机融合，其结果之一就是会有兼具二者优势的新种出现。不过，这种探索过程的实验研究充满艰辛和困惑，但也伴随热爱的激情和快乐。袁隆平以其科学精神道出他成功的四元素：知识、汗水、灵感、机遇。

袁隆平 1953 年毕业于西南农学院农作物专业，他曾说："作为新中国培养出来的第一代学农大学生，我下定决心要解决粮食增产问题，不让老百姓挨饿。"当时，中国少有能跟上现代遗传学步伐的农大学生。在有远见的导师的指引下，袁隆平课外自学了孟德尔和摩尔根创立、发展的遗传学，并于 1958 年开始运用其理论指导育种，两年后又将其应用于水稻研究。在前人的科学积累中，他得知了美国、日本和菲律宾等国对杂交水稻进行实验后所获得的杂交优势。

袁隆平自 1964 年开始寻找水稻雄性不育系[②]，他和团队通过多年研究，在吸纳以往文献的研究成果后寻求突破。经过长期的艰苦努力，他于 1974 年成功选育出实用高产的杂交水稻品种，很快便得到推广。依据科学理论，继承科学传统，努力农田实验，敢于创新研究——这体现了袁隆平所具有的科学精神。1966 年 4 月 15 日，我国《科学通报（英文版）》发表了他的论文《水稻的雄性不孕性》。研究并传承孟德尔的科学思想，运用现代遗传学方法，由此，这篇论文成为袁隆平科研生涯的关键节点。

从事杂交水稻事业后，袁隆平从未停止过研究。他出版了《两系法杂交水稻研究论文集》等代表作；就在他逝世前的 4 个月，他的团队还宣布，当年将正式启动海水稻的产业化推广。1981 年，他荣获我国第一个国家特等发明奖。20 年后，他又被授予首届国家最高科学技术奖。袁隆平的卓越成就，不仅为解决中国人民的温饱问题和保障国家粮食安全做出了贡献，更为世界和平和社会进步树立了丰碑。由此，他越来越多地做起了 "禾下乘凉梦"。根据媒体报道，2014 年，由挪威议员提名，他成为当年度诺贝尔和平奖的候选人。

从事杂交水稻研究半个多世纪，袁隆平为人类运用科技手段战胜饥饿做出了巨大贡献，并带来绿色的希望、金色的收获，由此被誉为 "杂交水稻之父"。他先后斩获联合国知识产权组织 "杰出发明家" 金质奖、联合国粮农组织 "粮食安全保障奖"、美国费因斯特基金会 "拯救世界饥饿奖"、作物杂种优势利用世界 "先驱科学家奖"、"日本越光国际水稻奖"、以色列 "沃尔夫奖" 等众多国际奖项。1995 年，袁隆平当选中国工程院院士，2006 年，当选美国国家科学院外籍院士。他是一个影响了全世界的现代中国 "农民"。

创作感言

题图中，我将主人公亲笔签名的 "袁隆平" 3 个字隐含于山丘之脊，以示他是共和国的脊梁。上方一只雄鹰展翅翱翔，鸟瞰祖国大地——寓意他是一位把论文写在祖国大地上的典范，展现了他由其个性所凸显的科学精神图景。黝黑皮肤的描绘显示出他整天将自己置身于日光之下、田间地头，展现出一个全世界知名的 "农民" 形象。国际上甚至把杂交稻当作中国继古代四大发明之后的第五大发明，并誉之为 "第二次绿色革命"——我想表现的就是袁隆平为人类描绘的这一绿色革命的图景。

---

① 1798 年，英国青年学者马尔萨斯出版了一本篇幅短小但影响巨大的图书《人口论》。在书中，他表达了这一思想——人口是按指数级增长的（即 1，2，4，8，16，……），而粮食的生产仅是按线性增长的（即 1，2，3，4，5，……）。人口的快速增长如果超过粮食的生产，人类面临的形势将非常严峻。

② 水稻雄性不育系是一种特殊的水稻类型，其自身花器中的雄性器官发育不完善，不能形成正常的花粉，而雌性器官发育正常，因此不能自身繁殖，需要借助外来水稻的花粉才能结出种子。水稻雄性不育系与水稻雄性不育保持系杂交（接受后者的花粉），得出的种子下代种植仍然是不育系。水稻雄性不育系与水稻雄性不育恢复系杂交（接受后者的花粉），得出的种子下代种植就是一般意义上的杂交稻种子，也就是农民大面积种植时使用的种子。

Shing-Tung Yau

丘成桐（1949— ）

10

丘成桐

以求真精神证明 "卡拉比－丘流形"

1976 年，年方 27 岁的美籍华裔数学家丘成桐解决了微分几何中的一个著名难题 "卡拉比猜想[①]"，其结果被称为 "卡拉比－丘流形"，后来被应用在物理学的弦理论中，成为描述宇宙空间的理论基石。1979 年，他证明了每个符合爱因斯坦方程的解都具有正总质量，并确认了平直时空的稳定性。他的研究横跨数学和物理两大领域，从中我们可以深切了解近代数学和物理学研究的紧密性及重要进展，更能体会到第一流科学家研究的 "求真精神"。

真理怎样才能获得？学问怎么才能做好？丘成桐曾说过："……快没什么用，做好的学问需要时间。"他先后用 5 年时间才证明了卡拉比猜想，其间历经波折，他甚至不得不写信给卡拉比，承认自己的错误。走过弯路的他得到了做学问的真谛："花了真功夫，走的冤枉路都不会冤枉。"杰出人才对于自己追求创新、不断突破有着更为高远的想法，那就是科学的求真精神。

多年过去了，那个曾在美国加州大学伯克利分校读博士研究生的年轻人雄心勃勃，他在证明卡拉比猜想是错的而无果后，开始改换视角、调转思路，改为证明这个猜想是对的——丘成桐这一投入便是整整 4 年。从此，他在数学世界的崇山峻岭上孤独地跋涉并享受着其中的乐趣，以求真的心态期待着那数学世界空谷幽兰的出现。

1976 年，新婚宴尔的丘成桐在生活的甜蜜中突发灵感，激情喷涌。他找到了解决 "猜想" 的方法：在掌握了卡拉比几何中曲率概念的基础上，通过求解艰难的偏微分方程，终于证明了 "卡拉比猜想"。此后，丘成桐便进入学术的黄金时期，一路高歌猛进、成果迭出。从此，包含他的名字的 "卡拉比－丘流形" 在数学与理论物理上发挥了重要作用[②]。

不论科学上的结构，还是文学上的结构，在建立它们的时候，都要怀有一颗追求真、善、美的心境，才有可能有所得。而对于上述领域里的大型结构是如何被创造出来的，丘成桐借用了《红楼梦》的创作过程来解释。他认为，曹雪芹写《红楼梦》，"书中的笔墨，充满了他的澎湃感情，但却是有条有理的创造和叙述""《红楼梦》的创作过程有如一个大型的数学创作"。据丘成桐介绍，他证明的 "卡拉比猜想" 就是一个大型的结构，完成它需要具备大格局才行。同时他还认为，如果科学家在原创性方面做得不好，一个重要的原因是他在人文修养方面还不够，即对自然的真和美的感情不够丰富。

丘成桐是汉族客家人，美国哈佛大学终身教授，1969 年毕业于香港中文大学崇基学院数学系，为美国艺术与科学院院士、美国国家科学院院士。他 33 岁时获得了 "数学界的诺贝尔奖" ——菲尔兹奖，并囊括菲尔兹奖、沃尔夫奖、克拉福德奖三项世界顶级大奖——按照现在对一个世界顶级运动员的称呼，那就是 "全满冠"。同时，丘成桐还在偏微分方程、微分几何、复几何、代数几何以及广义相对论等领域都有影响深远的贡献。为报效祖国，如今他来到了清华园，为培养中国的数学才子贡献力量。这等成就，如果没有一种求真的精神境界，哪来如此的灿烂与恢宏？

创 作 感 言

题图中描绘了西式装束的丘成桐实际上有着中国传统的人文内涵，他让东方诗文情怀化为一行行偏重理性的数学演算式，并穿过了他高速运转着的大脑——在此基础上，他提出了 "卡拉比－丘流形"。题图以其中文签名 "丘成桐" 和英文名暗喻他那深厚的中国文化底蕴与西方数理科学连通的成果。

---

① 在 1954 年的国际数学家大会上，意大利几何学家卡拉比提出了著名的数学难题 "卡拉比猜想"。他本人认为这个猜想是成立的。可是后来竟没有人能够证实，包括卡拉比自己。这个猜想的表达看起来很简单——在封闭的空间，有无可能存在没有物质分布的引力场？证明后的结果被称为 "卡拉比－丘流形"（也称为 "卡－丘空间"），其形态如题图中丘成桐右手上的那样。

② 广义相对论研究具有巨大尺度的物体，如星体甚至整个宇宙；量子力学研究极小尺度的奇妙现象，如原子世界。而弦理论则试图成为两者间的桥梁。从微细的 "弦" 振动开始，弦理论认为我们生活在一个十维的世界中，其中四维是我们日常生活感知的时空。物理学家发现，"卡拉比－丘流形" 是一个纯粹的数学几何结构，正好可以用来刻画剩余的那六维空间的内在形状。

3

科学方法图景

　　科学方法是人们在认识和改造世界中遵循或运用的、符合科学一般原则的各种途径和手段，包括在理论研究、应用研究、开发推广等科学活动过程中采用的思路、程序、规则、技巧和模式。简单地说，科学方法就是人类在所有认识和实践活动中所运用的全部正确的方法。需要特别强调的是，科学方法的优化离不开艺术性直觉思维和多角度创造观念，即如果没有巧妙的设计，就谈不上上佳的科学方法。本章描绘了 10 幅科学人物肖像，并解析其所凸显的科学方法图景。

列奥纳多·达·芬奇（Leonardo da Vinci，1452—1519）

达·芬奇

研究科学问题的"绘画方法"

在人类文明史上，有些人曾留下了深刻的痕迹，但不太好明确区分他们的贡献。意大利文艺复兴时期的达·芬奇便是这类人中的突出代表。他在科学上的成就很多，却常作为艺术家被记载于世。他是一位伟大的艺术家，在创作中采取了严谨的科学方法；他又是一位有多方面贡献的科学家，在研究中借助了绘画的方法。

今天在全世界，达·芬奇这个名字恐怕真的可以算作妇孺皆知了，他因《蒙娜丽莎》《最后的晚餐》和《维特鲁威人》等富含科学元素[①]的名画而享誉天下。而在科技成果上，一般人可能只知道他有形的机械设计与技术发明，例如扑翼机、降落伞和坦克等（见题图主人公周边小图），举不胜举；但人们有所不知的是，他甚至还借助绘画的形式研究过现在人们还没有完全弄清的湍流[②]科学。也可能恰恰是因为他的绘画与发明有目共睹，他以绘画融合研究之科学方法的深远意义才未受到大众关注。

今天，学者们将人类对自然科学的研究分为"外部世界"（包括自然的属性与结构、宇宙演化和数学等）及"内部世界"（包括遗传进化和人体结构、大脑与意识等）两大领域，但很少人清楚地知道，达·芬奇竟以自己的艺术性方法，在这两方面均开了先河，且以榜样性的力量影响了他之后的一大批伟大的科学家。

达·芬奇比波兰天文学家哥白尼和比利时医学家维萨留斯都年长。而后两人在欧洲文艺复兴时期，分别扮演着从外部世界和内部世界开始革命的角色。1496 年夏，哥白尼前往文艺复兴的"摇篮"意大利留学，其间他曾去拜访过达·芬奇，不仅是为了跟随这位伟大画家学习艺术，还注意倾听了这个上知天文下知地理、既尊重理论又遵循实验的大师对天文学研究的意见——特别是对托勒玫地心体系的独到看法，这对他下一步进行天文学研究意义重大。

就在哥白尼巨著《天体运行论》出版的同一年，维萨留斯也出版了他的 7 卷名著《人体结构》。前者代表了对天体结构的革命性理论，而后者则是从罗马帝国时代以来对人体解剖学的首次突破——这两本著作使 1543 年成了近代科学革命的元年，这一年也是人类向外部世界和内部世界同时吹起革命号角的年份。而他们的著作多多少少都借鉴了达·芬奇的天文学见解与解剖学的思想方法。

自哥白尼和维萨留斯以后，外部世界的科学革命顺着伽利略→开普勒→笛卡儿的路径，直到牛顿完成经典力学体系的全部构架；内部世界的科学革命又经法布里修斯、直到哈维完成了人体的"血液循环论"的整体图景。而上述的所有人都有着一个共同的特点——优良的绘画基础和著作中均附有漂亮的插图。追根溯源，他们中很多人都是意大利帕多瓦大学培育出来的，其方法都直接或间接地受到达·芬奇等杰出人物的影响。

在上述人物中，绘画技巧与哲学、科学思想同样高超的笛卡儿还构思了世界机械化的概念图景——它与达·芬奇"整个宇宙是一部机器，按照自然规律运行"的观念一脉相承。还有伽利略，他响应了达·芬奇所倡导的亲自动手实验，提倡数学和实验相结合的研究方法，这是他科学成就的源泉，对现代科学有着重要的贡献。所有这些，无不体现了达·芬奇科学方法的强大影响力。

创作感言

最能体现达·芬奇关于绘画与科学关系的认识的，莫过于他的一句话："绘画的确是一门科学。"题图的表现形式浅显易懂，其素描化手法也形同于达·芬奇著名的《自画像》。我着重呈现了他对科学问题的艺术性探索方法——正如英国哲学家培根所说的，"艺术是人与自然相乘"。这恰如其分地表明了达·芬奇的成就为何如此辉煌，涉及面为何如此广博。

---

① 《蒙娜丽莎》表现了达·芬奇所创"空气透视法"的运用；《最后的晚餐》展示了大场面焦点透视与众多人物心理活动的场面；《维特鲁威人》揭示了人体结构与几何学的关联图景。

② 湍流是一种稍加留意便可以发现的现象，如水龙头打开就会看到水的旋流形成，风吹过的拐弯处有风流旋动。然而研究流体的数学家们却认为，这个熟知的物理现象本质上无法求解；特别是在速度快、多旋涡的情况下，你就更无法知道其发生的机制，连高端计算机也无济于事。美国克雷数学研究所列的七个"千禧年大奖难题"之中，就有"湍流"这个流体数学问题（纳维－斯托克斯方程的解的存在性与光滑性）。

勒内·笛卡儿（René Descartes，1596—1650）

科学方法中诞生 "解析几何"

在世界十大思想家、哲学家、数学家的各类评选，总会出现一个人的名字，那就是法国人笛卡儿。作为思想家，他撰写了《探求真理的指导原则》，并将其分析方法运用到科学研究之中；作为哲学家，他被广泛认为是西方现代哲学的奠基人，首创了一套完整的哲学体系；作为物理学家，他第一次明确地提出了动量守恒定律：物质和运动的总量永远保持不变；而作为数学家，他因将几何坐标体系公式化而被公认为解析几何的创始人……这些举世瞩目的成就都是建立在他的科学方法之上的。

笛卡儿的方法本质上是科学理性的。在数学领域，他建立了完整的解析几何体系（据说是一只飞行的苍蝇启发了他）。笛卡儿最宏大的思想莫过于用机械原理解释宇宙万物的存在和运动图景。他的主体性哲学既确定了以人作为主体，又确定了以世界作为表象——这体现了世界的图景化。这需要得到理性的可靠支持，应有像解析几何那样的科学存在。所以，他的墓碑上这样写道："笛卡儿，欧洲文艺复兴以来，第一个为人类争取并保证理性权利的人。"

笛卡儿因创立解析几何而对科学产生巨大影响，他在哲学上还以"我思，故我在"的命题而著称。说他是自己"方法论"指导下的理性实践家一点也不为过。他的文学素养也很出众，他曾创作一些诗歌来抒情言志。晚年，他出版了一本小书《激情论》，他认为文学是他整个知识体系中不可或缺的部分。因此，与其说笛卡儿被誉为"近代科学的旗手"，还不如说他是整个近代科学文化的旗手[①]。

虽然笛卡儿接受过良好且广博的教育，并拥有丰富的知识体系，但他却认为，除数学外，其他领域里的知识只有很少一部分是可靠的。1637 年，笛卡儿发表了《几何学》，其目的是完成将代数与几何有机整合在一起的创举。相较于笛卡儿在科学、哲学以及宗教等其他领域的成就，几何学只不过是他多姿多彩人生中的一面罢了。

也就是在发表《几何学》的同年，笛卡儿出版了他最著名的著作《方法论》。在该书附录的 3 篇文章中，他列举用自己的方法所做出的发现。在第一篇文章中，笛卡儿阐述了光的反射原理，并提出了光的波动原理，这一原理后来被惠更斯发展成光的波动理论。第二篇涉及气象学，讨论了云、雨和风，并对彩虹的成因做出了正确解释；他反对那种认为热是由看不见的流体构成的观点，认为热是一种内在运动的形式，后来这被爱因斯坦证明是物质分子的不规则运动所致。第三篇是关于几何学的论述，这为牛顿、莱布尼兹创立微积分学铺平了道路。

可以说，笛卡儿哲学中最核心同时也最有意思的部分就是他最初的研究方法。他以一种全新的方法作为开端去探求真理。他开始怀疑一切，当然，这样就出现了一个问题，那就是如何通过对一切事物的怀疑而获得可靠性的认识？笛卡儿通过一系列形而上学的辨析，做到了这一点。这就是他理论的出发点——笛卡儿的方法论[②]，由此创立解析几何便是水到渠成之事了。

创作感言

通过对笛卡儿科学肖像的创作，我领悟到了笛卡儿成功的秘诀，那就是他科学研究的思考方法。我运用他在几何坐标体系方程化上的图景，来表明他思想的理性和行动的艺术：直角坐标系呈现在他眼前，理性地审视世界，各种典型的解析几何曲线和公式从他最初使用的数形方法演绎而来。早在 2000 余年前，柏拉图就说过："数学是使自然直观化的关键。"由此可见，笛卡儿奉献给我们的世界的图景化源远流长。

---

① 如数学史家、思想家克莱因说过的那样："笛卡儿是第一位杰出的近代哲学家，是近代生物学的奠基人，是第一流的物理学家，但只偶然是个数学家。不过，像他那样富于智慧的人，即使只花一部分时间在一个科目上，其工作也必定是有重要意义的。"

② 笛卡儿的科学方法有两个方面：第一，他把认识论问题置于其哲学体系的中心地位，即"何为人类知识之本"。以前的哲学家都曾试图描述世界的本质。笛卡儿告诉我们，这个问题只有与"我如何知道"这一假设结合起来，才能得到令人满意的答案。第二，笛卡儿建议我们不要去相信，而要以怀疑为开端——这成为现代科学中对待既有知识的态度和创新的开始。

亚历山大·冯·洪堡（Alexander von Humboldt，1769—1859）

03
洪堡

开创 "信息图形显示" 新方法

洪堡是一位全能型的德国科学家[①]，也是 19 世纪上半叶欧洲最有名的人物之一。当 1859 年达尔文出版《物种起源》，试图贯通生物进化的全过程时，以更浩瀚的《宇宙》尝试完成自然统一性的洪堡却辞世了。如果说达尔文是以地球生物时间为研究基准的话，那洪堡则是在地球自然空间研究上下足了功夫。

45 岁时，洪堡几乎已经涉猎过当时所有的科学分支，有着令人难以想象的融合形象、抽象事物的思维能力和跨学科的视野。这之前，他花了 5 年多的时间在南美洲进行科研探险，并开创了 "信息图形显示" 的新方法——比如，现代的地图上标注着他首创的 "等温线" 等。他通过其独创的地质、气象和植物学信息地图，向世人展示，即使是相隔万里的两个地区的各种自然信息（如植被分布等），看起来也可以比近邻更加相似。

洪堡的科学活动涉及地理学、地质学、地球物理学、气象学和生物学等多个领域，他成功跻身于全世界知名科学家之列。他致力于创作《宇宙》，在这本著作中，他提出了总体的宇宙观，希望能从科学的角度解释一切自然现象。只是直到他去世，这本巨著都未写完。但从已完成的多卷书来看，它已成为有史以来出版过的最宏大的科学著作之一，跨度之大，令人敬佩。

从如今的知识体系看来，科学学科和人文学科是两种不同的语言，学科之间难以比较与融合。在这个背景下，洪堡身上体现了一种海纳百川的科学抱负：如果我们足够深入，就能找到其中的相通之处，如信息图形显示出的那种自然统一性。洪堡对自然统一性的信仰对他理解人文学科也产生了深远的影响。他排斥所谓 "旧世界" 和 "新世界" 这种过时和有害的划分。当研究人文学科时，洪堡也更加关注共性而不是差异。实际上，他是 "人人平等" 观念的坚决拥护者。

洪堡是在探险中享受多学科研究乐趣的人。他奠定了现代自然地理学、地球物理学和生物地理学的基础，推动了科学的普及。他对地球磁场怀有兴趣，这促使他在当时世界各地建立起长期观测站，这是国际科学合作最早的实例之一；洪堡收集的气象资料也为 "比较气象学" 做出了贡献。

在回顾创作《宇宙》的雄心壮志时，洪堡写道："指引我的首要冲动就是那种诚挚的努力，是想要理解物体之间的普遍联系，以及将自然理解为一个被内在力量推动和注入生机的巨大整体的激情。"为了理解整个自然的秩序，洪堡不得不倾尽全力钻研 "各种特殊的学科分支"，如果没有这些知识，"一切从总体理解宇宙的尝试都只是错觉"。他的信息图形显示便是总体理解宇宙的一种科学与艺术融合的有效方法。

创作感言

通过洪堡科学肖像及他周边的宇宙万物图景，可以理解他创作《宇宙》的努力。题图右中部蓝色部分的图形便是他 "信息图形显示" 新方法的代表图景——1817 年洪堡所作的植被分布手绘稿。他最热爱的是科学，所以有人打趣说，他跟科学结了婚，而且这有可能是世界科学史上最为成功的 "婚姻" 之一。洪堡具有良好的绘画基础，利用其形象思维的优势，将艺术图形与科学信息统一起来，找出了等温线、等压线和受海拔影响的植被垂直分布规律等。透过题图中他年轻时的那双慧眼，我们可以感受到一个追求眼界开阔和理解万物的科学家之心。

---

① 洪堡的全能型科学贡献主要表现在：首创等温线、等压线概念，绘出世界等温线图。他指出气候不仅受纬度影响，还与海拔高度、离海远近、风向等因素有关；研究了气候带分布、温度垂直递减率、大陆东西岸的温度差异性、大陆性和海洋性气候、地形对气候的形成作用；发现了植物分布的水平分异和垂直分异性，论述了气候与植物分布的水平分异和垂直分异的关系，得出植物形态随高度而变化的结论；根据植被景观的不同，将世界分成 16 个区，确立了植物区系的概念，创建了植物地理学；首次绘制地形剖面图；指出火山分布与地下裂隙的关系；认识到地层愈深、温度愈高的现象；发现美洲、欧洲、亚洲在地质上的相似性；根据地磁测量得出地磁强度从极地向赤道递减的规律；用图解法说明洋流，发现了秘鲁寒流。此外，他还是首位对美洲新大陆进行系统科学考察、实现从以掠夺和占领为目的之探险到以科学考察为目的之转变的科学家。

格雷戈尔·孟德尔（Gregor Mendel，1822—1884）

04
孟德尔

数学方法奠定 "现代遗传学" 基础

奥地利修道士孟德尔以发现生物遗传的基本原理而闻名于世。他在生前是个默默无闻的业余科学家，因此，他的伟大工作也被科学界所忽视。然而，是金子总会发光的……

"种瓜得瓜，种豆得豆" 这个从人类文明开始可能就熟知的生物现象，其秘密直到 19 世纪下半叶才被现代遗传学的奠基人孟德尔揭开。他通过豌豆实验，发现了生物遗传分离及自由组合规律，并以超前的数学方法予以表述（见题图中孟德尔胸前的数学图示）。孟德尔经过长期思索认识到，那些使遗传性状代代恒定的机制更为重要。所以，他将自己广博的家族园艺技术、生物学与数学知识融于一体，经过 8 个寒暑的辛勤劳作，发现了生物遗传的基本规律，并总结出了孟德尔定律[①]。

从 1856 年开始，孟德尔首先选择了 34 个品种的豌豆，从中挑选出 22 个品种用于实验。它们都有某种特色的稳定性状，如高茎或矮茎、圆粒或皱粒、灰色种皮或白色种皮等。孟德尔通过人工培植这些豌豆，对不同代的豌豆的性状和数目进行细致入微的观察、计数和分析，从而得出了遗传规律以及在其基础上的变异规律[②]。几乎同时代的英国生物学家达尔文丝毫不知道这些遗传和变异的具体机制，但却从 "自然选择" 思想出发，创立了生物进化学。孟德尔从数学规律上弥补了生物进化学理论上的不足，他们二者的研究成果相得益彰。

长期以来令生物学界感到困惑的是，从生物的整体形式和行为中很难觉察并发现遗传规律，而从个别性状中却容易观察到。孟德尔不仅考察生物的整体，更着眼于生物的个别

性状，这是他过人之处，也是与他之前以及同时代的科学家的主要区别之一。孟德尔选择的实验材料也是非常科学的，因为豌豆属于稳定的自花授粉植物，且容易栽种，容易逐一分离计数（题图右侧呈现了豌豆花的颜色变化），这为他发现遗传规律提供了有利的条件。

19 世纪 60 年代，孟德尔将其研究结果整理成《植物杂交实验》等论文发表，但未能引起当时学术界的重视。因为他的论文表达方式是全新的——把生物学和统计数学结合了起来，这使得当时的博物学家很难理解论文中所蕴含的科学。但孟德尔晚年却充满信心地对朋友说："看吧，我的时代会来到的。" 是的，他的论文正式发表后 35 年，此预言被证实了。

孟德尔所描绘的生物遗传数学方法图景太超前了，以至于他用心血浇灌的 "豌豆实验" 所揭示的秘密，一直被埋没达 35 年之久。直到 20 世纪初，来自 3 个不同国度的学者才同时独立地 "重新发现" 其遗传定律。1900 年，成为遗传学乃至生物科学史上划时代的一年。从此，遗传学开启了孟德尔时代——一位修道士最终被誉为 "现代遗传学之父"。

创作感言

在题图的表现中，孟德尔静心而专注于豌豆杂交实验，这位发现多个遗传学规律的主人公形象威严而冷峻，其研究成果如诸多勋章挂满胸前——谨以此纪念孟德尔对人类遗传学开天辟地的贡献。中间的椭圆象征着一粒饱满且圆润的豌豆种子，里面就是孟德尔——是他用数学方法演绎出了 "现代遗传学"。

---

① 孟德尔定律后来被略微做了些修改，但它们仍是现代基因科学的开端。人们称他的发现为 "孟德尔第一定律"（即遗传分离规律）和 "孟德尔第二定律"（即基因自由组合规律），它们揭示了生物遗传奥秘的基本规律。只有进行大量的实验（孟德尔记录的结果显示，他研究了 21 000 多株个体植物），并用统计方法对这些结果进行分析，才能归纳出遗传定律。

② 孟德尔了解到所有的生物组织内都有一个基本单元——现在它被称作基因。通过基因，遗传特性可以由亲本传给下一代。在他研究的植物中，如花的颜色或叶子的形状等，每种单独的特征都由一对基因决定。一株植物从来自每一个亲本的每一对基因中继承一个基因。孟德尔发现，如果两个被继承的基因被给定的性状是有区别的，那么通常只有显性基因的作用在这一个体中表现出来。但隐性基因并没被破坏且有可能也传递给该植物的后代。他意识到，每一个生殖细胞（配子）仅仅包含每一对基因中的一个基因。他还指出，每一对基因中哪一个基因出现在配子中并传递给一个个体的后代，完全是偶然的。

詹姆斯·克拉克·麦克斯韦（James Clerk Maxwell，1831—1879）

05

麦克斯韦

一生精力倾注于"电磁方程"

2004 年，有关专家对著名科学杂志《物理学世界》的读者做了一项调查，让读者提名"历史上最伟大的方程"。最后，按投票排序，麦克斯韦构建的电磁方程组（题图中在麦克斯韦肖像的胡须上用现在的科学符号表述的 4 个方程式）名列第一。1946 年，爱因斯坦指出，"这个理论的革命性在于把超距作用力过渡到以场作为基本变量"（见题图背景中"场"的形象表达）。

麦克斯韦向英国皇家学会提交了论文——《电磁场的动力学理论》，并于 1864 年发表于《哲学杂志》上，其中不仅给出了麦克斯韦电磁方程组，而且还给出了电磁波的概念。后来，德国物理学家赫兹用实验证明了电磁波（见题图下方，可见光是电磁波的一种特殊表现形式）的存在，并认为变化的电场必然激发磁场，变化的磁场又会激发电场，变化的电场和变化的磁场构成了一个不可分离的统一的场——电磁场。

在麦克斯韦之前，人们认为自然界中的物理实在就是牛顿创造的"质点"概念，其变化完全是由那些服从全微分方程的质点运动所组成的。而经过麦克斯韦的研究，人们开始转向认为物理实在可由连续的场来表示，并服从偏微分方程，不能对它作机械论的解释。实在概念内容的这一转变，是物理学自经典力学以来的一次最深刻、最富有成效的变革。我们不禁要问，面对复杂多样的电磁世界，麦克斯韦究竟是采用怎样的科学方法，将电、磁、光三者统一而纳入了一个简单优美的数学框架之中的？

首先我们强调一点，麦克斯韦方程组是由 4 个方程式组成的，而"4"这个数字，似乎与世界本质的外在表现方式（图景）紧密相关，尤其是笛卡儿等人赋予了世界图景化后。我们从科学史中总结发现，"4"这个数在科学图景中的最基本理论（特别在数理科学）描绘中占有结构元素完善、可形成完备体系的独特地位[①]——它们犹如一首情理景致俱有的四行短诗，深刻解读了自然世界的内在奥秘。

《天地有大美：现代科学之伟大方程》一书的作者法米罗曾写道："科学的诗意，在某种意义上讲，是体现在它的伟大方程之中的……"杨振宁也曾说过："方程式是造物者的诗篇。"在有关方程式与诗歌的关系论述中，他表示，诗是浓缩的语言，世上的一切都在诗人的语言里浓缩，这也是物理学最后想要达到的境界。麦克斯韦特别喜爱英国诗歌，这与他思考和数学演算大有相似之处，他采用类比的方法，将电磁世界的图景以其擅长的数学语言表达了出来。1873 年，麦克斯韦出版了集电磁理论之大成的《电磁通论》，总结了一个世纪以来电磁学方面的研究成果。从此，麦克斯韦的名字与其写下的"电磁组诗"永远地凝聚在了一起。

纵观麦克斯韦的一生，精练的电磁方程组就如同凝练的诗歌创作艺术。他成就斐然，采用的归纳性抽象方法不同凡响。他就是一个能以精练数学语言创写包含丰富多彩电磁学内涵诗篇的大师级"诗人"。

创作感言

在创作麦克斯韦肖像时，我着重呈现了他研究电磁学的历程，题图中，那发散的胡须如同缕缕电磁波线，与其研究出的电磁方程组交融，表现出他在电磁学体系的建立上倾注了一生的精力；而背景以反映"场"的形象加以装饰、衬托，画面下方的电磁波图像，旨在突出电磁理论的丰富蕴含和深远意义。

---

① 英国学者米兰达·伦迪在其著作《神圣的数：数字背后的神秘含义》之"四位一体"中写道："……我们进入到了一个神圣的领域。四是三维空间的基础。'四'通常和物质世界的表现形式紧密相关……"例如：牛顿的力学体系四定律、哈密尔顿数学的四元数、明科夫斯基建立的四维时空、爱因斯坦广义相对论中质量、能量、时间、空间四元素的关联性等；当然，还有本篇主人公麦克斯韦的电磁理论四方程（组）。然而，对于这些由"四"带来的科学图景，最后让其形成完备"四体系"的人并没有建立其所有定律，而多数定律都由前人发现或单独使用过（例如在电磁偏微分方程中，除麦克斯韦-安培定律是跟麦克斯韦本人有关外，其他定律均是既有的，其点睛之笔在于位移电流概念的引入），但被归纳成一个完善的基本结构体系并产生可预言性效应的形式，其建立者们高屋建瓴，这等审美视野勾画出了四位一体的完形数学图景。

德米特里·伊万诺维奇·门捷列夫（Dmitri Ivanovich Mendeleev, 1834—1907）

06

门捷列夫

扑克牌玩出的 "元素周期律"

俄国科学家门捷列夫对现代科学的贡献有目共睹，他最大的贡献是用一种带有拼图游戏的方法 "玩" 出了元素周期律并绘制了相应的周期表。1955 年，3 位科学家在加速器中用氦核轰击锿，锿与氦核相结合，发射出一个中子，他们获得了一种新元素，便以门捷列夫的名字命名为 "钔"，以纪念这位杰出的科学家。

据门捷列夫的笔记记载，他的元素周期律的灵感来自一次玩扑克牌的经历。1869 年，门捷列夫面对一副 63 张[①] 的 "扑克牌"，每张牌上都写有一种元素的名字和它已知的物理、化学特性——这副牌中包含了当时所知的所有元素。据说他不停地用这些牌摆放着各元素的位置，可总有几个格格不入。

在这个过程中，门捷列夫不得不改变一些元素的顺序，但是他对此很满意，因为他已做出了一种假想，即这些元素的相对原子质量测量得不准确。同时，他也大胆地为尚未发现的元素留下了位置，并预言这些元素一定会存在——截至 1886 年，有 3 个新元素被发现了。化学家们发现它们的性质与门捷列夫的预言很吻合。

道尔顿在 1805 年曾经提出，每种元素都有自己独有的一个相对原子质量。通过排列这些扑克牌，门捷列夫发现了一种奇妙的排列方法，可以使得位于同一列的元素的相对原子质量都是递增的，而位于同一行的元素都具有一些相似的特性。第一列是由锂、铍、硼、碳、氮、氧、氟组成的。在现代的元素周期表中，人们将行和列调换了一下，这些元素变成位于第一行。后来，人们称门捷列夫的元素周期表为 "扑克牌中的化学"。

如果道尔顿活到门捷列夫的时代，一定会十分羡慕门捷列夫对化学结构秩序（周期律）所做的贡献——因为他那个时代还没有足够的元素用来分类并对周期性进行研究。门捷列夫对自己的假设很自信，这一点十分可贵，后来当他继续研究时，每次遇到什么地方连接不上，他就断定此处还有元素没被发现，于是就暂时留下一张空牌，这样他就又预言了 11 种未知的元素，那时这副牌已扩展到了 74 张[①]。

门捷列夫一生发表了 300 余篇论文，是位多产作者，内容涉及科学、艺术、教育和经济等领域。广博的知识给他带来了极大的好处——活跃的艺术性思维，让他在很多信息不到位的情况下产生联想，人为地联系起 "散乱" 的元素，直到它们成体系地归类，就位于他所设计的扑克牌中最后的 "拼图" 中。他的一大成果是伴随着元素周期律的诞生所著的《化学原理》，此书被国际化学界公认为标准著作，影响了一代又一代的化学家。

在前人和他人工作的基础上，门捷列夫凭着自己的科学假设以及艺术底蕴赋予的勇气，在手中 "玩" 出了元素周期律。虽然他没有像同时代的同胞巴甫洛夫那样被授予诺贝尔奖，但他编制的元素周期表一直被印在全世界的化学教科书和各类辞典上，这是对他的最大褒奖。

创作感言

元素周期律可以看作将事物归类且有周期性排布的最有意义的图景之一——它和达尔文发现生物进化论，以及沃森、克里克发现 DNA 结构一样，需要 "拼图" 式方法的有力支持。题图的科学肖像中，门捷列夫的研究似乎就像具有高超玩牌和拼图技巧的人，在厚实而广博知识的背景（以书架上的众多层叠的大部头图书表现）下进行着相应的游戏——随着不断地理牌、放牌、组牌，在他的额头上渐渐地拼出了清晰的元素周期表。画面突出了摆放元素的位置遇到困难时主人公纠结并不断思索的图景。

---

① 在门捷列夫的时代，人们没有任何原子结构的知识，已知元素只有 63 种，元素大家族的信息并不完整，而且当时公认的许多元素的相对原子质量和化合价是错误的，确定元素在周期体系中的次序——原子序数十分困难。但他通过对比元素的性质和相对原子质量的大小，重新测定了一些元素的相对原子质量，先后调整了 17 种元素的次序，最后才确定元素周期表并予以发布。

② 在随后的几年中，门捷列夫预言的所有元素陆续被发现，并被加进他编制的元素周期表中，特别是后来发现的氦、氖、氩、氪、氙和氡，又给元素周期表增加了新的一族——元素图景一目了然，它就像一张大的牌桌，成为之后化学研究的 "形象游戏指南"。

莱纳斯·卡尔·鲍林（Linus Carl Pauling，1901—1994）

07
鲍林

拼图法成就蛋白质 " α 螺旋"

诺贝尔奖设立以来，两次获得其奖项的人有之，如居里夫人——她是在自然科学奖项范围内跨学科获奖（分别是诺贝尔物理学奖与诺贝尔化学奖，且有一次是与丈夫共同获得的）。但跨领域获奖，美国科学家鲍林却是第一人，他 1954 年因化学键的研究以及用化学键的理论阐明复杂的物质结构获得诺贝尔化学奖，1962 年因反对核弹在地面测试的行动获得诺贝尔和平奖。他是迄今为止世界上唯一一位两次单独获得诺贝尔奖的科学家。

其实鲍林也是将化学同时向"左邻右舍"（物理学和生物学）推演并进行研究的大师——他是量子化学[①]和结构生物学领域的伟大先驱者，被认为是 20 世纪对化学科学影响最大的科学家之一。他所撰写的《化学键的本质》被列为化学史上最重要的著作之一，被当时的化学家奉为"圣经"。鲍林所提出的许多概念，如电负性、共振论、价键理论、杂化轨道理论、蛋白质二级结构等概念和理论，如今已成为化学领域的基础并被广泛使用。

除了在化学理论与和平事业上的贡献，鲍林在科学方法上也做出了杰出的成就——例如，沃森曾说过："鲍林制作蛋白质分子不同部分的比例模型，找出可能的三维结构。他将问题简化成一种三维拼图游戏，这种科学方法既简单又聪明。"有科学史学者认为，也正是借鉴了鲍林三维拼图的科学方法，沃森和克里克等人才发现了 DNA 的双螺旋结构。爱因斯坦曾提出过借助理论物理学基本结构的纯粹演绎，有可能推演得到包括生命在内的一切事物的论点；薛定谔在理论上也阐述过生命本质上是物理的和化学的。而实际上，鲍林等人才是将化学研究实实在在地推向生物学的关键人物，他本人是分子生物学的奠基人之一。

鲍林曾经花了很多时间研究生物大分子特别是蛋白质的分子结构。他发现了蛋白质里氨基酸链（称为多肽）的排列结构，并且将这个结构取名为 α 螺旋[②]。他并非根据 X 射线衍射的实验数据推论出模型，而是依靠身为结构化学家的丰富经验和直觉，大胆推论哪种类型的螺旋结构最符合多肽链的化学特性。作为蛋白质二级结构的一种重要形式，α 螺旋已在晶体衍射图上得到证实，相当美丽。这一发现为蛋白质空间构象打下了理论基础，这也是让鲍林 1954 年荣获诺贝尔化学奖的成就之一。

鲍林早期研究的是晶体结构，他致力于探索化学键的本质和分子结构。他在 1939 年出版的专著中论述了这些研究结果。之后，他又研究了更复杂的氨基酸分子和组成蛋白质的肽链。在主要研究成果累累的同时，他还取得了许多"附带的成就[③]"——可见他的研究所涉猎的领域多么宽广，这得益于他采取的科学方法。

创作感言

鲍林是一位伟大的科学家与和平战士，他的影响遍及全世界。他一生的研究涉及了各个领域（从物理学、化学、生物学直至人类和平事业），单凭题图不足以充分表现。所以，我的创作只强调了鲍林所发现的生物大分子模型及（黑板背景上呈现的）拼图方法。我们可以发现，"拼图"这种简单游戏中蕴含的科学方法在寻找大分子比例结构时是多么有效。

---

① 20 世纪 40 年代初，鲍林开始研究氨基酸和多肽链，发现多肽链分子内可能形成两种螺旋体：一种是 α 螺旋体，另一种是 g 螺旋体。经过研究，他进一步指出：一个螺旋是依靠氢键连接而保持其形状的，也就是长的肽键螺旋缠绕，是因为在氨基酸长链中，某些氢原子形成了氢键。

② 1926 年，鲍林获得博士学位后去了欧洲，之后两年他先后在慕尼黑、苏黎世、伦敦和哥本哈根等地向玻尔、薛定谔等科学家学习原子和量子物理。由此，鲍林对量子力学有了极为深刻的了解，坚定了用量子力学方法解决化学键问题的信心，最终成为量子化学的先驱。

③ 在研究蛋白质分子时，鲍林发现患镰形细胞性贫血的病人血红蛋白结构存在缺陷，这是一种遗传病。他还证明，如果增加动脉血中的含氧量，就能暂时使血红蛋白变为正常。1961 年，他公布了一个能解释麻醉现象的分子模型，并介绍了一种能解释记忆过程的新概念。1965 年发表了关于原子核的新理论。20 世纪中叶后，随着核武器的加速扩散，鲍林开始呼吁和反对把这样的科学研究用于战争。1958 年，他出版《不要再有战争》一书，阐明其看法。同年，他向联合国递呈他起草的和平利用核能及停止核武器试验呼吁书，有 11 000 余名科学家在上面签名。1963 年禁止核试验条约缔结后，他又开始研究战争与和平问题。

沃纳·卡尔·海森伯（Werner Karl Heisenberg，1901—1976）

08

海森伯

数学方法创 "不确定性原理"

德国物理学家海森伯因其在量子力学的创立工作而获得1932年诺贝尔物理学奖。然而，他最让人铭记的或许是他对"不确定性原理"的研究。这一概念是建立在他坚信的亚原子粒子的行为只能根据概率预测的基础之上的。这就意味着，牛顿的运动定律不再能用来准确地预测微观的单个亚原子粒子的行为。

1925年，海森伯发表了他的量子力学理论，这一理论的基础是能够观测到的现象，例如原子发出的辐射之类可测量。他认为，像电子这样的物质粒子，某时刻所处的位置及速度都是难以确定的，因此不能用普通的数量来表示，而应代之以所谓的"矩阵"之类的抽象数学体系，因此他的新理论就命名为矩阵力学。1927年，海森伯提出不确定性原理。这一原理和玻恩基于概率的波函数诠释共同奠定了量子力学诠释的物理学基础。

不过，大多数物理学家都不怎么喜欢海森伯使用的矩阵数学，因为它抽象难懂。这些物理学家似乎更关注的是后来薛定谔量子力学的波动力学形式。然而，1926年薛定谔发表了一篇文章，证明矩阵力学和波动力学两种形式在表现量子力学上得到的结果是相同的——在数学上它们是同一个东西。与此同时，狄拉克也在和同事研究这个问题，他们创建了被称为"变换理论"的统一方程——这在理论上是很完美的。实际上，量子力学是一个有很多人都参与和做出贡献的科学体系[1]。

海森伯对数学研究得越多，他就越发注意到一个问题。如果将一个电子的位置固定，将不能对它的运动状态做出任何判断；相反地，如果考察一个电子的运动状态，那么就不能测得它的位置。这就是"不确定性原理"的概念表述。他认为，这种不确定性不是方程本身的缺陷，而是反映了量子力学的一个特性——即方程方法表述的"模棱两可性"，在物理上反倒为"不确定性原理"的创立创造了数学条件。海森伯提出的这一新物理学公式（见题图中的公式）获得了极大的成功，后人对它又做了一些修改和完善。

通过数学可以证明，在仅仅涉及宏观世界时，量子力学的结论同经典力学的结论相差无几——正因为如此，经典力学仍然可以用在大多数科学计算中。另外，经典力学的数学计算比量子力学的要简单得多。但是在涉及微观世界时，量子力学的结论与经典力学的结论就有很大出入，实验证明这种情况下量子力学的结论是正确的。

不确定性原理被认为是所有科学原理中最深刻和运用最广泛的原理之一。它从理论上指出了我们进行微观科学测量的能力的局限。如果在最理想的环境中，一个科学家用物理学基本定律不能获得有关他正在研究的体系的准确知识（不确定性原理又称为"测不准原理"），那么该体系将来的行为就显然是不能完全预测出来的。另一方面，以爱因斯坦为首的科学家从更广阔宇宙的视野上看问题，认为放弃物理学的因果关系，是量子物理学不完善的表现[2]。但无论如何，海森伯的不确定性原理为物理学提供了新的观点，使物理学家能够从另一个角度来理解和研究量子物理学。

创作感言

题图显示了主人公年轻时的意气风发，我采用正值创造之年的海森伯脱帽→举帽的动态过程来表现"不确定性原理"的科学含义，意在表现数学方法在论述物理性"不确定性原理"上的定性作用——以中间那顶动态之帽作为背景，衬托数学方程的物理意义——物质粒子某时某刻所处的位置及速度不能同时确定。而左下与右上部分则分别表现了位置及速度（通过动量 mv 来表现）不可能同时确定。

---

① 海森伯不是唯一推动量子力学发展的科学家，他的前辈们也对此做出了重要贡献，如普朗克、爱因斯坦、玻尔以及法国物理学家德布罗意。还有许多的科学家，如奥地利科学家薛定谔和英国科学家狄拉克，在海森伯发表他那篇重要论文之后，也为量子力学理论的发展做出了重要贡献。尽管如此，我们还是认为海森伯是量子力学发展中的一个重要人物，即使是荣誉归功于大家，他的贡献仍使他有资格在量子力学的创立上占据重要位置。

② 不确定性原理告诉我们，事实上，在涉及一个小的体系时，我们可能不得不放弃要求严格的物理学因果关系。这是基本的科学哲学观上一种意义深远的变化。但一些伟大的科学家，如爱因斯坦等人，从来都不愿意接受它。爱因斯坦曾说过："上帝不会掷骰子。"

左：詹姆斯・杜威・沃森（James Dewey Watson，1928—）

右：弗朗西斯・哈利・康普顿・克里克（Francis Harry Compton Crick，1916—2004）

09

沃森和克里克

互补成型方法构建"双螺旋"

现代科学史上，出现过不少成双成对共同为科技进步做出贡献的人，如我们这本书中讲到的莱特兄弟、约里奥－居里夫妇、杨振宁与李政道等，他们的专业均属同一学科且后来在同样的领域取得了成就。但本篇主人公沃森和克里克原先的专业既不相同（分别是生物学与物理学），后来所取得的成果也不纯属各自的研究领域，而是一门创新的学科——分子生物学。

不知是机缘巧合，还是历史的必然，他们都阅读过薛定谔的《生命是什么》，并为了一个共同的目标——探索生命的秘密而走到了一起。薛定谔作为一个成绩斐然的理论物理学家，却偏偏要问"生命是什么[①]"。沃森和克里克都从他的书及其思考中，敏锐地意识到生命形成的基础就是物理化学，而他们专业和特长的衔接、互补与组合，后来竟成为探索生命奥秘的绝配（如同题图中各自领带相互卷绕成的 DNA 的双螺旋结构一样）。

20 世纪 50 年代初，生命遗传研究分为信息学派、结构学派和生化学派等，用什么学派的方法研究遗传学乃至扩展到所有生物学的问题就成了重中之重。沃森和克里克认为，只有通过结构学派发展起来的方法，即掌握脱氧核糖核酸（DNA）的分子结构，才能理解基因复制和基因指导蛋白质合成的确切机制——后来证明，这是做这门学问"优中选优"的方法，同时也能发挥他们各自的特长。

沃森和克里克相逢于拥有英国科学传统且学术氛围十分浓郁的剑桥卡文迪什实验室。为了尽快实现心中的目标，他们当时采用的是一种"结构拼图游戏"的方法——这是诺贝尔奖得主、结构化学家鲍林的发明——沃森称赞"他将问题简化成一种三维拼图游戏，这种科学方法既简单又聪明"。于

是，他俩开始从结构化学的角度尝试搭建 DNA 结构模型；而威尔金斯与富兰克林拍摄的 DNA 的 X 射线衍射照片给了他们重要而直接的启示。

沃森和克里克这种"1+1 > 2"的系统性研究，本身就是一种高级的科学方法，成功发现了 DNA 科学而简洁、美丽的结构（其中的碱基配对[②]储存着世代相传的遗传信息，掌管了极度复杂的细胞世界），并为一个 DNA 分子是如何复制成两个结构相同的分子，以及 DNA 怎样传递生物体的遗传信息提供了合理的说明。

他俩在与其他科学家的竞赛中采取了和传统方法截然不同的策略——他们从一开始就站在了视野开阔的制高点上，四处搜查、相互争辩、手脑并用、兼收并蓄，采用不拘一格、具有多样性的研究方式。他俩的贡献无法排序，1953 年 4 月 25 日，英国《自然》科学杂志上的千字文《核酸的分子结构——脱氧核糖核酸的一个结构模型》公之于众时，他们是通过掷硬币的方式来决定署名次序的。至此，我们甚至可以认为，"双螺旋"结构的两个反向双链（题图中用两个领带末端的尖头表示）反映了他们专业与个人背景的差异，而碱基配对则体现了其性格、志趣互补，但围绕的中心轴（目标）却只有一个，那就是解开"生命的秘密"。

创作感言

这一科学肖像通过 DNA 双螺旋结构"领带相互旋绕式"，展现了以互补成型的科学方法图景；两人的容貌及头像高低差异，反映了年龄与性格的差异，同时表现了学术默契；老鹰在画中的出现有着两层含义：一是通过鹰击长空表现居高领略科技全景的方法；二是指伦敦的"老鹰酒吧"，正是在那里，克里克宣布他们发现了"生命的秘密"。我将背景设计成具有螺旋臂的银河系，旨在表现"双螺旋"是可以追溯的。他们的思维沿袭了西方传统的数理推演模型的方法，其成果被认为是分子生物学中具有革命性的发现。

---

① 不单是薛定谔，在更早的时候，爱因斯坦就说过："作为理论物理学结构基础的普遍定律，应当对任何自然现象都有效。有了它们，就有可能借助于单纯的演绎得出对一切自然过程（包括生命）的描述……"

② 碱基配对有 4 种形式——题图中用 4 种颜色表示：腺嘌呤（A）、胸腺嘧啶（T）、鸟嘌呤（G）与胞嘧啶（C）。克里克从美籍生化学家查哥夫那里得知，腺嘌呤和胸腺嘧啶数量相等，而鸟嘌呤与胞嘧啶数量也相等。沃森很快发现，有一种简单的配对法搭配得恰好好处：A 和 T 配对，G 和 C 配对。他们就这样找对了答案——线索和直觉告诉他们，采用"双螺旋"这种最简洁的结构表述 DNA 大分子的两条链而又兼顾 A-T 与 G-C 配对，简洁而又优美，几乎可以肯定是不会有错的。

屠呦呦（1930— ）

⑩
屠呦呦

乙醚中性提取"青蒿素"抗疟

如果论及中国女药学家屠呦呦所创造的诺贝尔奖"第一",至少有三项值得一提:第一,新中国第一位获得诺贝尔自然科学奖的科学家;第二,全球第一位荣获诺贝尔生理学或医学奖的华人科学家;第三,第一位获得诺贝尔奖的中国女科学家(杨振宁、李政道1957年获得诺贝尔奖时是中国籍)。2019年,英国广播公司(BBC)新闻网新板块"偶像(ICONS)"栏目发起"20世纪最伟大人物"评选,在"科学家篇"中,屠呦呦上榜,入选的三大理由是:在艰难时刻仍秉持科学理想;砥砺前行亦不忘回望过去;成就跨越东西方。

屠呦呦的突出贡献在于创制出了新型(特效)抗疟药青蒿素①。她所在的团队于1969年开始抗疟中药研究,经过大量的反复筛选后,工作重点集中于中草药青蒿上——这是屠呦呦的贡献之一。经过多次失败后,1971年9月,她重新设计了提取方法,改用低温提取,用乙醚回流或冷浸,而后用碱溶液除掉酸性部位的方法制备样品——这是屠呦呦获得诺贝尔奖的关键因素所在。据美国科学家米勒·路易斯等人对青蒿素中国科研历史的调查,是屠呦呦把青蒿研究课题带入了"523"研究团队,又是她最先证实青蒿素有100%的抗疟抑制力,也是她最先对青蒿素进行了临床试验。

虽说近代科学没有诞生在中国,但西方现代科学也有不能揭开中国经验性科学成果秘密的盲区。有史以来,中国经验性和博物性兼容的医药学以实效著称,如今也可以与西方创造的现代医药学体系相连通,并可以写出相关的化学分子式、说明具体的抗病机制等,而做出这一贡献的主要人物便是屠呦呦,她又被尊称为"青蒿素大师"。经常有人问屠呦呦

的研究究竟算西医还是中医,其实,她一辈子做科研的目标就是利用中西医药有机融合,取得更好的疗效——利用中药古法寻得宝藏,使用西医现代方法定其性质,这就是一种好的科学方法。

中西医药学研发方法本属于中西两种不同文化(思维方式)支持下的医药体系,长期以来一直处于各自为政、分割对立的状况。有些所谓的中西医结合,只是处于中西医药及诊疗方法并用的状态,并没有实现真正意义上的有机贯通。虽然它们各自都对人类生命的安全延续、繁衍进化做出了贡献,但就像当今物理学中广义相对论与量子力学一样,不能融为一体。屠呦呦的贡献在于,她打破了中西医药长期的壁垒,用她自己的话讲,就是用中国传统医药献给世界一份礼物。她研究的意义在于以点带面地使中西医两大体系逐渐互通互认。据不完全统计,截至2011年9月,由于发现了青蒿素这种用于治疗疟疾的药物,全球(特别是发展中国家)数百万人的生命得到了挽救。

如果原创、首创或独创等可以用"0→1"这个式子表述的话,那么,在青蒿素的挖掘和抗疟科学的研究开发上,就是由屠呦呦完成了"0→1"的转换过程,而她所荣获的新中国第一个诺贝尔自然科学奖,也实现了新中国科学史上一个"0→1"的突破。其中的关键是,她在科学方法上融通中西,让植根于古老国度的中医药真正惠及了世界。

创作感言

了解了屠呦呦一生科学实验的过程,我以象征着青蒿的绿色背景衬托其阶段性研究的形象标志——它们从古代中医学的经验归纳延伸至当今世界医药学实验、分析和应用之巅。科学肖像中的中国东晋古籍药典——葛洪的《肘后备急方》以及屠呦呦的专著《青蒿及青蒿素类药物》,是中国古今两本具有关联的医药之书:一本是纯粹的中医药经验典籍,另一本则是中西结合、古今融合、体现了现代医药学特质的科学著作。题图旨在描绘出屠呦呦作为中国第一位女性诺贝尔奖得主充满专注与韧性的心路历程。

---

① 青蒿素:1972年,屠呦呦和她的同事从青蒿中提取到了一种分子式为$C_{15}H_{22}O_5$的无色晶体,这是一种熔点为156℃~157℃的活性成分。这年3月,屠呦呦在南京召开的"523"项目工作会议上报告了实验结果。1973年,她合成了双氢青蒿素,但当时她还不知道这种化学物质后来会被证明效果比天然青蒿素强得多。1978年,国家重点中药"523"项目的科研成果鉴定会最终认定青蒿素研制成功,按中药用药习惯,将中药青蒿抗疟成分定名为"青蒿素"。

4

科学实验图景

    科学实验是人们为实现预定目的，在人工控制条件下，通过干预和控制科研对象而观察、探索科研对象有关规律及机制的一种研究方法。它是人类获得知识、检验知识真理性含量的一种实践形式。这里需要强调的是，科学实验者的手中并不是只有仪器、设备、装置，外加必要的技巧，还需要一定理论指导和艺术性思考，以及百折不挠、不达目的誓不罢休的决心。本章描绘了 10 幅科学人物肖像，并解析其所凸显的科学实验。

伽利略·伽利雷（Galileo Galilei，1564—1642）

演绎实验是完整的"科学方法"

意大利科学家伽利略是近代实验科学的奠基人，也是近代科学革命的先驱者[1]。他对科学方法的发展所做出的贡献无与伦比，他的方法就是科学实验的方法。最著名的例子莫过于比萨斜塔上的重力实验了——亚里士多德告诉人们，物体下落时，重的要比轻的下落得更快，而伽利略通过实验证明这是错误的。

1609 年，伽利略用望远镜辨认出月球上有许多环形山[2]；随后又发现并描绘了太阳黑子的现象（见题图右上侧所示的伽利略发明的望远镜以及用它发现的各种天体所组成的时钟图）。400 年后，为了纪念伽利略发明折射式望远镜及其观测发现的令人吃惊的天体现象，联合国将 2009 年定为"国际天文年"。之前爱因斯坦还曾这样评价道："伽利略的发现，以及他所用的科学推理方法，是人类思想史上最伟大的成就之一，而且标志着物理学的真正的开端！"而这些标志着现代科学开端的伟大成就正是基于实验方法之上的。

伽利略的科学观是反对神秘性存在，在这方面，他的观念与东方神秘主义恰恰相反，甚至比他的某些继承者（如牛顿）还要具有现代性。伽利略是第一个坚持科学实验必要性的人。他拒绝那种认为科学问题是由可信赖的权威（比如教会或是亚里士多德的观点）决定的观念。他还拒绝信赖那种在没有坚实实验基础上的复杂的演绎方法。欧洲文艺复兴时期前，中世纪的经院哲学家们曾详细地讨论过什么应该发生以及为什么某些事要发生，但伽利略坚持通过实验方法来确定实际上发生了什么。

在欧洲文艺复兴时期，就像生物学上"寒武纪"的生命大爆发现象一样，出现了许多多才多艺的巨匠，如文艺领域的达·芬奇、米开朗琪罗、莎士比亚等人，还有科学领域的哥白尼、维萨留斯、伽利略等人。现代科学是在文艺复兴时期之后开始兴起的，从这个意义上讲，我们给予其一个相较于古希腊科学的"科学复兴"的名称也不是不可以。我们可以称伽利略为"开创了近代实验科学的'文艺家'"，那是因为他在文学艺术上的造诣也相当了得。题图中的众多天体形象都是他的素描画杰作；而他 1632 年出版的著作《关于两大世界体系的对话》不但体现了他的文学功底，更重要的是体现了他对现代科学方法的巨大贡献。从某个角度看，文学艺术堪称一种服务于科学革命的工具。

意大利是欧洲文艺复兴的发源地，伽利略又生活在印刷术普及的时代，新思想的传播比那之前任何时候都更加迅速，人们对千百年来束缚思想的宗教神学和传统教条开始产生动摇。而当时的伽利略通晓当时物理学的几乎每一个分支，他因证明了假说 – 演绎法与定量试验完美结合的有效性而闻名于世。现代科学的研究方法与模式也是在这一时期开创的。

创作感言

伽利略的科学肖像描绘了主人公利用其发明的天文望远镜发现了许多前人从未看到过的天体现象，并对它们当中的部分进行了"科学写生"。伽利略堪称完美结合了假说 – 演绎法与定量实验的科学方法论大师。我将他实实在在的成果浓缩而艺术地组成一个"天体时钟"，镶嵌在满天星斗的夜空，很有画面感。而经他计算发现的"自由落体定律"也动感十足地衬托着这座时钟。满腹经纶的伽利略有一双窥视天体世界的眼睛，仿佛要通过望远镜看穿那宇宙的真相。

---

[1] 科学史上，是伽利略首先在科学实验的基础上融会贯通了数学、物理学和天文学三门学科的知识，扩大、加深并改变了人类对物质运动和宇宙的认识。他从实验中总结出自由落体定律、惯性定律和伽利略相对性原理等，从而为牛顿力学体系的建立奠定了基础。他被誉为"近代力学之父"和"现代科学之父"。

[2] 对月球的观测产生了深远的影响——1610 年初，伽利略将望远镜放大倍率提高到 33，获得很多新发现，如月球表面高低不平，月球与其他行星所发的光都是反射的阳光；发现了木星周围有 4 颗明亮"月亮"式的星体——开普勒把它们称为卫星。后来，伽利略又发现金星的位相如月亮一般有圆缺变化，这对日心说是一强有力的支持；土星有多变的椭圆外形，"银河"原来有着无数的发光体，等等，这些都开辟了天文学的崭新天地。而他《星际使者》一书的出版震撼了全欧洲。

安东尼·菲利普斯·范·列文虎克（Antonie Philips van Leeuwenhoek，1632—1723）

02

列文虎克

嗜好显微镜实验见 "微生物"

荷兰显微镜学家列文虎克是微生物的发现者，也是微生物学的创始人，但他的伟大发现却是因为他把使用显微镜观察作为一种爱好（从题图中所表现的神情可见一斑）。列文虎克曾经营过布料生意，在阅读了胡克所著的《显微制图》[1] 后，他受到启发，开始钻研他真正的业余爱好——研磨透镜。磨制透镜是为了组装显微镜，而制作显微镜又是为了观察微观世界。

由于在当时的欧洲，从商店买不到显微镜，列文虎克便自己动手制造他的仪器（见题图中他手持的用于观察的显微镜）。他从来没有在这方面接受过任何正规指导和训练，但他所发展的技术却是非凡的。虽然在列文虎克出生前已经有人发明了复合式显微镜，但他从来没用过。相反，列文虎克非常细心准确地磨制了焦距非常短的小透镜。他磨制的透镜的分辨率高于早期的复合式显微镜。

1674 年，极其具有耐心、观察细致的列文虎克[2]利用自己磨制的显微镜，发现了一个充满未知的、肉眼看不见的、丰富多样的微小物种的新世界。也是在这一年，他观察到了单细胞有机体，将它们称为 "微生物"。这是历史上推动人类取得重大进步的伟大发现之一。列文虎克在一小滴水中发现了一个完整和未知的新世界，它充满生机——尽管当时他还不知道这个崭新世界对人类有多么重要。他观察到了一个非常小的微生物世界，有些微生物不但具有生命力，还有可能置人于死地。列文虎克发现微生物存在于许多不同的地方：水井、池塘、雨水、人的口腔及肠道里，等等。他描述了各种各样的细菌、原生动物，并计算了它们的体积。

列文虎克有许多重大发现[3]。但直到他之后近两个世纪的巴斯德时代，列文虎克的伟大发现才得以实际应用。事实上，在 19 世纪显微镜被改进并发展起来之前，整个微生物学处于停滞不前的状态。但不可否认的是，正是通过列文虎克，科学世界才实际意识到了微生物的存在。

自 1673 年起，只接受过有限正规教育的、时年 40 岁出头的列文虎克开始与英国皇家学会通信（该皇家学会是当时欧洲主要的科学学会），他用荷兰文写了数百封信件，报告他的观察结果——这样的通信维持了 50 年之久。列文虎克在 1680 年被选为该学会的成员。之后他还成为巴黎科学院的通信院士。

终其一生，列文虎克观察的对象包括原生生物、细菌以及毛细血管、肌纤维、植物组织等。这些细致详尽的观察结果要归功于他高超的透镜研磨技巧，这些透镜的放大倍率高达 275（早期的透镜放大倍率只能达到 20 ~ 30），而且影像清晰。据统计，列文虎克手工制作了 400 ~ 500 面透镜，以及大约 15 台显微镜；他发现的微生物不计其数——他的爱好成就了他的伟大一生。

创作感言

列文虎克的实验发现绝不是纯粹的运气所致。这样重大的微生物发现是他精心制作质量空前的显微镜，以及耐心并精确观察的结果。换句话说，他的发现是试验技巧和努力工作的结果。题图表现的正是列文虎克利用自己研磨的显微镜，发现了一个充满未知的、肉眼看不见的、形状各异的微生物新世界，并详尽地描述他的显微观察结果。

---

① 此书为英国人罗伯特·胡克于 1665 年所著，在这本书中，胡克普及了显微镜及其使用方法。胡克是第一个观察软木塞显微切片的人，并据此创造了 "cells"（细胞）一词。

② 列文虎克拥有一双敏锐的眼睛和无限的好奇心。借助于那些精细的透镜，他观察了数量繁多的各种各样的微小物质，从人的头发到狗的精液，从雨水到小昆虫，以及肌肉组织、皮肤纤维和许多其他的标本。他将他观察到的东西细心地记录下来，并绘制了精细的观察图。微生物的发现是少数几项由个人完成的真正重要的科学发现——列文虎克独自工作，他意外地发现了原生动物和细菌，不同于其他大多数生物学上的进展源于之前的生物学知识，由此具有划时代意义。

③ 列文虎克是第一位观察并描述单细胞有机体的科学家，第一个描述精子 (1677 年) 的人，也是最早描述红细胞的人之一。他对低等动物的研究推翻了自然发生说。

$$m = Q/qn \cdot M/N_A$$

$$\varepsilon = -N \cdot \mathrm{d}\Phi_m/\mathrm{d}t$$

迈克尔·法拉第（Michael Faraday，1791—1867）

03
法拉第

实践与直觉交响的 "实验哲学"

对于英国科学家法拉第，来自各方的排名和评价都很高。从研究专业角度看，美国学者查尔斯·默里在他的著作《人类成就》"物理学家"知名度列表中，将法拉第排在第 4 位；从整个科学家群体看，美国历史学家西蒙斯在其《科学家100 人：历史上最具影响力的科学家排行榜》中，将法拉第排在第 11 位；从对整个人类历史的影响方面看，美国作家麦克·哈特在《影响人类历史进程的 100 名人排行榜》（修订版）中，将法拉第排在第 23 位。法拉第显赫的名声来自他的实验发现推动了电磁时代的到来。他的恩师、英国化学家戴维就曾声称，自己一生最大的成就是发现了法拉第这个学生。

法拉第被公认为历史上最伟大的实验科学家之一，他还以其高超的直觉，艺术性地勾画出了电磁场的 "草图"。爱因斯坦认为，法拉第和麦克斯韦共同开启了牛顿之后物理学基础的最重大变革。爱因斯坦曾在他的书房中挂过三幅肖像，分别是牛顿、麦克斯韦和法拉第。法拉第在 "力线" 和 "场"概念的发展上所给出的关键性思想，为麦克斯韦、爱因斯坦后来创建的理论体系提供了必要的概念。虽然在法拉第发表的 450 余篇论文中不曾出现过一个微分方程，但是，正如麦克斯韦所指出的那样，法拉第 "实际上是一位非常高层次的数学家，以后的数学家们可以从他那里获得宝贵的、丰富多彩的新方法"。

1831 年，法拉第发现，如果一块磁铁通过一个封闭的线圈时，磁铁的移动将在线圈中产生电流，这种效应被称作电磁感应[①]。它与法拉第电解定律等都被后人转化为了数学形式（见题图下端左：法拉第电磁感应定律公式；右：法拉第电解定律公式）。

不仅如此，法拉第还发明了液化气体的方法；他发现了多种化学物质，包括了苯。他较重要的工作还有研究电流的化学效应；他通过实验提出了两条用他的名字命名的电解定律，这两条定律形成了电化学的基础；他推广了很多后来用于这一领域的术语，如阳极（正极）、阴极（负极）、电极和离子。他还发现，如果极化光通过磁场，极化强度可能会改变，这一发现的意义非凡，因为它首次指出了光与磁之间的关系。法拉第更崇高和具有长远意义的科学行为是，他在英国皇家学会定期向大众做科学演讲，倡导我们现在称之为 "科学普及" 的理念和实践。

法拉第的生活和科学事业成就了科学史上最浪漫、最成功的一页。通过努力，曾经是一个装订书籍小学徒的法拉第成就斐然，他一生钟情于科学，甚至拒绝担任英国皇家学会主席一职。有专家称法拉第是有史以来最伟大的实验哲学家，那是因为他主导的科学实验不是就事论事，而是指导并可以分演出枝繁叶茂的多学科思想。他对自己才华的运用如同一位高超的绘画大师，描绘出了电磁时代色彩斑斓的科学图景。

创作感言

由于法拉第的成就显著且涉猎领域极其广泛，跨越了电、磁、电与磁、光与磁、力线和场等，他发现了众多化学物质和电流的化学效应，所以我采用其成就图像环绕肖像的布局和构图，用黑色领结表现其电磁感应的图示。在色彩的处理上，我采用了背景冷色调网格底纹的方式，用以表示 "场" 的无处不在。我还运用黑白对比、蓝绿衬红等方法，意在突出 "冷色科技" 发明、发现围绕的暖色脸庞绽放出的 "智慧之光"。

---

① 决定这一感应的定律（"法拉第定律"）通常被认为是法拉第最伟大的个人成就。首先，法拉第定律是电磁学理论的重要基础——它后来被纳入麦克斯韦电磁方程组，成为整个经典电磁学最重要的组成部分。其次，正如法拉第建造的第一台发电机所展示的那样，电磁感应可被用来产生不间断的电流——这是制造发电机的原理和机制。实际上，在此之前，法拉第还发明了世界上第一台电动机——第一个利用电流使物体运动的原始装置——这是电磁感应的逆向应用。

伊万·彼德罗维奇·巴甫洛夫（Ivan Petrovich Pavlov，1849—1936）

04
巴甫洛夫

实验并整体构建 "条件反射"

现代西方科学研究习惯于化整为零，即使是有机体，也常常把整体分割成部分，看各部分是如何运作的。但是对于俄国生理学家、心理学家巴甫洛夫来说，唯一有意义的方式是从整体来研究有机体。他把动物看成具有复杂的神经系统、有着内在关联的有机体，从中揭示了许多隐藏的心理过程，如情感、学习和个性。巴甫洛夫的研究为非传统的行为学研究奠定了基础。

与很多伟大的科学家一样，巴甫洛夫研究的起点是前人的发现，例如，俄国生理学派和心理学中的自然科学流派的奠基人谢切诺夫发现的反射机制运作的理论。巴甫洛夫还曾经为此提供过实验证据，后来经过逐步提炼，他发展出了反射理论的 3 个原则[①]。这些原则使巴甫洛夫和他的同事建立了条件反射学说。他的研究团队认为，条件反射[②]出自大脑皮质，即大脑错综复杂、层层叠叠的外层，以人脑为例，它占据了人脑大约 40% 的重量，巴甫洛夫称之为 "有机体所有活动的主要发起人和组织者"。

巴甫洛夫认为动物，尤其是人类，纯粹是受复杂的反射驱动的——有些科学家称这一理论为奇妙的科学，并以它作为行为主义这一心理学流派的基础——该学派试图用观察到的和可测量的环境刺激引起的反应来解释动物和人的整个行为。苏联政府对巴甫洛夫的研究给予了足够宽松的环境，对其学术研究几乎不加限制，这也使苏联成为当时世界心理学研究的重要中心。

1904 年，巴甫洛夫因在消化系统生理学方面取得的开拓性成就，获得了诺贝尔生理学或医学奖，他是俄国第一个获得诺贝尔奖的人。他成为世界高级神经活动学说的创始人和高级神经活动生理学的奠基人，以及条件反射理论的构建者；同时，他还成为传统心理学领域之外、对心理学发展影响最大的人物之一。

揭示了神经反射反应的重要性是巴甫洛夫的贡献所在，然而更为重要的是他确立了一种新的思考方式，以及一种开展心理实验的新方法。这种新的实验方式揭示了有机体作为整体运作的方式。巴甫洛夫在学术研究领域出类拔萃，一生中发展了 3 个相互关联的研究分支：心脏和血液循环、消化系统、大脑中复杂的神经功能。他认为，要了解身体，不仅需要一整个动物，而且要长时间去观察它。同时，要得到准确和可测量的观察，需要在动物身上植入测量设备，有时需要做简短的干扰动物正常生理过程的实验，这是一种新的实验尝试。

巴甫洛夫研究的重点是大脑是如何影响动物与环境互动的。他通过观察唾液和 "心理" 唾液的分泌来开展这方面的研究——狗有时没有明显的原因也会流口水。有些理论家提出，狗流口水是想吃东西。可巴甫洛夫并不这么想，他认为是狗的唾液腺一定是受到了外部某些信号的刺激[③]，并且证明了这一点。巴甫洛夫用他的科学实验创建了条件反射理论。

创作感言

为了反映狗的唾液腺受到了外部信号刺激这一点，巴甫洛夫首先将一个节拍器放在狗的旁边，结果什么也没发生。节拍器发出的有规律的嘀嗒声是一种 "中性" 刺激。题图描绘了将一盘肉放在狗旁边，狗就会流口水：巴甫洛夫称之为 "无条件" 刺激。随后，他在给狗吃肉之前先打开节拍器。不久，狗一听到节拍器响就会流口水，尽管没有肉（见题图左下部分的描绘）。从这一点上讲，唾液的分泌是受大脑调节的——这就是题图中巴甫洛夫思考的关于条件反射的科学图景。

---

① 巴甫洛夫发展的反射理论有 3 个原则。第一个原则是决定论原则，其内容是动物的许多行为是由条件反射决定的。第二个原则是分析和合成原则，指的是动物必须能够从许多不同渠道采集和合成信息。第三个原则是结构原则，指的是动物体内必须有某些生理条件，使这些行为得以实现。

② 条件反射理论是巴甫洛夫的高级神经活动学说的核心内容，即在一定条件下，外界刺激与有机体反应之间建立起来的暂时的神经联系。后天形成的有经典条件反射和操作性条件反射两种形式。非条件反射是条件反射形成的基础。

③ 1903 年，在马德里召开的第 14 届国际医学大会上，巴甫洛夫提出节拍器不再是 "中性" 刺激，它成了 "条件" 刺激。他说，狗已经对节拍器很敏感。巴甫洛夫证明，训练狗会使狗的大脑内部产生新的连接，动物的许多行为都是对环境的反射性反应。

欧纳斯特·卢瑟福（Ernest Rutherford，1871—1937）

05

卢瑟福

粒子反弹验证 "原子核" 存在

从前，有很多科学家认为单个原子是不可再分的。但是，这一固有观念在 19 世纪和 20 世纪之交，被一个名叫卢瑟福的人打破了——他用毋庸置疑的实验证明，单个原子还能再分[①]。

卢瑟福被公认为是 20 世纪最伟大的实验物理学家，但他的理论素养也非常突出。对于人类理解放射性，他起到了举足轻重的作用。放射性现象原本是由法国科学家贝克勒尔于 1896 年在进行某些铀化合物的实验时发现的，但他并没有对此进行深入研究。人们在这一领域的基础知识大部分来自卢瑟福的广泛研究。

卢瑟福最初的发现之一，就是铀和铀的化合物所发出的射线有两种不同类型。他将这两种类型的射线命名为 α 射线和 β 射线，后来他证明了这两种射线实质都是高速运动的粒子流，并且指出还存在第三种射线——γ（伽马）射线。另外，放射性现象的一个重要特征是有关能量的吸收问题，卢瑟福证明了被吸收的极大能量来源于每个铀原子的内核。他由此首创了 "核能" 的重要概念。

这一系列惊人的发现使卢瑟福获得了 1908 年的诺贝尔化学奖，但他最伟大的发现不止于此。他很早就已注意到，α 粒子能够穿透很薄的金箔，就像高速运行的子弹穿透果冻一样——这表明金原子内部几乎是空的，而不像科学家们从前认为的那样是无间隙的实体。

后来，卢瑟福和助手们一同发现，有些 α 粒子在击打金箔时发生了很大的偏移；有些粒子甚至还被弹了回来（见题图左上端局部 α 反射图景）。卢瑟福感到其中包含着某些重要的事情，他将实验重复进行了多次，并仔细计算了散射各异的粒子数量。然后，他通过非常复杂但最终令人信服的数学分析指出，对实验结果只有一种解释：金原子内部几乎完全是空的，而所有原子质量仿佛都聚集于中央的一个非常小的 "原子核[②]" 上。

此外，卢瑟福的发现还催生了一门新兴科学，即对原子核本身的研究（核物理学）。在这一领域，他同样是一位先驱者。1919 年，通过用快速 α 粒子轰击氮原子，他成功地将氮原子核转变成氧原子核——这是一个古代炼金术士们连做梦都不敢想的事情。很快，人们便认识到核聚变可能是太阳能的来源，进而归纳出原子核裂变是核能释放的关键过程。卢瑟福的发现后来在很大范围内有了重要的应用，如核武器、核电站。他还测量了原子核的衰变率，并提出了 "半衰期" 的概念，这一概念后来被用于通过放射性测定年代。

在放射性、原子结构、核能、核物理学及其应用方面，卢瑟福的成就无与伦比；无论是实验证明，还是概念更新，总处在科学研究的 "浪尖"。这都源自他的学术自信和丰富学识——他 23 岁时曾一举获得了 3 个学位：文学学士、文学硕士、理学学士，堪称文理兼备。发散的思维对他后来的研究大有裨益，或许，他正因此而在实验物理学方面成绩斐然。

创作感言

通过卢瑟福科学肖像的创作，我想表现，无论在实验物理学还是在理论物理学两方面，或在两者的交集上，他都是首屈一指的。基于卢瑟福研究发现的特点，我尝试通过其慧眼描绘他的科学风采；突出了他最重要的实验发现——原子结构的图景：处于原子中心的原子核；围绕原子核转动的电子；α 射线击打金属时反弹回来的情形。同时，我还描绘了他双手托住的实验设备——强调了实验物理学是他的主项。

---

① 卢瑟福在一位天才副手的协助下，首先证实了当原子放射出 α 射线或 β 射线时，该原子就衰变成了另一种不同类型的原子。一开始科学家们很难相信这一点，但卢瑟福等人完成的由铀到铅的一系列放射性衰变实验证明，结果毋庸置疑。

② 参见题图左上端 "原子模型" 的中心图景——卢瑟福在 1911 年发表的关于 "原子核" 存在的论文打破了人们长久以来对世界基础的常识。一小块锃亮的金属，它似乎是最坚硬的物体，但它的内部竟然大都是空的——这就是原子垒砌起的物体实际的图景。卢瑟福关于原子核的发现是现代原子结构理论的基础——当玻尔两年后发表论文，将原子描绘成是由量子力学支配的 "微型太阳系" 时，他使用卢瑟福的核原子结构作为其模型的出发点。同样，当海森伯运用矩阵力学、薛定谔运用波动力学构造更为复杂的原子模型时，他们也借助了卢瑟福的发现。

恩利克·费米（Enrico Fermi, 1901—1954）

06

费米

实验与理论相辅相成看"原子"

美籍意大利物理学家费米，他的贡献就跟几百年前的意大利同胞伽利略一样，他们都是为数不多的兼具实验和理论"双料"成就的杰出人物。在这里，我们尤为强调和描绘了他的科学实验图景，因为他的卓越理论与他的科学实验相辅相成。

1933 年，费米提出了 β 衰变 - 基本粒子弱相互作用理论。这使他成为世界上第一流的物理学家。英国物理学家查德威克发现了一种新的亚原子微粒——中子后，从 1934 年开始，费米用中子轰击许多已知的元素，得到了一些令人震惊的发现[①]。

1938 年诺贝尔物理学奖授予了费米，以表彰他验证了由中子轰击所产生的新的放射性元素，以及他在这一研究中发现的由慢中子引起的核反应。他年轻时发表了一篇重要论文，涉及物理学的深奥分支——量子统计。在这篇论文中，费米发展了统计理论，并运用它来描述现在被称为"费米子"的粒子裂变。

费米信奉一种最简单、最省力、最准确且具有普适性的思维法则，就是这种简洁思维激发起了物质世界的原子舞动，他后来设计出世界上第一座原子反应堆，并领导了第一台可控核反应堆（芝加哥 1 号堆）的试验，推动人类进入了原子核能的时代。费米最重要的贡献是研制了核反应堆。他首先是对基本理论的形成做出了贡献，其次是在实践中主持了第一座反应堆的设计和生产，并取得了实验的成功，即"实验、理论相辅相成看'原子'"。

无论是在实验还是理论研究方面，在 20 世纪的科学家中，费米都是出类拔萃的（他一生中共写了 250 多篇科学论文）。他的科学活动使人类能更好地了解原子及其所迸发出的能量；其深邃的洞察让人们掌握了自然界 4 种基本力中的弱相互作用力；而他还是后来的许多大科学家（如杨振宁）的导师。现在科学界有很多概念和名称都是用来纪念费米的[②]。

1939 年，在裂变理论的基础上，费米提出了一种假说：当铀核裂变时，会放射出中子，这些中子又会击中其他铀核，于是就会发生一连串的反应，直到全部原子都发生裂变。这就是著名的链式反应理论。根据这一理论，当裂变一直进行下去时，巨大的能量就将爆发。如果制成炸弹，它理论上的爆炸力是等量 TNT 炸药的 2000 万倍。

"能想出来的，我们就能做出来"——这是儿时费米对哥哥讲的话。1942 年 12 月 2 日，在芝加哥大学，费米指导设计和制造的第一座可控核反应堆首次运转成功——它是费米想出来的，也是费米指导做出来的。

1943 年之后，随着原子反应堆实验的成功，实验原子弹的曼哈顿计划得以顺利推进。费米在这项工程中作为主要的科学顾问，继续发挥着重要的作用。费米的主要贡献在于他在发明核反应堆的过程中起到重要作用。他最先获得相关基础理论的重大突破，随后又亲自组织指导第一座可控核反应堆的设计和建造——实验最终获得圆满成功，但这是以这位科学巨人的早逝换来的……

创作感言

费米总是以他特有的微笑面对人生和科学事业，其肖像下方融入了他指导建成的人类第一座可控核反应堆的素描画，他的身躯与之融为一体。画面上端两侧展示的是由他大脑迸发出的数学演算方程式（形成了原子弹爆炸时的蘑菇云，上面处处让我们感觉到原子的存在）和图形演示（圆形从小到大，犹如原子活跃起来），展现费米在理论和实验两方面都是大师级人物。

---

① 费米的实验显示，很多种原子能够吸收中子。在很多情况下，由于核变而产生的原子具有放射性，如果中子运动得非常快，那就很容易穿透原子核。他的实验还显示，反之也是正确的。如果快中子通过石蜡或水，速度就会慢下来，它们就会很容易被原子吸收。费米的发现在核反应堆的建设上有重要的应用，在反应堆中用来放慢中子速度的材料称为减速剂。这种技术导致了原子反应堆的诞生，进而推动了核能的开发利用。

② 纪念费米的科学名称、符号、单位和科学实验设施有：元素周期表中的 100 号化学元素镄（Fm），原子核物理学使用的"费米单位"（长度单位）和基本粒子物理学中的"费米子"，美国费米国家加速器实验室和 2008 年升空的费米 γ 射线空间望远镜，等等。

多萝西·克劳福特·霍奇金（Dorothy Crowfoot Hodgkin，1910—1994）

07

霍奇金

X 射线确定物质 "晶体结构"

英国著名女性化学家霍奇金是国际晶体学界的一位传奇人物。她因分析并测定出对白细胞和红细胞生成至关重要的维生素 B12 的结构（1956 年）等而获得了 1964 年诺贝尔化学奖。1948 年，她和同事合作得到了 B12 的第一张 X 射线衍射照片。在此以前，用正常的化学方法极难测出这种分子中心的结构，只知道分子中心有一个钴原子。霍奇金发明的新技术最终测出了分子的全部原子排列。

在还是个小姑娘的时候，霍奇金就迷上了晶体——其结构像珠宝一样，有着许多切面，璀璨闪光，激起了她洞悉晶体结构的强烈愿望。她说道："我这一生为化学和晶体所俘获。"早年在牛津大学时，霍奇金研究的是结构复杂大分子的 X 射线衍射。1934 年，她和剑桥大学的同事合作拍摄了第一张蛋白质——胃蛋白酶的 X 射线衍射照片。

英国有着用 X 射线测定物质结构的传统人物和方式[1]。霍奇金的第一项主要成果是与查尔斯·布恩在 1949 年获得的，她测定了令许多科学家着迷的青霉素的分子结构——霍奇金后来回忆道，"那真是美好的一天，我们首次以三维空间构建其模型，我们打电话通知亲朋好友来看看青霉素真正的样子。"她的研究最终促进了青霉素的大规模生产以及后来 DNA 结构的发现。

由于合理而有效地运用 X 射线技术和世界上第一批计算机，霍奇金接着又发布了维生素 B12（1956 年）的结构和胰岛素的结构（1969 年）。她是化学领域的第三位女性诺贝尔奖获得者。1965 年，她获得了英国女王伊丽莎白二世授予的功绩勋章，成为继南丁格尔之后第二位获此勋章的英国女性。

1928 年，霍奇金进入牛津大学萨默维尔学院学习化学，毕业后去往剑桥大学，师从运用 X 射线晶体学研究生物分子的先驱人物 J.D. 伯纳尔。他们共同发现，对蛋白质晶体，必须在半湿润状态下，而不是在干燥状态下加以研究，这一成果可谓大分子晶体学的里程碑[2]，并为生物学及其在医药领域的运用开辟了光辉道路。他们深知，知道原子是如何排列的，就能反推分子的结构和形状，进而推测出其性能。取得这些成就，除了实验以外，还需要进行大量复杂的数学计算和精密分析（见题图左部桌上、黑板上的图景）。

在科学实验中，霍奇金最着迷于获取知识的方式，就是让 X 射线穿过晶体，研究原子对 X 射线的衍射。晶体外表面特定的夹角以及平坦的面，反映了内部原子排列的规则和重复。晶体包含着在三维上重复的单位，就像墙纸的花纹在二维上无限重复一样。她说："我开始将 X 射线衍射看作一种方法，可以用它来探究学校化学课中提出却未得到解答的许多问题——固体和生物物质的结构。我很庆幸自己的愿望得到了满足。"

早于霍奇金两年获得诺贝尔化学奖的马克斯·佩鲁茨认为，授予霍奇金诺贝尔化学奖，不仅仅在于她确定了几种重要的化合物的结构，而且还在于她扩展了化学本身的疆界。

创 作 感 言

霍奇金一生为闪闪发光的晶体结构着迷。实验室里的桌子上放着试管和其他一些器皿，瓶子里装着各种晶体、粉末和溶液，还有物质结构的晶体模型、图片等；黑板上写满了化学方程式与结构式；X 射线的实验发现使她能够深入地看到固体的结构，仔细观察其组成的方式——这就是我创作霍奇金科学肖像想要让读者看到的图景。如今人们可以了解为什么一种物质包含这样那样的原子，有着这样那样的性质——其中包含着一位名叫霍奇金的女性化学家用手与脑做出的贡献。

---

① 当时，X 射线晶体学已是一门融合数学、物理和化学的相对较新的交叉学科。X 射线晶体学技术被化学家用来获取与分子的原子结构相关的信息：被 X 射线照射的物质必须是晶体。当一束 X 射线穿过晶体时，一些光会向不同的方向散射，从而形成一种晶体内的原子呈现独特排列的模式。

② 霍奇金与伯纳尔合作的实验第一次表明，酶都有特殊的结构，这样每个原子在合适的空间中都占有特殊的位置，而且可以"猜测"出它们在蛋白质分子中是如何排列的。他们还发现，给蛋白质拍摄 X 射线的秘诀是使其保持半湿润（晶体在空气中会失去水分，而水分对其结构稳定性非常重要）。如今大多数蛋白质晶体学家都认为，这促使了蛋白质晶体学这一学科的诞生。而蛋白质晶体学的研究，也是霍奇金一生中的一项最重要的科学研究。

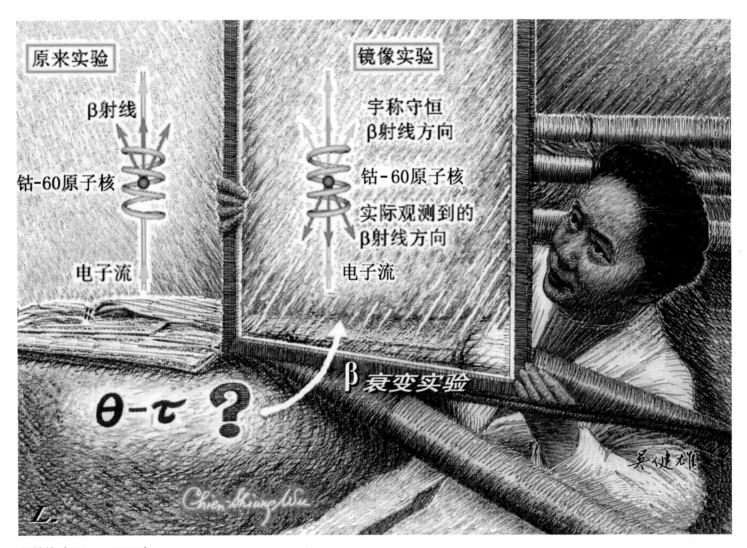

吴健雄（1912—1997）

08
吴健雄

"β 衰变实验" 推翻宇称守恒

20 世纪 30 年代初，宇称守恒或宇称的对称性已成为量子力学的基本原理。1956 年，中国赴美留学的年轻理论物理学家李政道和杨振宁提出，在支配放射性衰变的弱相互作用中，宇称是不守恒的。但因实验证明过于困难，希望渺茫，无人肯接手。他们找到吴健雄——此时，吴健雄已与丈夫袁家骝买好回中国的船票，想看看阔别 20 多年的故乡，但是这项极富挑战的实验吸引了她[①]。

就这样，放下"小我"的吴健雄经过思考和实验，成就了一个日后震惊世界的"大我"。她是一位具有东方之美的女性人物，以杰出的实验才能，用漂亮的低温钴-60 的 β 衰变实验[②]，证明了李政道和杨振宁提出的弱相互作用中宇称是不守恒的，打破了粒子物理学中在各项作用中的宇称都是守恒的定律。而吴健雄的低温钴-60 的 β 衰变实验装置、所设计的实验步骤也都似乎具有了艺术性（见题图中的实验构架）。

1956 年下半年，吴健雄邀请美国国家计量局 4 位物理学家共同进行了 β 衰变的实验。这是一个很困难的实验。因为他们要发展一种新的技术，把低温物理学与 β 衰变结合在一起。实验结果证明：通过钴-60 发出的 β 射线有其优先方向，在亚原子粒子的弱相互作用中，宇称守恒在 β 衰变中不成立（见题图左上部具体的镜像实验），这是吴健雄团队最先发现的——当时引起了世界物理学界的大震荡，就连当时物理学巨头之一的泡利都不敢相信。他们的文章发表以后，世界各地各实验室对 β 衰变与弱相互作用的宇称守恒做了大量实验，结果证明宇称不守恒是弱相互作用的一个基本特征。

吴健雄在物理学实验上证明了自然世界的深奥问题，她还用她一生的"人生实验"证明了这样一个更大的道理，即崇高人生境界与始终的陪伴对一个人成就科学大业是多么重要——这也是她被人们誉为"东方居里夫人"的重要原因，因为她俩的人生境界和物理实验的成功如此相似。不过，吴健雄还有一个有别于居里夫人的特点，就是甘为人梯，把两位年轻的科学家杨振宁、李政道送上了诺贝尔奖领奖台，而自己却默默地在背后工作。

1944 年，吴健雄在纽约市的哥伦比亚大学战时研究部门研究辐射探测，这是一件鲜为人知的事，她曾参与过美国第一颗原子弹的试验工程，只是由于保密的缘故，直到很久以后才为人们所知。她还研究过血红蛋白的结构，可谓科学实验研究经验丰富。1975 年，吴健雄打破了美国物理学界男性一统天下的局面，这位华裔女物理学家破例成为美国物理学会有史以来第一位女性会长。

在吴健雄家乡中国苏州太仓浏河边她的墓地的碑文上有这样一段话："她的入世、优雅和聪慧，辉映着诚挚爱心和坚毅睿智；她是卓越的世界公民，和一个永远的中国人。"

创作感言

20 世纪 50 年代，正值事业高峰的吴健雄形象成熟、稳重而优雅，做出了漂亮的低温钴-60 实验，揭示了"θ-τ"之谜，打破了宇称（镜像）守恒定律。而甘为人梯，在"后台"默默地工作——题图右下主人公形象体现了这一点……这幅科学肖像采用 β 衰变实验的镜像"非对称"图景，说明了吴健雄的实验在弱相互作用下宇称不守恒的道理。而位于她胳膊上艺术性很强的行书亲笔签名刚健雄浑，我想借此表现她的性格，衬托她具有深厚中国文化艺术底蕴和玩转实验物理学的大家风范。

---

① 关于这个问题，杨振宁曾用一段话给予了充分的说明："吴健雄的工作以精准著称于世，但是她的成功还有更重要的原因：一九五六年大家不肯做测试宇称守恒的实验，为什么她肯去做此困难的工作呢？因为她独具慧眼，认为宇称守恒即使不被推翻，此一基本定律也应被测试。这是她过人之处。"

② β 衰变实验：通过如题图所示的左右两个实验装置都观测到了 β 衰变（弱相互作用）。这两个装置不同，但对称。实验就要看这两个装置是否能得出同样的结果。如没有同样的结果，就证明 β 衰变不遵守左右对称原理；也就是说，β 衰变不遵守宇称守恒定律。注意，图中环绕钴元素的两个带电线圈，假如没有它们，那么左右两装置就是相同的，就不可能给出不同样的结果。

爱德华·O. 威尔逊（Edward O. Wilson，1929—2021）

09
威尔逊

"社会生物学" 统一人与自然

当今美国生物学翘楚威尔逊的实验室并不在学校里，而在大自然中——作为一个博物学者，在哈佛大学的岁月恐怕留给他印象最深刻的场景并不是课堂和实验室，而是远离大学的田野和遥远的地域。他曾有机会去热带如古巴，墨西哥尤卡坦半岛、韦拉克鲁斯海岸等，还有新几内亚及其他南太平洋群岛，进行实地研究。在这方面，他有点像他所敬仰的进化论创始人达尔文（见题图中主人公手指处顶立的达尔文雕像）。

威尔逊的研究习惯最早可能形成于他的孩提时代[1]。当不少科学家满足于埋首实验室、在狭隘的学科分支里"精耕细作"时，当不少人文学者和社会学者远离事实、沉迷于自说自话时，威尔逊却能融汇科学和道德、事实与价值、知识和热爱，发出深思熟虑、充满人道主义精神的声音。可以说，整个大自然都是他的实验场、研究地。

早年，威尔逊首要的任务是研究一种动物，那时他热爱生命的火种已经点燃。他把目光投向了离脚最近的地面，开始关注和颂扬一种"小生灵"——蚂蚁。后来，威尔逊转学到哈佛大学，那儿有世界上最丰富的蚂蚁标本，昆虫学研究的传统深远。就此，一个伟大的昆虫学家开始诞生。后来他成为最早宣传"生物多样性"概念的人之一，并最终成了社会生物学奠基人。

随着威尔逊的科学研究逐渐走向成熟，在学术上，他开始在实验的基础上，撰写一篇篇的论文，提出一个个新的假说、见解和理论，其涉足领域包括生物地理学、进化生物学、社会生物学、蚂蚁分类，等等，而蚂蚁似乎成了威尔逊形象的

一个标志。以这种小东西为主题，他写出了大量的论文和专著。1990 年，他与霍尔多布勒合著的《蚂蚁》出版。这本书荣获当年度非小说类的普利策奖。而后来的《蚂蚁的故事》[2]则是《蚂蚁》的一个简短而迷人的续篇。威尔逊还获过全世界最高的环境生物学奖项，包括瑞典皇家科学院颁发的克拉福德奖等。

1971 年，威尔逊出版了《昆虫社会》一书。他纵观黄蜂、蚂蚁、蜜蜂和白蚁的社会性进化，开始以遗传、进化等概念来解释动物的社会行为：自私、合作、权力、家庭，等等，研究范围则包括珊瑚、管水母类及其他无脊椎动物，社会性脊椎动物（特别是灵长类，以及人类）。

威尔逊以辩称两项看似无关的事物（人类社会和自然世界）是由同一套法则支配的而闻名遐迩，由此他想到了统一整个生物学。1975 年，威尔逊出版了《社会生物学：新的综合》，该书的最后一章是关于人类的，其观点是，所谓的"人性"在很大程度上是遗传所决定的。在后来的《论契合：知识的统合》一书中，他更试图将科学、人文科学和艺术融为一体，对人类的社会行为进行广义研究。在威尔逊看来，人与自然统一于社会生物学。

创作感言

社会生物学已经成为一门旗下所有分支学科都在寻求统一的科学。威尔逊带来了自然史研究的复兴，并使得研究"地球生命究竟为何"的基础工作成为可能。他在这个领域中是冲锋在前的勇敢战士。如题图中的图景所示，他传承了达尔文的思想，思考的目光望向远方，将人类以及生物界的社会属性和进化统一起来。

---

[1] 幼年时，威尔逊每天早晨用过早餐，便走出家门，沿着海滩闲逛，搜寻所能见到的每种动物："每种生物不论大小，只要观察它们，想到它们，或是可能的话，把它们逮起来再细细地看一次，对我来说都是件赏心悦事。"

[2] 《蚂蚁的故事》告诉我们，它们是在约 1 亿年前从爬行动物中分化出来并迅速地扩展到整个世界。像大多数具有极大生态优势的生物一样，它们无所不在，迅速繁殖，形成了大量的种类。目前，蚂蚁的种数可能数以万计。威尔逊对蚂蚁的生存方式、独特的社会形态、严密的社会组织、科学的社会分工等进行了详细的介绍，解释了为什么蚂蚁在自己的世界里会取得那么惊人的成功。威尔逊的研究结果表明，蚂蚁世界中，群体成员的精诚合作，是蚂蚁战胜众多天敌、有效生存、发展壮大的主要原因。而这一切是借助化学交流的高度发展来实现的：蚂蚁从身体不同部位释放的混合物质构成了一种奇妙的"语言"，从而让它们有效分辨了敌我，统一了共同求生的行动。

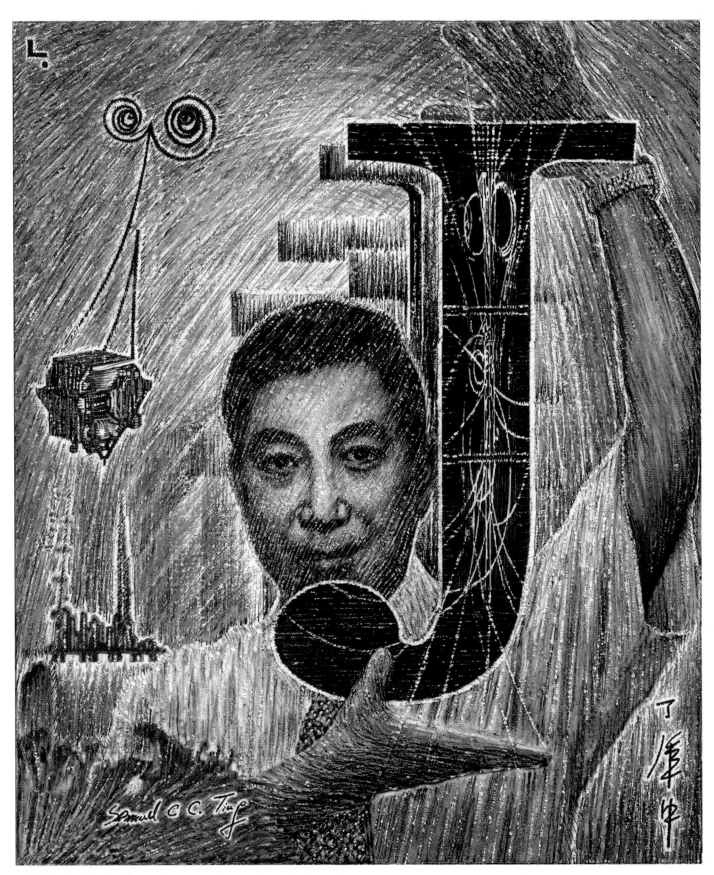

丁肇中（1936—）

10

丁肇中

开辟微观新图景的"J粒子"

"丁肇中教授的研究，为人类开拓了宇宙未知的领域，使基本粒子物理学迈进了一个新的境界。"美国麻省理工学院原院长杰米韦森这样评价。

1974年11月，在实验室里夜以继日地全力攻关了两年多，美籍华裔实验物理学家丁肇中向全世界宣布，他的实验小组发现了一种性质奇特的粒子。这种粒子有两种奇怪的性质——质量大，寿命长，因而被推论为来自第4夸克——由此推翻了过去认为物质世界只由3种夸克组成的理论，为人类认识微观世界开辟了一个新的境界，这被称为"物理学的十一月革命"。

丁肇中将这个新粒子取名为J粒子（以物理文献中习惯用来表示电磁流的拉丁字母"J"命名，又因"J"和中文字的"丁"非常形似）。同一时期，美国物理学家里克特小组也发现了一种性质相同的ψ粒子。他们的实验各有特点——里克特小组是让正负电子对（e^+ 和 e^-）湮没以形成矢量介子；而丁肇中小组是利用质子束轰击铍靶，产生矢量介子，然后测量矢量介子的衰变产物。两个小组用不同的设备、经不同的反应过程并且几乎同时发现了同一粒子，使物理学界大为惊喜。

后来人们就把这种粒子称作J/ψ粒子[1]。自那以后，物理学界逐渐找到了整族新粒子。因为发现这种质量大而寿命长的奇特粒子，从而揭示有更多夸克整族新基本粒子的存在，丁肇中和里克特荣膺了1976年度诺贝尔物理学奖。

在诺贝尔奖获奖感言中，丁肇中这样一段话："中国有一句古话：'劳心者治人，劳力者治于人。'这种落后的思想，

对在发展国家的青年们有很大的害处。由于这种思想，很多在发展中国家的学生们都倾向于理论的研究，而避免实验工作。事实上，自然科学理论不能离开实验的基础，特别是物理学是从实验产生的。"丁肇中希望他的获奖能够唤起发展中国家学生们的兴趣，由此认识到实验工作的重要性。

生活与工作中的丁肇中个性很独立，他非常喜欢独立思考，特别是对历史、物理或数学方面的问题。他是一个实验物理大师，对工艺要求的严格是出了名的。1998年6月2日，美国"发现号"航天飞机发射升空，其中搭载着中美等国共同研制并用于实验的"阿尔法磁谱仪"，此举揭开了人类首次遨游太空寻找反物质和暗物质粒子的序幕——他在其领导的这项实验中，对实验所用设备仪器的要求近乎苛刻。

纵观丁肇中的人生，其独树一帜的创新坚持、不迷信权威的独立实验，完全是他的个性使然。他的研究让我们发现了物质世界整族夸克等更多的粒子。

创作感言

一个科学家如果整天与实验设备和仪器打交道，需要借助硬件实现他的研究目标，那他就必须对工艺倍加关注，犹如工匠对自己干活的工具特别在意一样。丁肇中科学肖像创意地体现了他发现J粒子时的形象。左上侧为阿尔法磁谱仪捕获反物质粒子（以其轨迹表现）等的示意，我在J字母中，以粒子运动轨迹和他的中英文亲笔签名，试图刻画这位中西合璧的世界级实验物理学大师的风采。

---

① J/ψ粒子：1974年，由美籍华裔物理学家丁肇中教授领导的小组和美国物理学家里克特领导的小组采用不同实验方式，同时发现了一种全新的重介子。它们同样寿命很长，并且不带电。经过严格而仔细的比对，科学界的专家们发现它们是同一种粒子，将它们统一命名为J/ψ粒子。J/ψ粒子的发现大大加深了人们对物质结构的认识。众所周知，物质都是由原子组成的，原子由电子和原子核组成，原子核中由中子和质子等更小的粒子组成。而组成中子和质子的还有更基本的构件——夸克。夸克是我们目前所认识到的物质的最小粒子。20世纪60年代，物理学家认为只存在3种夸克，即上夸克、下夸克和奇异夸克，并建立了一套基本粒子理论。但是J/ψ粒子的发现推翻了这种看法，它使人们认识到，还存在第四种夸克。这就打开了通向基本粒子新家族的新路，为建立新的、更加完善的理论图景提供了实验基础。可见，J/ψ粒子的发现对粒子物理学来说是一个重要的转折点。

5

102 ~ 123

科学发现图景

　　科学发现是科学活动中对未知事物或规律的揭示，主要包括事实的发现和理论的提出。做出科学发现是一切科学活动的直接目标，重要事实或理论的发现也是科学进步的主要标志。这两类发现是互相联系、互相促进的。做出革命性发现的科学家，具有高超的洞察力、判断力和惊人的直觉能力，有时也需要一些只属于他们自己的"运气"。本章描绘了 10 幅科学人物肖像，并解析其所凸显的科学发现图景。

阿基米德（Archimedes，公元前 287—公元前 212）

01

阿基米德

顿悟浮力后喊道："我发现了"

如果我们要有据可查地寻找将数学应用于物理学的史上第一人，那当数阿基米德。美国科学作家克利福德·A. 皮克奥弗所著的《从阿基米德到霍金：科学定律及其背后的伟大智者》中探讨了以人名命名的众多物理学定律，其中名列第一位的人物就是阿基米德。阿基米德也是科学史有正式记载以来正式提出"科学发现"的第一人。

"我发现了！"阿基米德发现如何判断希伦国王的王冠是否为纯金打造的方法时，他喊出了这句话。他为如何辨识金质王冠是否掺假而苦苦思索，在一次洗澡时，他从浴盆溢出的水流中获得了灵感，发现了"浮力定律[①]"（见题图左上角的场景以及左下角的方程式），同时也解答了国王的问题。

阿基米德是古希腊科学家中的杰出代表，特别在数理科学和工程技术上的建树颇多。从题图中他那深邃且善于发现的双眼及周边描绘的科技图景中，我们可以看到阿基米德的诸多贡献。他是古代伟大的数学家、物理学家和发明家，在几何学、流体静力学、机械力学等方面的著名研究及成果沿用至今。所以我采用他多样性的发现与发明之"四角"形象以及多种理论成果的现代数学表达来描绘他的科学肖像，用他眉头紧锁的思考形象来体现这位数学家、科学家研究的细致和务实。

阿基米德对整个科学领域的特殊贡献还在于，利用实验或发明手段来测试理论的正确性；他认识到可以用数学方法描述的基本原理才是物理学的基础；也正是他第一次把数学应用到物理学上，创立了力学学科。这位古希腊杰出的几何学家还发现了"阿基米德螺线[②]"（见题图中部右侧的背景图）等，他常被后人视为有史以来最伟大的4位数学家之一——

另外3位是牛顿、欧拉和高斯。阿基米德一生的大部分时间都生活在古希腊城邦叙拉古，在那里他奉献了大量的发现、发明和创造，包括向上运送水的"阿基米德螺旋提水器"（见题图背景中部右图）以及天象仪模型等。

阿基米德的著作反映出他对现代科学的超前性预知。有人猜测，要是古希腊的数学家和科学家接受阿基米德的思想，他们可能在2000多年前就能进入笛卡儿、牛顿和莱布尼兹在17世纪开创的现代数学时代，以及由伽利略、开普勒等人开辟的现代物理学时代。就像后来爱因斯坦对达·芬奇等文艺复兴时期杰出人物的看法一样，要是当时能实现这些伟大人物的创造发明，世界科学发展的进程将会提早几百年。

应该说，阿基米德具有现代科学的思想。这是因为，他的不少科学发现、由实验产生的定律，甚至经典科学话语，都沿用至今，并激励着现代人的行动。例如，"给我一个支点，我将撬起整个地球"——这是他在发现杠杆原理时说的一句话。20世纪70年代初，尼加拉瓜发行了"改变世界面貌的10个数学公式"系列邮票，其中就有该原理的方程式。

创作感言

实体、有形的东西可以随时间的流逝而消失，以至于从有到无；人们所组织的语言也可能随时代的变迁而解构，甚至被人遗忘。但事实证明，2200多年前阿基米德的数学思想及其在物理学中的应用，影响深远而隽永——在如雕塑般并具有历史感的阿基米德科学肖像中，我用他深邃的眼神着重体现了这一点。在科学史上，阿基米德最先表述的几个基本定律都跟现实生活中的实际应用有关，且留下了不少佳话。比如，他采用杠杆原理（现在的数学表达式见题图右下部），设计制造了一套严谨的杠杆和滑车系统，不用借助多少外力就能将一艘满载货物的大船从港口一直拉到了岸上……

[①] 数学表达式：$F=\rho g V$——约公元前250年，在古希腊城邦叙拉古，阿基米德发现的浮力定律现在可表述为：浸在液体里的物体受到向上的浮力，浮力大小等于该物体排开的液体的重量；现代数学式里的 ρ 表示液体密度，g 表示重力加速度，V 表示固体体积。物体所排开的液体的体积或者等于物体的体积（物体完全浸没在液体中时），或者等于物体处于液面下方部分的体积（物体未完全浸没在液体中时）。

[②] 阿基米德螺线是一个点匀速离开一个固定点的同时又以固定的角速度绕该点转动而产生的轨迹。阿基米德在其著作《螺旋线》中对此做了描述。

路易·巴斯德（Louis Pasteur, 1822—1895）

02
巴斯德

让"微生物学"进入科学王国

从荷兰人列文虎克发现微生物，到法国科学家巴斯德将其发展成为微生物生理学，经历了近 200 年的时间。巴斯德研究了微生物的类型、习性、营养、繁殖、作用等，把对微生物的研究从主要研究其形态转到研究它们的生理特性上来，从而奠定了工业微生物学和医学微生物学的基础，并开创了微生物生理学。他早就在化学领域颇有成就（他是第一个提出分子不对称理论的人），也是医学史上首屈一指的重要人物。他还以倡导疾病的细菌学说、发明预防接种方法而闻名——尤其是在预防狂犬病[①]方面的成就。

创立疾病微生物理论的巴斯德一生进行了多项探索性的研究。他用毕生的精力证明了 3 个科学问题[②]，被世人誉为"进入科学王国的最完美无缺的人"。他不仅是个理论上的天才，还是个善于解决实际问题的人。人们对他有各种各样的美称，如"疾病微生物理论的先驱""细菌学之父"或"微生物学之父[③]"等。但鲜为人知的是，他也是一位在绘画艺术方面训练有素的人——他系统地"画"出了微生物影响人类发展及人们利用其促进文明进步的图景。他为化学、免疫学、医学，尤其是微生物学，做出了原创力和想象力超强的不朽贡献，"微生物学之父"的美誉，他当之无愧。

1882 年，巴斯德宣布成功研制狂犬病疫苗，几年后，在一个男孩身上进行了人体试验。经过注射、细心观察和治疗，这个孩子没有发病——狂犬病能够被预防，这个消息震动了整个欧洲乃至全世界，由此，将狂犬病疫苗用于人体预防获得巨大成功。为纪念巴斯德的伟大贡献，以他名字命名的"巴斯德研究所"成为闻名世界的医学微生物学的研究中心，人类分离的第一株艾滋病病毒就出自该研究院。可以说，巴斯德开创了人类防治传染病的新时代。

自 19 世纪中叶以来，世界大多数地区的人口预期寿命显著延长。这对人类产生了巨大影响。这一现代科学和医学的发展，在某种程度上，可以说是为世上每个活着的人提供了第二次生命。巴斯德的贡献是其中很重要一部分；可以说，降低人类死亡率的大部分荣誉应归功于像巴斯德这样的科学家——当代中国的屠呦呦也属于其中之一。

巴斯德致力于解决工业、农业及医药中的实际问题。他的发现不但挽救了无数人的生命，还为 19 世纪的世界创造了新的财富。他发明了巴氏消毒法，以及预防蚕病、牛羊炭疽病、鸡霍乱及人狂犬病的各种方法，然而他从不从其发明中求利，他靠自己的教授工资、微薄的政府津贴维持家庭生活。他还热情地渴望通过科学使法国强大起来——这就是一个伟大科学家的精神境界。

创作感言

巴斯德科学肖像描绘的是，这位在微生物学上有很多开创性思想与方法的科学家，眼神中透露出高尚和坚毅。我专门以巴斯德发明的鹅颈烧瓶实验（一种有效的灭菌方法）——巴氏灭菌法示意图为人物背景，在左下角手臂肘部呈现他在显微镜中看到细菌的部分图形，以及他的签名上方双手拿着实验结果的试管等，综合体现他的伟大科学发现和精神。

---

① 狂犬病虽不是一种常见病，但当时的死亡率为 100%。1882 年，巴斯德组成一个三人小组，开始研制狂犬病疫苗。在寻找病原体的过程中，虽然经历了许多困难与失败，最后他还是在患狂犬病动物的大脑和脊髓中发现了一种毒性很强的病原体（后现经电子显微镜观察到是直径 25 ~ 800 纳米、形状像子弹的棒状病毒）。

② 每一种发酵作用背后都有一种微生物，巴斯德发现用加热的方法可以杀灭那些让啤酒变苦的微生物。很快，他发明的巴氏杀菌法便应用在各种食物和饮料上。每一种传染病背后都有一种微生物，巴斯德发现并根除了一种侵害蚕卵的细菌，拯救了法国的丝绸工业。传染病的病菌经过特殊的培养，可以减轻毒力，从病菌变成防病的疫苗。巴斯德意识到许多疾病均由微生物引起，于是建立起了细菌理论。

③ 在法国巴斯德研究所实验室的墙上钉有一块木板，上面刻着"1857 年——发酵 /1860 年——自然发生 /1865 年——葡萄酒和啤酒的病害 /1868 年——蚕病 /1881 年——传染病和疫苗接种 /1885 年——狂犬病的预防"，这几行简约的文字概括了巴斯德这位"微生物学之父"一生的科学业绩。

托马斯·亨特·摩尔根 (Thomas Hunt Morgan，1866—1945)

03

摩尔根

发现染色体"基因"遗传机制

在生物遗传和进化领域，1859 年达尔文提出自然选择进化理论、1866 年孟德尔提出生物遗传学说，这些都是科学史上的重大事件。但这二者之中，"基因"是缺失的一环。美国生物学家摩尔根填补了这一系列科学图景中染色体的"基因"遗传机制的空白，他由此成为基因学说的创始人。

摩尔根求学于霍普金斯大学，学校富有特色的教学方法为他后来的研究打下了良好的基础，并使他形成了"一切都要经过实验"的信条。他崇信实验结果更胜于权威。他曾经对达尔文的进化论和孟德尔的遗传学说抱有怀疑态度，后来因为实验得出的结果而转变观念，最终信服上述学说，并使之得到发展和完善。

1916 年，原先不相信进化论的摩尔根接受了达尔文的自然选择理论。他由于对遗传的染色体理论的贡献，获得了 1933 年的诺贝尔生理学或医学奖。不但如此，在与摩尔根及其学生一起共事的研究者里，后来有 5 位获得了诺贝尔奖。可想而知，这一系列生物科学发现中的意义有多么重大[①]。摩尔根也因其发现而成为现代实验生物学的奠基人。

摩尔根毕生从事胚胎学和遗传学研究，在孟德尔遗传定律的基础上，创立了现代遗传学的"基因理论"。他曾对多种生物（包括许多种海洋生物）和生物学问题进行研究；利用果蝇[②]进行遗传学研究，发现染色体是基因的载体，确立了伴性遗传规律。他还发现位于同一染色体上的基因之间的连锁、交换和不分开等现象，建立了遗传学的第三定律——连锁交换定律[③]。他把 400 多种突变基因定位在染色体上，制成染色体图谱，即基因的连锁图。他于 1928 年出版的《基因

论》专著，对"基因"这一遗传学基本概念进行了具体而明确的描述。

根据染色体遗传学说，每条染色体（为基因所依附的载体）都包含一批被称为"基因"的小单元，它们如串珠一样有序地排列在染色体上。另外，一些性状与决定性别的染色体有关（见题图右下角的 X、Y 染色体），比如生物的肤色和退化的双翼等。1913 年，摩尔根的学生阿尔弗雷德·斯特蒂文特发现每个基因都能被排放于染色体图谱的特定位置上，这为后来绘制人类基因组图奠定了基础。

毫无疑问，摩尔根创立的基因理论实现了遗传学上的第一次理论综合，在胚胎学和进化论之间架设了遗传学桥梁，推动了细胞学的发展，并促使生物学研究从细胞水平向分子水平发展，促使遗传学向生物学等其他学科渗透，为生物学实现新的大综合奠定了基础。人们对他最好的纪念，也许要算将果蝇染色体图中基因之间的单位距离称作"摩尔根"——他的名字作为基因研究的一个单位而长存于世。

创作感言

我在摩尔根的科学肖像中显示出了他专注研究的科学风貌——他始终关注着小小果蝇的实验，从中发现了生物学中更小但更基本的构成单元和遗传规律，洞悉了生物遗传和变异进化的真谛。由于他的发现，基因学说诞生了，性别之谜终于被揭开。从此遗传学结束了空想时代，重大发现接踵而至，并成为 20 世纪最为活跃的研究领域之一。

---

① 摩尔根和他的学生们推算出了各种基因在染色体上的位置，并画出了果蝇的 4 对染色体上基因所排列的位置图。虽然基因的具体结构直到沃森 - 克里克发现 DNA 结构后才明确，但理论上不妨碍基因学说就此诞生；性别之谜终于被揭开。

② 摩尔根从 20 世纪初开始研究黑腹果蝇，试图证明自然选择的基础是突变，而非达尔文所说的渐进变异。他选择果蝇为研究对象，这是因为容量很小的牛奶瓶就可以容纳千余只果蝇，而且它们每 12 天就能繁殖一代。另外，雄性和雌性果蝇很容易区别，而它们的突变也很容易被发现。经过 3 年的培育，他发现了第一例突变：那是一只白眼果蝇（见题图中左上端 3 种果蝇中最下端的那只）。接下来的研究证明，雌性果蝇都是红眼的，只有一些雄性有可能是白眼的。

③ "基因的连锁与互换定律"是摩尔根在遗传学领域的一大贡献，它和孟德尔的基因分离定律、基因自由组合定律被称为遗传学三大定律。

亚历山大·弗莱明（Alexander Fleming，1881—1955）

04
弗莱明

杀菌理想促使发现 "青霉素"

在 20 世纪 40 年代以前，人类一直没有高效治疗细菌性感染且副作用小的药物，因此，一旦发生细菌感染或传染，就意味着可能要死人——这种情况在战争中表现得更为突出。但是，这种情况在 1928 年得到了历史性的改变，一个原本从事免疫学研究的苏格兰医生弗莱明，由于一直想要实现高效杀菌的理想而意外发现了青霉素①。

在第一次世界大战中，弗莱明作为军医，仔细研究过重伤感染的救护问题。他发现许多抗菌剂对人体正常细胞的破坏甚至比对细菌的损伤还要大。由此，他认识到必须找到某些特效药物，它们既能大量杀菌又对人体细胞无损害或影响较小。

在 1928 年的一次实验中，有一份培养葡萄球菌的培养液被暴露在空气中，并被一株霉菌污染。弗莱明注意到这株霉菌附近的细菌被溶解了。于是，他正确地推测出，正是这株霉菌产生了某种对葡萄球菌有毒害的物质。很快，他发现这种物质也可抑制其他类型有害细菌的生长。根据产生该物质霉菌——青霉菌，他将这一物质命名为 "盘尼西林"（ "青霉素" 英文名称的音译）——它对人和动物都无大碍，只是少数人对其有过敏现象。

1929 年，弗莱明公布了他的发现，可当时并没引起人们的注意。他指出青霉素非常可能会成为一种重要的药物，但又苦于自己没有能力提纯青霉素。此后有 10 年的时间，这种神奇的药物未被普及应用。直到 20 世纪 30 年代后期，澳大利亚出生的英国病理学家弗洛里和法裔英国生物化学家钱恩偶然读到了弗莱明的论文。他们重复了弗莱明的实验并提纯

了青霉素，在动物身上做实验。1941 年，他们将青霉素用于临床，结果表明这种新药有着令人惊异的效力——这类情况在科学史上时有出现，如孟德尔关于遗传学的划时代论文也是由于后来其他科学家的发展而闻名于世的。

后来，英美等国的医药公司开始进入这一领域，并迅速发展了大量生产青霉素的技术，弗莱明的理想得以实现。开始的时候，此种神奇的药物只在战争中给伤员使用，但到 1945 年第二次世界大战结束时，青霉素的应用已遍及全世界。此后，全球掀起了研究其他抗生素的热潮，发明了许多这类 "灵丹妙药"。但青霉素仍然是其中使用最广泛的抗生素。

客观地讲，这一伟大的贡献理应归功于弗莱明，因为是他完成了最初的关键性发现。如果没有他在理想引导下的 "意外" 发现，后人可能还要经过很多弯路才能发现青霉素。这一独创性的成果，促使了大批量的生产和提纯方法的出现，并惠及世界人民。

青霉素是人类首次发现的高效、副作用小的抗生素，已挽救了数以百万计的人的生命，并且未来还将继续挽救更多人的生命。弗莱明发现的重要性毋庸置疑。1945 年，弗莱明与弗洛里、钱恩共同获得了诺贝尔医学或生理学奖。第一次发现抗生素使弗莱明在医学领域具有不可撼动的特殊地位。

创 作 感 言

在创作弗莱明的科学肖像时，我特意让其身躯微微侧向显微镜并做思考状。多彩的背景图案实际上都是细菌的放大图景，旨在呈现他发现杀菌方法的场景（见题图右侧显微镜下的盘子）——在伦敦的圣玛丽医院工作时，弗莱明偶然在培养皿中观察到霉菌污染并杀死了细菌，其下端为青霉素的分子结构。画中，他深邃的目光注视着远方——有理想、有抱负，幸运留给了这位有准备的人。我塑造了他冷峻的形象，想让人们对他产生一种肃然起敬之感。

---

① 青霉素为抗生素的一种，它是从青霉菌中提炼出来的。青霉素不但可用来治疗猩红热、梅毒、淋病和白喉，还可用于治疗各种炎症，如关节炎、支气管炎、脑膜炎、血液中毒、疖子、骨炎、肺炎、坏疽以及其他许多病症。青霉素的优点是治疗时使用量的安全系数很大——5 万单位剂量的青霉素可以有效地抵抗某些感染，每天注射几百万单位剂量的青霉素一般也不会产生副作用。尽管有一小部分人对青霉素过敏，但对大多数人来说，这种药既安全又有效——这让我们联想到我国女科学家屠呦呦对安全系数极高的青蒿素治疗疟疾的贡献。

埃德温·鲍威尔·哈勃（Edwin Powell Hubble，1889—1953）

从星系退行中发现 "宇宙膨胀"

1998 年，科学家发现，宇宙不仅在膨胀，而且还在加速膨胀。宇宙膨胀学说是由美国天文学家哈勃提出的。以他的名字命名的哈勃空间望远镜（见题图中哈勃烟斗的外形）于 2021 年正式 "下岗"，被韦伯空间望远镜取代。虽说时过境迁，但哈勃的科学发现名垂青史——1964 年，经国际天文学联合会批准，月球上一座直径 80 千米的环形山被命名为 "哈勃环形山"。

对于 20 世纪天文学和宇宙学，哈勃做出了多项划时代的贡献，被科学界尊为该领域的一代宗师。他有两个重大的贡献，一是确认河外星系是与银河系相当的恒星系统，他由此成为第一个对河外星系进行分类（见题图正上方哈勃签名下端的音叉图）的天文学家。他还开创了星系天文学，建立了大尺度宇宙的新概念。二是发现了星系的红移 - 距离的线性关系（见题图左上方的示意图）——哈勃定律[①]（见题图中哈勃所抽烟斗柄上的方程式，2018 年 10 月经国际天文学联合会表决通过，更改为哈勃 - 勒梅特定律），这一发现促使了现代宇宙学的诞生。

可以肯定，人类有史以来最重要的宇宙发现之一，就是我们的宇宙正在膨胀。它是现代宇宙学的基石之一，其地位与哥白尼原理——我们在宇宙中所处的地位毫无特别之处，以及奥伯斯佯谬——夜空实际上是黑暗的等理论媲美。宇宙膨胀理论促使科学家研究运动状态的宇宙模型，从而发现宇宙是有时空尺度变化的。宇宙膨胀运动理论的形成，首先应归功于哈勃对地球到附近星系距离的估算。因为他因运动变星而发现了宇宙膨胀，又是一名天性喜好体育运动的人物，

因此也可以尊称他为揭示宇宙膨胀的 "运动家"。

哈勃最重要的发现是星系光谱的红移现象——反推下去，宇宙过去要比现在小——再反推下去，宇宙起源于一场大爆炸。哈勃的发现揭示了宇宙演化过程的规律，而正是在这种演化的某个阶段，人类出现了——这也就是天文学家将哈勃与哥白尼等科学家相提并论的原因。他著有《星云世界》《用观测手段探索宇宙学问题》等，这两本书堪称现代天文学名著。他曾经获得太平洋天文学会奖章和英国皇家天文学会金质奖章。

哈勃历来是一位严谨的观察者，他利用威尔逊山天文台 100 英寸口径的望远镜获得了很多发现。他将美国天文学家沙普利所开创的距离测量技术发展成了一种精细的艺术，他从 1924 年开始测定星系的距离，1929 年宣称星系的红移往往随距离的增加而增加。现在，哈勃的名字已经与许多天文学理论、常数和设备联系在了一起[②]。

哈勃因运动变星而发现的宇宙膨胀图景为他赢得了世界荣誉。爱因斯坦得知后很懊恼，声称在其 "静态宇宙模型" 中引入宇宙常数是他一生中的错误，认为应该从场方程中抛弃这一常数项——这使哈勃一下子成为继爱因斯坦之后备受推崇的科学明星。

创作感言

"哈勃烟斗" 几乎与其 "哈勃定律" 一样出名，因此，我特意在科学肖像中将它们体现了出来。爱叼着烟斗的哈勃，他的发现时刻是科学史上最著名的故事之一，他首先划掉 "新星" 字样，然后写下了 "变星" 两字，并在其后画了一个感叹号，以强调这个发现的重要性。哈勃叼着的烟斗，末端圆柱形采用了哈勃空间望远镜的形象，具有象征意义；冒出的烟圈就好像一个个逐渐远去的星系，用以表现他发现哈勃定律、助推宇宙膨胀理论诞生的成就。

---

① 1929 年，哈勃通过对已测得距离的 20 多个星系的统计分析，更进一步用 46 个星系的有关数据画出了一条直线的图像（见题图左上侧哈勃 1929 年论文的图表），由此发现了星系到地球的距离与星系红移之间的关系——即星系退行运动的速率与星系距离的比值是一常数，两者间存在着线性关系。这一关系后来被称为哈勃定律（$V = H \cdot D$），其中，H 被称为哈勃常数，它是哈勃关系中的比例常数。

② 哈勃星系分类（见题图哈勃肖像上方图标）、哈勃隐带、哈勃序列、哈勃常数、哈勃时间、哈勃图、哈勃半径，还有现在的哈勃空间望远镜。在改变既定模式方面，哈勃一直以来都被很多人看作继伽利略、开普勒和牛顿之后伟大的天文学家。人们用以他的名字命名术语的方式纪念这位科学家。

保罗·阿德里安·莫里斯·狄拉克（Paul Adrien Maurice Dirac，1902—1984）

06

狄拉克

方程预言"反物质"存在

1928 年，年轻的英国理论物理学家狄拉克为电子推导出了一个方程（见题图主人公眼睛上方上扬的方程式），该方程与薛定谔和海森伯的量子力学方程不同，而与爱因斯坦的相对论一致，可以描述费米子的物理行为，从而有效地完成了经典量子理论。这个方程解释了电子自旋，并预言了反粒子（反物质）的存在——4 年后，人们果然发现了正电子[①]。1933 年，因为"发现了在原子理论里很有用的新形式"（量子力学中两种性质不同的基本方程），狄拉克和薛定谔共同获得了诺贝尔物理学奖。

尽管存在明显的不同，薛定谔后来还是发现了他的波动力学与海森伯的矩阵力学理论是等价的，而狄拉克方程的推导和发现却与它们都不同，它完全建立在它的创作者追寻唯美的数学对称性的基础之上。在诺贝尔奖获奖感言中，狄拉克说道："理论物理学家的工作，就是以漫长的一生追求美。"[②]

狄拉克把相对论引入量子力学，建立了相对论形式的薛定谔方程（也就是著名的狄拉克方程）。这一方程具有两个特点：一是满足相对论的所有要求，适用于任何运动速度的电子；二是它能自动地导出电子自旋的结论。这一方程的解很特别，既包括正能态，也包括负能态。狄拉克由此做出了存在正电子的预言，认为正电子是电子的一个镜像，它们具有严格相同的质量，但是二者电荷符号相反。狄拉克根据这个图景，预料存在一个电子和一个正电子互相湮灭放出光子的过程；相反，这个过程的逆过程，即一个光子湮灭、产生一个电子和一个正电子的过程，也是可能存在的——这些科学发现和预言后来都被陆续证实。

狄拉克所做的工作的重要性就在于，他天才地把狭义相对论引入薛定谔方程，巧妙地把两大理论体系——量子理论和相对论成功地统一了起来。这两方面从数学上看不仅不同，而且是彼此对立的，但他在方程中将两者融合到一起，由此得到了许多意想不到的结果[③]。这不能不说是数学和物理高度结合的杰作。

简言之，狄拉克对物理学的主要贡献是：给出描述相对论性费米子的量子力学方程（狄拉克方程），给出反粒子解；预言了磁单极子；给出了费米 - 狄拉克统计。另外，他在量子场论，尤其是量子电动力学方面，也做出大量奠基性的工作，在引力论和引力场量子化方面也有杰出贡献。

1932 年，狄拉克成为剑桥大学卢卡斯数学教授——牛顿曾担任过这个职位。他一直担任这个职位直到退休。这个相当沉默寡言的人，通过他的一些研究报告和专著《量子力学原理》，对量子力学领域产生了极为深远的影响。他写的东西简明但深奥，常常要求读的人全神贯注。狄拉克——其人其方程，都给人以静默的感觉，然而却异常有力与美丽。

创作感言

科学肖像中描绘的是狄拉克正站在黑板前揭示氢分子的一种量子力学图景。他给出的狄拉克方程可以描述费米子的物理行为，他预测了反物质的存在——这些数学表达式和粒子轨迹图呈现在其科学肖像具有洞察力的眼睛上方，用他手臂夹着的图（这是 1982 年发行的纪念邮票，描绘的是验证狄拉克预言的反物质存在的粒子运动轨迹）以予描绘。黑板上的数符方程式及物理图示皆出于狄拉克的手笔，整幅画面呈现了科学的和谐之美。

---

① 1932 年，美国物理学家安德森在研究宇宙射线簇射中高能电子径迹的时候，奇怪地发现强磁场中有一半电子向一个方向偏转，另一半向相反方向偏转，经过仔细辨认，这就是狄拉克预言的正电子。后来科学家们很快又发现了 γ 射线产生电子对，正、负电子碰撞"湮灭"成光子等现象，全面印证了狄拉克预言的正确性。可以说，狄拉克的工作开创了反粒子和反物质的理论及实验研究。

② 当狄拉克的同事还在受其方程的哲学含义困扰时，狄拉克认为语言评论是危险的，他更注重数学上对称之美的预言价值。对他而言，方程是美丽的。随着年龄的增长，他愈发确认"美"是通往真理的向导，并认为基础物理是可以从优雅的数学中拾取的，这一观点现在已渗入整个探索自然的领域。

③ 狄拉克通过狄拉克方程将量子理论与相对论结合，自然地推出了电子的自旋，得到自旋角动量的值为 $h / 4\pi$（h 为普朗克常量），并且论证了电子磁矩的存在。狄拉克还赋予真空以新的物理意义，并预示了正电子（也可称反物质和反粒子）的存在，这是其理论最有意义和影响深远的成果。

芭芭拉·麦克林托克（Barbara McClintock，1902—1992）

07

麦克林托克

将遗传转向玉米 "跳跃基因"

在科学史上，有一些人（不论男女），一生注定是要进行"一个人的战斗"的。譬如本书中的哥白尼、牛顿、道尔顿、孟德尔与本篇主人公麦克林托克等，他们都有各自引以为傲的"第一"。麦克林托克的"第一"就是：1983 年，长期而孤独的实验和研究终于换来了肯定——诺贝尔奖委员会把该年度的生理学或医学奖授予了这位已是 81 岁高龄的科学家，由此，她成为遗传学研究领域第一位独自获得诺贝尔奖的女性科学家。

麦克林托克是美国著名植物学家、遗传学家，终身从事玉米细胞遗传学方面的研究。她所发现的"跳跃基因"现象（见题图右上圆形 X 射线图景）提示：基因可以从染色体的一个位置跳跃到另一个位置，甚至从一条染色体跳跃到另一条染色体。她于 1950 年和 1951 年先后发表了《玉米易突变位点的由来与行为》与《染色体结构和基因表达》两篇论文，向世界科学界介绍了自己的成果。这位被称为"玉米夫人"的女中豪杰一生未婚，但对彩色的印度玉米研究却情有独钟。

表观上籽粒（或叶片）彩色的彩色玉米原产于印度。在这种玉米上，麦克林托克获得了有关玉米染色体遗传变异的许多重大发现。可以说，她以玉米遗传学的研究成果推动和促进了细胞遗传学这一遗传学分支学科的建立——这位女性的功绩完全可以与之前遗传学的另外两位巨匠孟德尔、摩根相提并论。

1941 年 6 月，麦克林托克进入美国纽约长岛的冷泉港实验室，正式开始了她著名的研究。此前，她早已发现，在印度彩色玉米中，籽粒和叶片往往存在着许多色斑；色斑的大小或出现的早晚受到某些不稳定基因或"异变基因"的控制[①]。这一对在玉米中可移动基因——转座子（俗称"跳跃基因"）的研究，使她名垂科学史册。而基因为染色体特定区域内的一段序列，是遗传物质的基本单位（见题图左上角双螺旋片段图景）。

在生物的细胞核内，染色体是由 DNA 链密集缠绕在蛋白质上形成的棒状结构（见题图左上角 X 状图景）。不同生物的染色体数目不同。按照传统的观念，基因在染色体上是固定不变的，它们有一定的位置、距离和顺序，并只能通过交换重组改变自己的相对位置，通过突变改变自己的相对性质；但是，要从染色体的一个位置"跳"到另一个位置，甚至"跳"到别的染色体上，也就是说能"转座"，在当时的遗传学界简直是闻所未闻，而它在麦克林托克的实验研究中却真实存在——这是麦克林托克贡献的特殊价值和不可替代的地方。

创作感言

麦克林托克科学肖像表现的是上述遗传学的特殊发现环绕着她的图景。对于"跳跃基因"的研究，开始时，人们用怀疑的目光看待这位女性。但由于她的坚持——她把毕生精力转到彩色玉米的"跳跃基因"研究上，并将其中的科学文化似基因一般"遗传"给了人类的子孙后代。获诺贝尔奖后的那一年，早已习惯孤寂的科学实验和研究的她迎来了最为热闹的时光——人们纷纷向她索取实验和研究用的玉米种子……

---

① 麦克林托克的研究发现，玉米籽粒（或叶片）有无其他颜色，是受到位于一些染色体上的基因（例如控制色素形成的基因）控制的。如果有这种基因存在，籽粒（或叶片）就有其他颜色，如果没有这种基因，则会没有（除黄白色）颜色呈现。在这种基因附近，还有另外一种基因，它也控制着色素形成基因的表达——也就是说，如果此基因存在，色素形成基因即使存在，也不能使玉米籽粒表现为有其他颜色，即彩色色素不能合成，所以玉米仍然表现为黄白色。但是，此基因如果离开色素形成基因，色素形成基因又重新得以正常表达，即籽粒（或叶片）有其他颜色。还有更复杂的延伸调控机制存在，这里就不进一步细说了。这就是麦克林托克所发现的不稳定基因或"异变基因"的调控系统。

伯努瓦·B. 芒德布罗（Benoit B. Mandelbrot，1924—2010）

08

芒德布罗

眼镜公式发现的 "分形图景"

虽然 "分形" 起先被当作一个数学问题，它的概念图景具有数学的艺术创造性，但由于它有着非常广泛的物理性应用，提出这一概念的波兰裔法裔美籍数学家芒德布罗被授予 1993 年度沃尔夫物理学奖。在分形的思想下，芒德布罗将 20 世纪的现代数学与 19 世纪的古典数学区分开来，产生了一个几何数学史上的变革。

20 世纪 70 年代中期，芒德布罗出版了《分形对象：形、机遇和维数》，此书详尽描述了他的几何新图景。全书的复杂性都集中于一个异常简单的公式上：$Z_1=Z_0^2+c$ [1]（见题图中构成眼镜形象的方程）——观察其数值的计算过程会发现有新几何图形开始出现。他还发现了一种万有分形图景——称为 "芒德布罗集 [2]"（见题图中主人公胸前白色的图形），当在微观尺度上查看时，就显示出几乎无穷无尽的折线细节。

1967 年，芒德布罗在美国《科学》杂志发表了《英国的海岸线有多长？统计自相似和分数维度》一文，提出了分形维度的观念并打破了传统的几何学；经过后续的研究与发展，他正式使用了 "分形" 这一词（即破碎、部分、不规则的集合之意），来诠释在不规则中仍蕴藏着某种秩序的自然几何学。据芒德布罗回忆，此词诞生于 1975 年夏天的一个夜晚，是他在苦思冥想后偶然翻到儿子的拉丁文字典的收获——分形几何标志着人类对形的数学认识由规则的形态进入了不规则的形态，这也是我这幅画想要凸显的数形图景。

大自然表象如此多样和复杂，而深挖其中的数学规则又如此简单。芒德布罗发现了自然世界中复杂事物的规律，并找出了其中共同的、受简单规律支配的特征。他让人们意识

到，维度不一定就是整数，任何不规则物体都有分形维数：绿花菜的分形维数约为 2.8，海岸线维数约为 1.28，而人类肺叶的分形维数则约为 2.97……他的重大发现让现代数学逼近了人们的日常生活，而这一切在过去我们却一无所知。

从分形公式出发，可以发现无穷无尽的美丽图案——动物的血管脉络，起伏不平的山脉，变幻莫测的浮云，眼花缭乱的星云，等等——它们的特点都是极不平滑和规则。芒德布罗的分形图反映的是一个大千世界图景，只要你计算的点足够多，不管你把图案放大多少倍，都能显示出更加复杂的局部。这些局部既与整体不同，又有着某种相似的地方；梦幻般的图案具有无穷无尽的细节和自相似性。芒德布罗将芒德布罗集称为 "魔鬼的聚合物"。

架在芒德布罗鼻梁上的 "眼镜公式" 意义非凡——看到这幅画会让人感到，藏在它后面的那双眼睛正窥视着大自然表象后面有着规则制约的分形。芒德布罗的发现告诉人们，大自然的景象并不总是平滑规整的，从细部层面上看，它就是破碎、部分和不规则的集合——这就是芒德布罗方程呈现的科学图景。

创作感言

我用一幅双手抱胸、充满自信的芒德布罗像构成稳重的画面主体——不曾想到，外表如此 "大块头" 的男人竟有那么细致入微的发现。当我们将目光落在了他深色宽大的眼镜上时，公式 $Z_1=Z_0^2+c$ 竟然变成了眼镜的形写意象——这就是漫画艺术的魅力：夸张、变形但有关联。通过这个 "眼镜公式"，芒德布罗告诉我们，大自然的纷繁复杂都有着同样的分形几何之道。而代表他最高科学成就的芒德布罗集，其经典图形在题图中用一枚挂在他胸前 "自我奖赏的勋章" 表现——应该说，它是分形的宝库；而不断动态演绎的分形图景出现了在科学肖像大片绿色的背景上，借以体现这是一门与大自然紧密关联的学问。

---

[1] $Z_1=Z_0^2+c$ 这个方程的含义是：从赋予 Z_0 特定值开始，用 Z_1 取代 Z_0，如此反复计算。c 是个常数，与 Z_0 的起始值相同，每次重复计算时，它的值都不变。这种集合由迭代方程生成，式中，Z 和 c 都是复数，c 的取值受限于某一范围。假定给 c 设定一个整数值，如 1、2、3 或 4 等，就会产生一般图形。但是如果设定的值是 1.1、−1.3 或 −1.45 等带小数点的值，那么情况就变得很有趣。计算机演算过程重复数百万次后，最后的得数总是在 2 与 −2 之间。

[2] 芒德布罗集是众多分形几何中一个非常有趣而又典型的集合：题图 "眼镜公式" 中的 Z_0 平方加常数 c 是定义其所需要的程序的开始，这实际上也是定义芒德布罗集所需要的一切。

默里·盖耳－曼（Murray Gell-Mann，1929—2019）

09
盖耳－曼

发现"夸克模型"的奇异之美

1969 年的诺贝尔物理学奖颁发给了美国物理学家盖耳－曼,理由是"因他对基本粒子及其相互作用的分类所做的贡献和发现"。在 20 世纪粒子物理学的发展史中,盖耳－曼的名字不可磨灭[①]。

从 20 世纪 30 年代初开始,原来将原子看成仅仅由电子和核子(质子)组成的简单观念,让位给了更加复杂的模型——核子包括中子,后来发现其中还有其他粒子。20 世纪 50 年代前,质量处于质子和电子的质量之间的介子不断地被发现,因此,原子内部图景陷入了十分混乱的境地。再后来,科学家们又发现了超子,而有些介子的寿命比当时被公认的理论所预言的还要长得多。

为了厘清原委,盖耳－曼下了很大功夫整理出这些问题的头绪。1953 年,他提出,对于长寿命的粒子以及诸如中子和质子,都应再给一个量子数,盖耳－曼称之为奇异数(不同的粒子具有不同的奇异数,例如 0、 ±1、 ±2……)。这位 15 岁就进入耶鲁大学、22 岁即获得麻省理工学院博士学位的神童,在 23 岁时就引发了一场关于物理学基本组成的变革。不仅如此,盖耳－曼还提出了奇异数守恒定律,即在描述强相互作用或电磁相互作用时,方程两侧总的奇异数必须守恒。

1961 年,执着于原子基本构成图景的盖耳－曼等排出了一张关于基本粒子的"周期表"——这是他向人类贡献的一张亚原子粒子的周期表,因此他有时被称作"20 世纪的门捷列夫"。这张表揭示了基本粒子在许多性质上存在着的对称性。有意义的是,依据这一对称图对有关空位做出的预言,后来因发现了 Ω^- 这个"失踪"的粒子而获得验证。

1964 年,盖耳－曼正式提出了基本粒子结构的"夸克模型[②]",是他第一个指出所有物质均由更基本的组元——夸克构成,他的学术成果极大地推动了人类对微观世界的了解。然而夸克只是一种理论上假设的构成强子的粒子,盖耳－曼把他的这种结构化体系称为"八正法"。最初,夸克只是作为一种数学构成单位,后来随着理论解释的成功,很多物理学家相信它是构成强子更深层次的亚粒子。

由于人类自然感官的局限,没人能够直接观察到这种八正法带来的物质构造几何学,但智慧的"盖耳－曼们"具有无限的思维想象,懂得研究微观事物的轨迹和影像。由此,粒子物理学家借以继续探索隐藏在这一片混乱背后最小的秩序。这就像魔术师一样,他们给人们带来了关于"奇异之美"的表演——随后这些粒子被发现具备更多的新属性,并有了更多的名字。于是,盖耳－曼的名字在当时粒子物理学的发展史中就像夸克存在于物质中那样。而后来由于众多夸克被发现,人们觉得在这一物质层次上,物理性质似乎也不是单纯的,似乎还有更深层次的规律在起作用[③]——但人们都知道,这种探索发现是由盖耳－曼等人发起的!

创作感言

对简单性和复杂性关联的执着探索,是盖耳－曼粒子物理学结构图景研究的出发点。我对他的科学肖像的创意也正是来自这种数学构成——8 个点的连接模式是他提出的;基础三重态——八正法由简单的三角形砖块镶嵌而成的图形犹如烙在他脑门上的印记,以及冲出其后脑勺的粒子轨迹图中凸显了三声:"quark(夸克)、quark、quark!"这些图示围绕他艺术型学者形象,让他自有一种傲视群雄的还原论者的神态。

---

① 盖耳－曼于 1953 年与日本物理学家西岛和彦彼此独立地提出奇异量子数的概念和盖耳－曼－西岛法则,为后来强子分类的研究工作奠定了基础。他提出的弱相互作用的矢量－赝矢量型理论,为其后的电弱统一理论开辟了道路。1961 年,他提出强子分类的八正法,解释了大量实验事实。而 1964 年他提出强子结构的"夸克模型",为基本粒子及其相互作用的分类奠定了坚实的基础。

② 夸克来自英国意识流小说家乔伊斯的一部戏谑诗集《芬尼根的苏醒夜》,它是作者自创的一个词——盖耳－曼自由地运用了它。当时,盖耳－曼认为质子等是由更基本的夸克组成的。夸克与所有已知的亚原子粒子不同,它们带有分数电荷,例如,一个电子电荷 e 的 +2/3 或 -1/3。夸克都是两两成对或三三成群,永远不可能被单独观测到。它们之间靠交换胶子而结合。

③ 盖耳－曼的这一模型可以把当时已知的全部基本粒子归类(如同 19 世纪时门捷列夫勾勒出的元素周期表),并且他还像门捷列夫一样,给未发现的粒子预留了位置——其中包括磁单极子、引力子和中间玻色子——还原论连接简单和复杂的演绎似乎还在继续……

彼得·威尔·希格斯（Peter Ware Higgs，1929— ）

10

希格斯

"上帝粒子" 解静止质量难题

2012 年 7 月 4 日，欧洲核子中心宣布发现了由英国物理学家希格斯理论预言的一种粒子（称为"希格斯粒子"）。随后，2013 年度的诺贝尔物理学奖授予了希格斯等人——20 世纪 60 年代中期，希格斯提出了一种能解决规范场粒子[①]零静止质量难题的方法，他想通过其引入的希格斯粒子的真空自发破缺，让最基本的物质粒子获得静止质量。

后来有一位科学作家这样写道："当物理学家希格斯 1964 年在苏格兰高地散步时，突然想到一种让粒子拥有质量的方式……当粒子游过一个力场而变慢时，看起来会变得较重，这个场我们现在称为希格斯场[②]。希格斯场是伴随着希格斯玻色子的量子场，曾获得诺贝尔物理学奖的莱德曼把这种粒子称为'上帝粒子'。"

物理学家将基本粒子分成两大类：玻色子（传递相互作用力的粒子）和费米子（夸克、电子与中微子等组成物质的粒子）。希格斯预言的玻色子是当时标准模型[③]中唯一尚未发现的粒子。但要找到希格斯粒子需要巨大的粒子对撞机，因为预言它的质量可能会超过质子质量的 100 倍，所以撞击的能量越大，碎片当中的粒子质量才会越大——科学家期望位于欧洲的高能粒子加速器能够发现希格斯粒子。几经波折，最后果然得偿所愿。

那么希格斯粒子是怎样塑造我们的物质世界的呢？如果没有希格斯粒子，夸克和轻子之类的基本物质粒子将会没有质量。由于电荷本身也携带能量，于是有人就认为，带正电的质子应该比不带电的中子更重一点。然而在现实中，情况却恰恰相反。夸克拥有质量才能解释这个细节。事实上，如果没有希格斯粒子，夸克的质量为零，质子就会比中子重，而放射性 β 衰变的反应过程也会颠倒过来。如果夸克的质量消失，自由质子就会衰变为一个中子、一个正电子和一个中微子。那样的话，氢原子将不复存在，最轻的"原子核"将是中子，而非质子。

另外，在标准模型中，希格斯粒子将电磁力与弱力区分开来。如果没有它的存在，由于强相互作用，电子和夸克就不会有任何质量。在这种情况下，弱相互作用引起的 β 衰变速度将比现实快上几百万倍，当今的宇宙将不会是今天这个样子。而在没有希格斯粒子的世界里，一些轻核原子不但会在宇宙早期形成，而且还会留存下来，但它们绝不会形成我们现在所熟悉的微观原子（原子会变成宏观形态）。在这样的世界里，化学过程也将不可能发生。所以，"上帝粒子"解决了我们这个宇宙里最小粒子静止质量等多种难题。

创作感言

科学肖像中，我突出了希格斯习惯性的动作手势，仿佛一位老顽童在玩游戏——通过希格斯粒子的真空自发破缺，规范场粒子可以获得静止质量。背景的网格形象地表现了希格斯场。背景中的图示与方程演算，代表着这位杰出科学家代表对世界图景的探索发现。题图左上方描绘了希格斯玻色子——"上帝粒子"的形象。近半个世纪的等待让智慧的希格斯白了头，他的眼神中透露着深邃的洞察力，无形的发现终于等到了有形的大型强子对撞机的验证。

---

① 规范场是与物理规律的定域规范不变性相联系的物质场，与之关联的粒子即称为规范场粒子。

② 要理解希格斯场，先让我们想象有一个装满黏稠蜂蜜的容器，当原本不带质量的粒子穿过这个容器时，这些蜂蜜会黏附在粒子上，使得这些粒子在通过这个场后，成为带有质量的粒子。理论认为，在最早期的宇宙，所有的基本作用力（也就是强作用力、电磁作用力、弱作用力与引力）都统一为一个超力，但是在宇宙冷却后，开始出现了不同的作用力。物理学家已经能够把电磁作用力与弱作用力结合成电弱作用力。或许我们有朝一日可以把所有的作用力都统合在一起。此外，希格斯等人认为，在大爆炸刚发生之后，所有的粒子都不具有质量，宇宙冷却后，才出现了希格斯玻色子与之伴随的希格斯场。有些粒子，例如不具质量的光子，可以穿过黏滞的希格斯场而不产生质量，但其他的粒子则会像陷入糖浆的蚂蚁一样变得沉重。

③ 标准模型是建立在电弱理论和量子色动力学（色相互作用理论）基础上的关于基本粒子与它们的相互作用的模型。但是这个模型并不完备，因为它没有将引力相互作用囊括进来。

6

124 ~ 145

科技发明图景

  科技发明是指在科学技术方面创造出之前所没有的事物和方法。它可以小到人类地面生活的日常用品，也可以大到人类飞越太空的航天器和空间站；它可以具体到替代人类某些工作的机器人，也可以系统到地球人类形成瞬时联系的互联网；它可以是触摸到的操作硬件，也可以是无形的程序软件。"科"与"技"连接成词、形影不离是有内在关联的，而发明则是科技之道有意或无意的运用。本章描绘了10幅科学人物肖像，并解析其所凸显的科技发明图景。

切麻

洗涤　　　　漫灰水

　　　　　　春捣

打浆　　　　捞纸

晒纸

蔡伦（约公元 62 —公元 121 ）

01

蔡伦

让文明加速传播的 "造纸术"

在《影响人类历史进程的 100 名人排行榜》(修订版)中，作者麦克·哈特将中国东汉时期造纸术①的发明者蔡伦排在非常靠前的第 7 位，开头便写道："造纸术的发明人蔡伦也许鲜为人知。他的发明意义如此重大，但却被西方忽视，实在令人吃惊……鉴于纸张的重要性，我们不得不对蔡伦予以格外重视。"

作为造纸术的发明者，蔡伦的名字在中国早已名扬天下；而作为古代中国四大发明之一，造纸术也逐渐被世界所认识。事实上，在古代发明家当中，蔡伦的影响和地位应该排在前列。大多数发明都是时代的产物，而造纸术则不然，因为在它出现近千年之后，欧洲人才逐步学会使用它，可见其工艺很复杂。

甚至到 1800 年机器印刷技术在全世界推广以后，蔡伦所独创的造纸术依然是此行业发展的基础。这让我们联想到爱因斯坦对其学生英费尔德讲过的话，大意是："要是我没有发现狭义相对论，总有一天也会有别人来发现它；但是我认为，广义相对论的情况不是这样……"可以说，独创是一种展示个人天才的艺术，不易复制的科技发明图景就是发明人所独创的文明画卷。

造纸术工艺（见题图中蔡伦所揭"纸上"的工序图）从无形的思想动机到有形的完备实现，需要智力、想象力、创造力、执行力、意志力等综合支撑，而这种综合竟然体现在中国古代一个宦官身上，真是令人难以置信。那时的成品纸张在今天看来，就犹如一个传媒"平台"——一张白纸，可写最新最美的文字，可画最新最美的图画。而在纸上记录传承的文化如同阳光一样，给人类文明带来希望。

据分析，中国历史上强盛和衰落的原因，与造纸术和印刷术有紧密联系。纸的发明让中国文明得以快速传播，而后来又因没有发展大规模活字印刷，中国文明进步有所减速——这是对"李约瑟之问"另一种角度的回答。而通过大量史实，我们仿佛也感觉到：世界历史上，中西方文明似乎总有一种此消彼长的波动规律（譬如中世纪西方的黑暗时期正是中国文明的繁荣发展时期；而中国的封建落后时期也正是西方现代文明高速发展时期）。

蔡伦的故事让我们认识到，历史似乎总会跟人开玩笑②。只有坚持做自己，不人云亦云，克服从众心理，才能到达个人独特的人生彼岸——我偶尔去地处南京城东的仙林湖社区看望孩子，快到女儿家时就在繁忙的"学森路"站下车，左拐一个弯就是小区东门所处的安静的"蔡伦路"——我边走边看路牌并想象着，仿佛从今返古，进行了一次以中国科技史上两位卓越人物为时空坐标的逆向穿越……我相信当今的中国大地会涌现出更多、更能独创一片科技新图景的人才，相信心无旁骛、不畏艰险、善于创造发明的"当代蔡伦"一定会出现！

创作感言

通过蔡伦科技发明图景的创作，我深感古代华夏儿女所拥有的独创复杂工艺的超常能力，我为之而自豪。因此，我采用了中国画般的绘画语言描绘我们民族的发明英才，以表现这位人类历史上重要而独特的发明家极其复杂的科技图景：借助蔡伦进行造纸术最后一道工序（揭纸）来描绘成品纸张的制作，并表现详细的造纸工序；而以绿色竹林作为背景，是想表现竹子是当时造纸的主要原料之一，前景与背景存有因果联系。

---

① 蔡伦是于公元 105 年提出用竹子、树皮、麻头、破布和渔网纤维等原料造纸新技术的（当时有"蔡侯纸"之称）。造纸术的几个主要步骤是：斩竹漂塘→荡料入帘→覆帘压纸→透火焙烤→成型揭纸等，后来的工艺发展越来越细化（如题图上有 9 个步骤）。现今，工业化造纸已发展到规模化、多样化的先进阶段；不可思议的是，它仍然是人类文明发展、基础交流的介质之一，而且可能永远都是。

② 历史总会跟人开玩笑——像在中国封建社会，科举制度下的青年才俊总是以高人一等为终极目标，但一旦由于个人与社会的各种因素，当官的希望破灭或仕途中止，他们奋发的天性倒造就了永载史册的契机，中国史书上记载的很多杰出诗人、文学家、艺术家、探险家、科学家和发明家（蔡伦便是其中之一）都是如此，而不少仕途顺利的人倒是随着历史的进程而销声匿迹了。

张衡（公元 78—公元 139）

上思天、下观地之"全才人物"

国际天文学联合会将月球背面位于东经112°、北纬19°的环形山命名为"张衡环形山",又将1802号小行星命名为"张衡星",以纪念张衡在古天文学方面的贡献。实际上,他也是一位世界认可的、中国科技史上少有的兼具抽象思维、具象创造的伟大人物。他最知名的贡献包括发明了"地动仪①"(如题图的下半部分),以及改进"浑天仪②"(如题图张衡发髻部分的形象)。

全面来看,在天文、地理、气象、数学、历法、机械、发明创造等方面,张衡都有着卓越的成就——他开创了中国天文、地理研究之先河,是一位地地道道的"上知天文,下知地理"的大学问家。他在文学、诗赋、绘画和史学等文化艺术方面也成就斐然。中国科学院原院长、已故著名考古学家、文学家、书法家郭沫若先生曾评价道,"如此全面发展之人物,在世界史上亦所罕见""万祀千令,令人敬仰"。从某种程度上,我们也可将他看成中国古代达·芬奇式的全才型人物。

汉朝时,我国的古代天文学已经形成多种经验体系,有盖天说、浑天说和宣夜说3家学说。浑天说比较进步,这个学说认为天地都是圆的——天在外,像鸡蛋的蛋清,地在内,像蛋黄。这种说法虽然不完全正确,但比较接近实际。而浑天派最突出的代表人物便是张衡。他对天象有着正确的观点,如日有光,月没有光,月光是反射阳光形成的,所以向日则光盈,背日则光尽;他推测月食是地球遮蔽阳光于月球的结果。张衡还绘制了一幅星图,叫《灵宪图》。他改进和创制了许多重要的天文仪器,浑天仪的改进就是他的代表作之一。

地动仪是张衡创造发明的传世杰作,集科学、技术、制造、工艺和外观设计艺术于一体。在他所处的东汉时期,地震比较频繁,他对地震有不少亲身体验。为了掌握全国地震动态,经过长年研究,他在阳嘉元年(公元132年)发明了候风地动仪。这也是世界上第一座地动仪,用于掌握地震动态和大致方位。今天看来,虽然地动仪不能预报地震,但可以用来记录和后续统计有关信息,以备地震科学研究之用。

对于张衡这样的"全才型人物",我们在如此简短的图文中不可能做到面面俱到地介绍,但通过描绘其发明的代表性作品,还是能看出他作为中国古代科技大家的典型形象——如今,我们几乎找不到像张衡、达·芬奇等那样的全才型科技人物。在张衡的科学肖像中,我通过地动仪、浑天仪的关联性运用,突显了这位罕见之才"上思天,下观地"之宏大气魄——此番景象,让人联想到他之后1500余年"上连天,下管地"的牛顿万有引力定律所包容的图景。不过,牛顿的科学图景侧重于发现,而张衡的科学图景则侧重于发明。

创作感言

在这幅科学肖像中,我将张衡的侧面像尽力上扬,以凸显这位伟大科学家昂首向天、求索进取的姿态;以他发明的传世杰作——地动仪工作原理示意图化作他的身躯,体现人文情怀与科技内涵;将其改进的浑天仪化作头顶发髻,象征性地描绘他思考并倡导的"浑天说"宇宙理论。构图上,我采用了整体金字塔式的造型,高大、稳重并流芳千古;笔触的艺术性表现以示他的精神恰似光芒万丈,照亮人间;"张衡"二字的行书选自对他推崇备至的郭沫若手迹,而右上方即是以其名字命名的"张衡星"——虽然他已逝去近2000年,但那颗"张衡星"还在熠熠闪光。

---

① 地动仪是张衡创造的传世杰作,在8个方位上均有口含龙珠的龙头,在每个龙头的下方都有一只张开大嘴的蟾蜍与其对应。任何一方如有地震发生,该方向龙口所含龙珠即落入下方蟾蜍口中,由此便可测出发生地震的方向。

② 浑天仪是铜铸的,内外有几层圆圈,都可转动。各层圆圈分别刻有赤道、黄道、南北极、二十四节气、二十八宿,以及日月星辰的位置——张衡所知道的天文现象都精巧地刻在上面。为了使浑天仪能自己转动,张衡又设计了一个"滴漏",作为浑天仪的动力。浑天仪被滴漏带动,它转动时恰好与天空中日月星辰的升落时间完全吻合。浑仪和浑象总称为浑天仪。其中浑仪是测量天体球面坐标的一种仪器,而浑象则是古代用来演示天象的仪表。浑仪和浑象都是反映浑天说的仪器,即物化的"浑天说"。

“W”

James Watt

詹姆斯·瓦特（James Watt，1736—1819）

③

瓦特

助力工业革命的 "蒸汽机手"

英国发明家瓦特通常被认为是蒸汽机的发明者，也就理所当然地成为英国工业革命的关键人物。在不到一百年的时间内，蒸汽机经过多次提档升级，带来了一场史无前例且影响深远的革命，彻底改变了英国的面貌。从那以后，世界也随之变了样——工业革命使人们从农夫、牧羊人变成了由非有机生命能量驱动的机器的驾驭者。瓦特由此成了助力工业革命的 "蒸汽机手" ——一位绘制科技发明图景的重要人物。

1765 年 5 月的一个午后，从小就极具发明天才的瓦特突然产生了一个后来改变了世界的想法。他构想出了一种使蒸汽发动机变得更高效、更强劲的改进方法。他尝试对当时已出现的纽科门蒸汽机原始雏形做出一系列的重大改进，提高了蒸汽机的热效率和运行可靠性。谁曾想，这一系列的改进性发明使得蒸汽机在工业上得到广泛的应用。瓦特对蒸汽机的改进和使用，开辟了人类利用蒸汽能源的新时代，推动了第一次工业革命。

在蒸汽机发明之前，还没有一种人力、畜力以外的可供社会生产的秩序化动力。瓦特的历史性贡献在于，他对既有的、效率低下的蒸汽机进行了意义重大的改造，堪称第一个 "实用蒸汽机①" 的发明者——他在 1769 年获得了这个伟大发明的专利权。

不仅如此，瓦特还于 1781 年发明了一组齿轮，用于把蒸汽机的往复式运动转变成旋转运动，这种装置大大扩大了蒸汽机的使用范围。次年，瓦特发明了一种离心调速器，通过这个装置，蒸汽机的速度可以得到自动控制。此外，他还于 1790 年发明了压力表、计数器、指示器和节流阀门——这

些都是我们在历史电影中和参观火车头蒸汽机时可以看到的。对蒸汽机的研究和改进工作贯穿了瓦特的一生。后人为了纪念他在蒸汽机方面所做出的巨大成就，将国际单位制中的功率计量单位称作 "瓦特②"。

在瓦特之前，也有其他一些机器的发明，如飞梭（约翰·凯 1733 年发明）和珍妮纺纱机（詹姆斯·哈格里夫斯 1764 年发明）等。然而这些发明大多数都是些小改小革，它们当中没有一项发明能被单独看作对工业革命具有推动作用。蒸汽机则完全不同，如果没有它，大规模工业革命就有可能不会在 18 世纪的英国出现。在蒸汽机之前，虽然也在某些地方使用了风车和水车，但主要动力仍是人力和畜力。蒸汽机的发明让人们摆脱了有机生命的有限力量。

让蒸汽机呼啸奔腾、效率逐渐增大的发明来自瓦特大脑不断的突发奇想，而这些灵光一现又来自他长期对蒸汽能量的精心关注，我在肖像画中试图体现出来这种执着的状态。但实用蒸汽机对工业革命所起到的根本作用可能是瓦特不曾想到的——这一点一滴、积小成大的发明正可谓人类发明史上的 "星星之火，可以燎原"。

创作感言

在创作瓦特科学肖像时，我选择了他在人生后期的思考表情，用来表现其一生都倾心于蒸汽机各项发明的内心世界——这个从小对蒸汽的冷凝现象特别关注的人，没有受过太多的正规教育，我用他目不转睛地全面改造蒸汽机的神情表现了他专注创新的精神。在背景处理上，从蒸汽机的蓝图设计到开动的实体机器，我描绘了人类以智力获取巨大动力的过程……瓦特的思绪万千，也通过背景上的蒸汽飞扬、点线飘散的机器轰鸣之声表现了出来。在色彩的处理上，冷暖相间的对比及以暗衬明的画法突出了蒸汽机改进发明图景的这一主题。

---

① 实用蒸汽机：瓦特对当时热效率和运行可靠性低下的纽科门蒸汽机进行了改造，加了一个可分离的冷凝装置，并将蒸汽机的汽缸隔离开来；他在 1782 年发明了双动式蒸汽机——将这些 "小发明" 整合到一起，瓦特使蒸汽机的效率提高了 3 倍多。这种实用效率的提高，促生了一种具有工业大规模应用的机器，这种机器与原来那些华而不实的装置形成了本质区别。

② 瓦特（以 W 表示 ——Watt 的第一个字母大写；就是题图左下部分从 "Watt" → "W" 表述的意思）：功率的国际单位，1 瓦特（W）=1 焦耳 / 秒（J/s），表示每秒做功 1 焦耳。

托马斯·阿尔瓦·爱迪生（Thomas Alva Edison，1847—1931）

04

爱迪生

章鱼触角般四射的"发明大王"

美国时代生活出版公司出版的《人类 1000 年（999—1999）》中，编者将爱迪生排在了"风云人物 100 位"的第一位。爱迪生是人类科技史上最著名的发明天才之一，他拥有超过 2000 项的发明，其中的"四大发明"是留声机、电灯、电力系统和有声电影，它们极大丰富和改善了现代人类文化和社会活动。在美国，爱迪生名下拥有 1093 项专利，他在英国、法国和德国等地的专利，累计数应超过 1500 项。他是世界上拥有发明专利最多的发明家——如同章鱼一般，爱迪生将其发明的"触角"伸向了四面八方。

爱迪生建立了世界上第一家电业公司（如今国际企业美国通用电气公司的前身），为产业化的突飞猛进奠定了基础。今天不仅仅是照明需要用电，家庭生活也离不开电；而大工业运转更是如法炮制——从其建立的电网中获取电力——这正是爱迪生一生中最大的贡献。

科技发明不仅惠及个人，而且可拓展到组织化、网络化的实用体系中——可以说，这是爱迪生一生中最重大的发明。然而，他的这项宏大发明，可能永远都无法使其获得专利——如果发明上的专利获得与发现上的奖项获取等效的话，那有组织的、成体系的产业化应用这种发明可能直到现在仍难以获得专利。在这一点上，最伟大的发明与最宏大的发现所遭受的境遇几乎是一样的。比如，爱因斯坦的广义相对论没能获得诺贝尔奖，伽莫夫的宇宙热大爆炸理论也没有获得诺贝尔奖。不仅如此，有专家认为，在科学史上，哥白尼的日心说、牛顿的万有引力定律与达尔文的生物进化论等宏大科学理论发现如果放在今天，也不一定能够获奖。但爱迪生的大发明与这些大发现一样，给人类科技带来了翻天覆地的变化。

爱迪生的发明对世界产生了重大而又深远的影响。1879 年，他发明了可投入商业使用的白炽灯——这种灯泡可以连续使用 40 小时以上；1880 年，爱迪生申请了这种"电灯[①]"的发明专利。

虽然未能进入中学、大学或专科学校读书学习，但这些并未影响爱迪生成为一位"发明大王"；同时，他还成为一个其发现既有理论价值又有实际应用价值的具有"爱迪生效应[②]"的科学家。后来，因爱迪生的创造发明，美国有 3 所著名大学授予他最高学位，分别是哲学博士、理学博士和法学博士。爱迪生一生留下的大量资料、文件和记录本身就可以构成一座图书馆。他遗留下的私人记录就有约 30 万条之多，很多内容都是他亲手写下的。现在看来，这些都可成为惠及人类的指导手册。

爱迪生虽然幼时只受过 3 个月的正规教育，但后来却被历史学家和文学家赞誉为"人类慧师"——这是人生地位和境界一个多么大的反转啊，而这一反转源于其毕生的巨大贡献。这种美誉是建立在他那章鱼触角般四射的"发明大王"之苦中作乐的工作基础上的。我们在肖像画中给出的光彩照人的爱迪生科技发明图景，表现的是一条"从黯淡到发出光明"的"发明"之路。

创 作 感 言

面对爱迪生这样一位伟大的发明家，我选取了他用右手高举自己的著名发明之一——白炽灯泡的形象作为代表性的画面主体，有意表现他的毅力和决心。他的科技发明是通过他思考（大脑）和实践（手）结合的方式得到的，即连接起发电室装置（见题图右上角的发电机组）以及灯泡照亮了背景中黑夜里千家万户的楼宇。活动电影放映机、留声机和制作电灯泡的工作室也成为画面的一部分背景，并依稀可见，借此表现爱迪生的发明数不胜数。从画面上看，爱迪生那神态坚毅、凝视思索、高举白炽灯泡的形象，照亮了人类科技发明的前景。

---

① 爱迪生发明的电灯使用了卷成圈的长灯丝。他发现，将灯丝卷成圈状，可以使得灯丝卷缩地放置在一个小的灯泡空间里，还可以极大地增大灯丝的电阻，从而提高电灯的照明功率。

② 爱迪生效应：一种通过热激发发射载流子的方式。该效应促进了以真空管（电子管）为代表的电子工业的蓬勃发展。

阿尔弗雷德·伯纳德·诺贝尔（Alfred Bernhard Nobel，1833—1896）

05

诺贝尔

物质和荣誉的 "两大发明者"

假设有一种人类文明在奖励设立方面的排名或评比，那诺贝尔奖肯定将名列前茅；如果论及对世界文明进程的影响，这个奖项甚至可以排到第一——它在促进世界科学进步方面所起到的作用无与伦比。

瑞典人诺贝尔一生在科学进步事业方面有两大引人注目的发明，一个是利用化学研究发明了硅藻土炸药，另一个则是"发明"了包括 3 项自然科学奖（物理学奖、化学奖、生理学或医学奖）在内的诺贝尔奖（根据诺贝尔 1895 年的遗嘱而设立的）。在后人看来，诺贝尔自然科学奖的创立可能更加伟大，因为它的激励机制对世界过去 100 多年的科学进步影响巨大，客观上统一和规划了世界的科学发展格局，激励了 20 世纪以来科学的加速进步。元素周期表中的人造元素"锘"就是以诺贝尔的名字命名的，这表达了国际科学界对他的纪念与尊敬。

诺贝尔发明的炸药可用于筑路开矿等和平建设，激励人心；也可以用于战争，摧毁人心。但按诺贝尔遗嘱设立的诺贝尔自然科学奖，其正面的激励机制就是诺贝尔本人公平的、理想主义的化身："我的明确愿望是，在颁发这些奖金的时候，对于授奖候选人的国籍丝毫不予考虑，不管他是不是斯堪的纳维亚人，只要他值得，就应该授予奖金……我在此声明，这样授予奖金是我的迫切愿望。"

鼓励人们开展科学创新与技术发明最早的奖励制度不知是从何时开始的。在世界科技史上，像诺贝尔这样一位著名的化学家和发明家，他不仅把自己的毕生精力全部贡献给科技发明事业，而且还把自己的遗产用来奖励科技事业与文明

进步中的突出贡献者，这两大"发明"集于一身似乎是前无古人的。这一奖项的实施所带来的效应是在世界科学事业中引入了竞争机制，其积极的方面是大大加快了自然科学的发展。但就像科技本身是一把双刃剑一样，这个大奖也会出现双重效应，特别是那些视野宏大的、带有革命性但暂时还看不出其实际意义的成果，可能不能及时获奖——最典型的就是像爱因斯坦相对论那样的成就。

诺贝尔一生共获得各种各样的专利 355 项，他晚年做过人造丝和人造橡胶的试验，虽然没有成功，但对后来的发明人有不少帮助。他不仅热衷于化学研究、科技发明，还多才多艺、知识丰富、兴趣广泛——他热爱文学艺术，对电学、光学、机械学、生物学、生理学也相当了解，并时常跨学科思考，把自己的研究和其他学科联系起来。他曾说过："各种科学彼此之间是有内在联系的，为了解决某一科学领域里的问题，应该借助于其他有关的科学知识。"他的这种方法堪称一种艺术。可以看出，他所设立的奖项均体现了他的热爱[1]。

通过对诺贝尔科技发明图景的了解，我们认识到，诺贝尔奖的设立和实施过程虽然并非完美无缺，但它瑕不掩瑜，并充满理想主义的正能量。特别是自然科学奖促进了全球科学的高速发展，可谓贡献巨大。可是世界上还没有哪种奖项是奖励这类设奖后作用巨大的贡献的——那就让人世间的永远铭记来褒奖他吧！

创作感言

在诺贝尔的科学肖像创作上，我将其两大"发明"在一幅画中形象地表现了出来。一个是与化学实验仪器、设备及理论专著融于一体，表明了他化学家、发明家身份的典型形象（见题图右侧）；另一个则是他创立的诺贝尔奖（以题图左上方他头顶上的奖章为标志）放射出的光辉——这一奖项巨大的精神力量对人类的影响可能胜过他发明的炸药的威力，我用光波纹路逐渐变大、波及范围逐步变广的画面，象征诺贝尔奖对科学发展的影响和作用正在不断扩大。

---

[1] 诺贝尔在 1890 年写的《拟论述的哲学反映》一文中，用 12 个标题涉猎了天下万物，具有非常深远的思想。例如，互相作用的原子、大脑思维和记忆的功能、以太和可衡量的物质、各种宗教渗透、经济和税收研究、化学新的简化体系、以新思想为基础的政府组织、爆炸学科的工作、细胞与宇宙的哲学，等等——这等宽广的视野，从他所热爱及最初设立的诺贝尔奖的广度（物理学奖、化学奖、生理学或医学奖加上文学奖、和平奖）即可看出。2015 年，在诺贝尔立下遗嘱 120 周年之际，瑞典诺贝尔博物馆展出了他的遗嘱手稿，让世人看到了一位在释放雄厚物质财富的同时也释放了丰富精神财富的伟人形象。

左：奥维尔·莱特（Orville Wright，1871—1948）

右：威尔伯·莱特（Wilbur Wright，1867—1912）

06

莱特兄弟

现代航空肇始的"比翼双飞"

如果对科技发明史中的"机器发明"的重要性和发明者的影响力排序，那么，载人飞机肯定将排在前列；而发明了人类第一架载人飞机的美国人莱特兄弟也会被排到相当靠前的位置。为什么呢？因为现在"地球村"的概念离不开人类的两大发明，一个是虚拟的"互联网"（20 世纪 60 年代发明），另一个就是 100 多年前创造发明的、实实在在能载人的飞机——飞机的发明在世界上影响有多大，无须赘述。

人类想要飞上天空的梦想自古有之，然而直到 18 世纪后期，西方人才最早通过比空气轻的热气球实现了上天飞行。进入 19 世纪，随着科技的发展，科学家和发明家们开始考虑：比空气重的东西是否也能够飞到天上，就像鸟儿在天空自由地翱翔。由于 19 世纪末、20 世纪初没有得到方便强劲的动力支持，对这一问题的研究始终没有取得突破。莱特兄弟经过多次尝试，最终通过巧妙的技术手段实现了自己的想法，他们为改进后的机翼起名"翘曲机翼[①]"，这一发现为兄弟俩日后的飞行成功乃至今天的宇宙航行奠定了基础。

今天，我们用艺术的手段来表现莱特兄弟成功的发明，那么他们为什么能成功呢？不少科技史家认为主要有两方面的原因：一是他们具有创造力、过硬的机械技能以及扎实的相关科学知识，并能将其综合应用到飞行实践中去——这种"综合应用"需要创造性的天赋；另一方面，他们自己能成为飞行员是一个逐步发展的过程，他们有着充分的思想准备，而不是像之前许多飞行先驱那样，仅仅将飞行作为富有刺激的冒险活动。在此基础上，我们还可以再加上另一点，就是"1+1 > 2"的系统论思想，即两个人的智慧和才干融合，带

来了比两个独立的个体更大的成功，他们彼此互补，以减少错误的发生并提高成功的概率——这样的例子不仅出现在科技发明的图景中，在本书中还出现于科学实验、科学思想与科学探索等众多图景中，如约里奥－居里夫妇、杨振宁和米尔斯、沃森与克里克等。

敢想敢做、意外发现、梦想成真——一系列戏剧性的创造过程在莱特兄弟的发明中体现了出来。100 多年前，他们将偌大的、可用于载人的飞机送上了天，疑惑的科学家们研究了很长时间：为什么这般形状的飞机能够上天？对于现代科学而言，很多时候，科学还处于"是什么"的境地，对于"为什么"和"怎么"，科学家还没顾得上回答[②]。莱特兄弟在实践的基础上，超前地将庞大的载人机器装置发明送入天空，不得不让人感到惊叹！

创 作 感 言

我采用了象征性的手法表现了莱特兄弟——两个智慧的发明家，眼神深远而坚毅；山峰间雄鹰展翅翱翔，如同两个象征着胜利的"V"，合起来看，又形同莱特兄弟名字英文的首字母"W"，表明了他们的胜利；图纸设计迸发于两人的思维，存在于创想与成品飞机之间；飞行轨迹处理成"S"的蜿蜒状，表明开创与研发存在着重重困难，但终被化解了。最后，飞机高飞而去，携带了两个人的亲笔签名，他们名扬天下，影响了全世界。而青绿的"双肩山峰"耸立在地平线上，大片的深蓝天空衬托着黄白色"双翼飞机"与飞行的轨迹。

---

① 翘曲机翼：1899 年，莱特兄弟制作了一只大型箱型风筝，意外地取得了很好的飞行效果。之后，哥哥突发奇想：如果改变盒子的形状，也许可以改变飞行时通过机翼的气流，从而达到提高飞行效率与倾斜转弯的目的。他们仔细地研究了前人的试验数据，再通过大量风筝、滑翔机以及风洞的试验，设计出了这种最佳的机翼剖面形状和角度，并获得了最大升力。

② 迄今为止，对升力最流行的解释是伯努利定理，但它自有不完备之处，理论上，对于飞机为什么能上天，至今也没有一个空气动力学升力方面的全面物理解释。对飞机飞行原理的解释实际上都是假设——这就引出了科学的本质问题：科学并不是始终固定不变的东西，很多都是假设，只是看哪种假设更接近真理而已。

伽利尔摩·马可尼（Guglielmo Marconi，1874—1937）

07

马可尼

灵感激发 "无线电" 信号传送

同样是通信技术手段，从某种程度上说，意大利发明家马可尼所发明的无线电，可能比美国发明家贝尔发明的电话等通信发明更为重要。在《诺贝尔物理学奖一百年》这本书中，在 1909 年诺贝尔物理学奖得主马可尼的名字下，标注了获奖原因："因在发展无线电报上所作的贡献而获奖。"

1894 年，20 岁的马可尼看到了由理论物理学家麦克斯韦电磁方程组预言的、实验物理学家赫兹先前所做的关于电磁波的实验报告。马可尼立刻被一种灵感所激发——这些电磁波也许可以用于远距离传送信号而不用电线。于是，马可尼投入了工作：第二年，他就制造出了一台无线电装置；第三年，他在英国演示了他的发明，并取得了第一个专利。此后，他很快成立了一家公司，第一封无线电报也于 1898 年发出。后来，他不断进行技术改进并获得相关专利，无线电报因此能在越来越远的距离之间发送，影响也越来越大。

新发明的重要性于 1909 年被戏剧性地展现了出来——当一艘轮船遇到撞击事故而受损并逐渐沉入海中时，无线电信号起到了求救作用，船上大多数人员因此而幸免于难。那之后，许多国家的军事要塞、海港舰船都装备了无线电通信设备——这俨然已成为全球必备的装备——无论是战争与和平，无线电收发报场面比比皆是。因此，马可尼理所当然地获得了那一年的诺贝尔物理学奖。

这里，我们需要强调一下，所有这些无线电信号都是用"–""·"系统（即莫尔斯电码）发送的（见题图上端电报机与马可尼头像间的黑白符号），所以被称为"无线电报"。实际上，声音也可能由无线电来传送，但在 1906 年以前，这

一想法一直未能实现。无线电广播在 20 世纪 20 年代初期才开始商用，但它很快就普及开来，其重要性也迅速得到提升。接下来，随着技术的发展，图像也可由无线电来传送，后来电视系统的出现水到渠成……马可尼的主要成就是发明了无线电，并把这种通信形式从试验扩展到了大规模的实际应用。

前文说过，赫兹实验证实了一系列电磁波的存在[1]，无线通信传送的信息就是由其中的微波段来完成（如现在广泛应用的手机）。而无线通信与有线通信相比，可以实现更加自由、更加快捷、无障碍的信息沟通，满足人们随时随地跟他人交流的需求——由此，无线通信是比有线通信更重要且更巧妙的发明。

利用电磁波进行通信，比人跑马拉松、快马加鞭、鸿雁传书甚至现代航空飞行传递信息要快得多；但发明它需要想象力、创造力，需要脑力与灵感予以支持。由此，马可尼的无线电发明理应更持久地留存于人类科技发明史册之中。

创作感言

如何表现马可尼的科技发明图景，这是一个问题。大家知道，无线电波在空中传播的图景被物理学家们描绘成电场与磁场分量的垂直波动（皆为"横波"）。在实际应用中，无线电信号（横波）可转换成声波（纵波）并被人听到（见题图中对角线上的横波和右上角的纵波）；我们在战争影片中都见过无线电收发报机装置和设备，相对近距离的通信不需要发射台，但马可尼当时想把无线电信号传送得更远，于是就要把发射台造得更高——有时，马可尼还用风筝实验来解决问题（见题图的右下端图景）。我特地将左下角的马可尼签名"闪电化"，以此渲染他发明的重要作用。

---

[1] 电磁波按照波长从长到短，可以分为无线电波、红外线、可见光（赤、橙、黄、绿、青、蓝、紫 7 种颜色）、紫外线、X 射线、伽马射线等。

艾伦·麦席森·图灵（Alan Mathison Turing，1912—1954）

08

图灵

一套抽象符号操作 "图灵机"

当今，世界计算机科学领域所能获得的最高荣誉——"图灵奖"是以英国数学家图灵的名字命名的。为什么叫"图灵奖"呢？它与自然科学的"诺贝尔奖"和数学界的"菲尔兹奖"等世界顶级科学奖项的诞生有异曲同工之处——都以杰出科学家的名字命名，有所不同的是，"图灵奖"并非由图灵本人所创立。

在美国著名编撰人约翰·布罗克曼编著的《过去 2000 年最伟大的发明》征集中，科学史家、《机器中的达尔文主义》一书的作者乔治·戴森选择了"通用图灵机"。这本收录有约 100 项发明的图书中，涉及计算机及其衍生发明的提名就多达七八项，可想而知，计算机的发明对当今人类社会有多大的影响。

为什么乔治·戴森的回答是通用图灵机呢？他的理由是：因为它"通用"——它不仅是我们今天运用的数字计算机的原型，而且还和数学基本原理紧密结合，与生物学的未来发展也有密切关联，并由此演绎出了人类今天已经取得巨大成就的通信形式（如互联网等）。

很多科学史家将图灵视为"现代计算机科学之父"——他于 1936 年发表的论文《论可计算数及其在判定问题上的应用》在计算机发展史上起到了重要作用。图灵举证所谓的"图灵机"（一套抽象符号的操作设备）有办法处理任何能够以算式表示的数学问题。确实，计算机当时还不存在，然而，后来计算机的发展正是基于图灵引入的通用计算机的概念——通过执行一个程序，能够计算每一个可计算函数；更确切地说，是基于从仅能够完成固定计算的专门的计算机（例如计

算器），到能够完成任何可执行计算的设备（例如计算机）的转变。

机器硬件可以根据一套抽象符号的指令进行操作[1]——这样一个模糊、直觉上的概念竟然能使得精确的、形式上的程序操作获得成功，这真是令人惊讶的发现，这是人类智力与情感上多么大的创造啊！如今全世界计算机程序员多如牛毛，但最初创造这种程序蓝图的人只有一个——那就是图灵！

图灵不单单是无有机生命力的计算机软硬件的创造者，他同时也是"模仿游戏"（"图灵鉴定"）的创造者，科学家们根据他的思想，得以更清楚地界定什么叫作"智能型"机器并判断机器是否有一天能够自行"思考"。图灵相信，"总有一天，计算机可通过编程获得能与人类竞争的智能"（源自他 1950 年发表的论文——见题图右上部文字）。人类也在竭尽全力，并且要感谢通用图灵机的现代版本（即个人计算机）的大量应用。

写到图灵发明计算机的故事，我们不免联想到艺术家凡·高，他与图灵都用短暂人生所创造的"杰作"为人类带来了长久的影响[2]。"图灵"这个中译名真是很巧妙，最初发明、发现和创造计算机的计算"图"景对于今天的人类真是"灵"验得很，一个概念驱动了数字程序操纵机器进行运作。当下我们的生活中，计算机已经无处不在。这一切，与图灵的发明不无关联。

创作感言

在科学肖像中，我赋予人物主体以金字塔式的构图，想表示图灵的发明创造像古埃及金字塔一样传承着科技文明。画面上，图灵的面庞微侧向上，他凝视远方，若有所思——那是一种深思熟虑与激情涌动相交融的神情。此外，背景中，我采用了象征着计算机核心形象的印制电路板与数字抽象符号交合渐变的图景，旨在描绘一套抽象符号操作"图灵机"的意境，并暗喻理性与感性的交融是人类创新的源泉。

---

[1] 中国珠算以算盘为工具进行数字计算，借助算盘和口诀，通过人手指拨动算珠，就可以完成高难度的计算，而计算机的操作是通过一系列算法实现的。算法是一种解决给定问题的确定的计算机指令序列，用以系统地描述解决问题的步骤。

[2] 凡·高与图灵的作品，一个给人类带来精神享受，一个给人类带来高效的实际应用。我试图模仿凡·高的作画风格（色彩明快、线条凸显、冷暖色对比强烈），以表现图灵的科技发明图景。

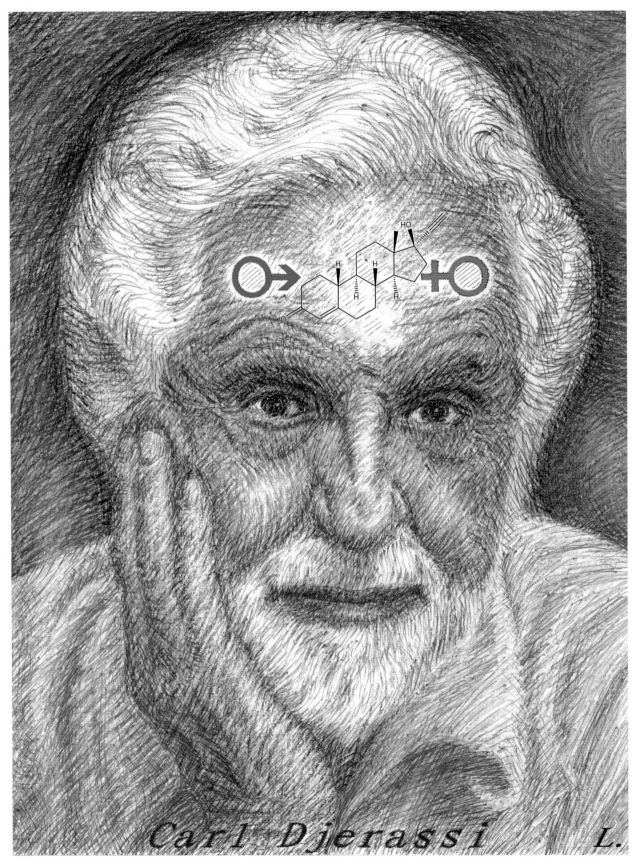

卡尔·杰拉西（Carl Djerassi，1923—2015）

09
杰拉西

自由选择生育的 "口服避孕药"

杰拉西因对新型避孕药、改进人类节育技术等方面的划时代研究和贡献，成为首位先后获得美国国家科学奖章和美国国家技术奖章的"双奖"科学家。他曾获得首届沃尔夫化学奖和美国化学界最高奖——普里斯特利奖。1999 年，他被英国《泰晤士报》评为"千年最有影响力的三十大人物"之一。

在约翰·布罗克曼所编的《过去 2000 年最伟大的发明》一书中，有多位学者、专家提名了"避孕药"，并说明了理由。其中两位女性专家的想法更值得思考，因为她们切身体会到了这项革命性发明对涉及占人类数量近一半的女性人群的生理、心理及文化具有多大意义。

其中，著有《模因机器：它们如何操纵我们，又怎样创造文明》等图书的英国作家苏珊·布莱克摩尔有她如下的思考：因为女性挣脱了无法控制的生儿育女之枷锁，意味着她们从此可以和男性一样了，"半边天"可有效地传播文化基因。和基因一样，文化基因也要争夺被复制的机会，在这个过程中，才会形成整个人类文明。这样的女性可以职业性地传播更多的文化基因——其中包括科学、艺术、发明、宗教和媒介等文化种类；换言之，避孕药会使人类文化更加健全。

而人类学教授、《平权社会中的性别》的作者玛丽亚·莱普斯基提名避孕药应当选最伟大的发明，因为它有两大革命性。首先，追溯十万年以来的人类历史，在控制生育的诸多文化的努力中，它是一次空前的巨大飞跃。避孕药和后来的避孕器具预示着，人类的一半可以控制自己的生育，从而主宰其成年的生活。其次，无论现在还是将来，人口的过快增长会威胁到人类自身；人口爆炸引发的危机在马尔萨斯的《人口论》中已有阐述，而避孕药和避孕器具的发明可以力挽狂澜。

这个革命性的发明诞生于 1951 年 10 月的一天，这一事件见证了当时世界发达国家社会结构发生的巨大变化。这个事件的意义后来随着许多发展中国家的进步也日趋显著。在墨西哥城一间小小的实验室里，杰拉西最早合成了一种激素——炔诺酮[①]。它可使育龄妇女暂时处于不受孕状态。这一天实际上就是"避孕药"的发明日，而杰拉西也因此被称为"人工避孕药之父"。避孕药的发明不仅影响了杰拉西的研究生涯，而且促使他后来以科学和艺术相交融的方式来思索人类关系的哲学问题，用他的话来说，就是："人类应该为了快乐而过性生活，而为了生育才生育。"

杰拉西与爱迪生、莱特兄弟、海蒂·拉玛和乔布斯等举世闻名的发明家都是美国发明家名人堂的成员。杰拉西善于思考并付诸实践——他很早就意识到，口服避孕药的问世将会对人类的行为产生重大改变。

创作杰拉西的科学肖像时，我想起了心理学界的弗洛伊德，他的身世、经历与爱好使其写出了《梦的解析》，精神分析学由此诞生，对现代心理学产生深远影响；而杰拉西丰富的人生经历和不同时期两性关系的变化，或可类比于"化学界的弗洛伊德"，他发明了口服避孕药，它打破了女性生育权益的枷锁，就好像一种文化和精神的符号，体现了关于女性的抗争、伦理以及生育自由的选择，让女性在社会生活方方面面的影响得以扩大。

创作感言

我在描绘杰拉西的科技发明图景时，将其科学肖像头部两侧的背景上配以象征性的男女人体曲线，以切入主题；而杰拉西的额头上出现了精子（左）和卵子（右）的科学符号，二者被炔诺酮分子结构式（仅为示意）阻隔，用以说明我们可以借助科技发明而为女性提供自己决定生育的选择权。我将精子和卵子被"炔诺酮"分子结构阻挡的图景放在主人公的前额上，是一种漫画艺术的处理方式，意在凸显杰拉西通过深度思考进行发明和研究。

---

① 这种分子的作用比较接近黄体酮（卵巢分泌的具有生物活性的主要孕激素）——炔诺酮最终被制成女性口服避孕药。

史蒂夫·乔布斯（Steve Jobs，1955—2011）

10

乔布斯

让科技与艺术联姻创造"苹果"

在人类科技和艺术史上，恐怕有好几个有名的、关于"苹果"的逸闻趣事，如果按时间顺序排列一下，具有促进科技与艺术进步重要意义的前三个的应该是：第一，牛顿的苹果——据说通过它发现了宇宙中的万有引力；第二，塞尚的苹果——采用了一套全新的"视觉语言"来看待周围的一切；第三，乔布斯的苹果——它让科技与艺术"联姻"，带来创造性的体验。

在这三个关于苹果的故事中，一个代表了科学规则的发现，一个代表艺术规则的创造，而最后一个则是对科技与艺术交融之规则的发明。最终，我们兴奋地看到：科技与艺术的融合之道正是人类文明进化巧妙而高级的路径——万物所遵循的规则最终是关联的。

其实，发明并不单单指一个实用新型事物及功能的创造，还包括外形、色彩和组合等艺术性关联设计。乔布斯那具有灵性的头脑赋予了现代电子产品以精巧的结构与功能。如果人们给爱因斯坦以"科学的艺术家"之称谓，那么，我们应给予乔布斯以"发明的艺术家"之称号——但他到底是"发明的艺术家"，还是"艺术的发明家"？这让我们产生困惑，因为他的决策与他的作品同样具有"双重性"。

1976 年 4 月 1 日（正值西方的愚人节），乔布斯与高中校友沃兹尼亚克宣布成立苹果公司，在一间废旧的车库里组装起他们的"苹果 I 型"计算机。不久，英特尔公司原来负责销售的阿马斯·马克库拉也加入其阵营，他们于次年 1 月正式注册成立苹果公司。4 月，苹果公司推出了"苹果 II 型"计算机。这种计算机包括显示器、键盘和主机，并支持多种

计算机语言，可用于商业管理、科学计算和数据处理等，而且售价还相当便宜。所以苹果 II 型计算机一面世就令整个计算机界感到震惊，订户蜂拥而至。苹果计算机的面世标志着"个人计算机"即 PC 时代的到来。

如今，几乎每家每户、每个研究室、办公桌上等都摆放着计算机，很多人还随身携带着轻便的笔记本电脑。"苹果机"在同类产品中以简洁、实用和艺术著称，而那个"被咬一口"的苹果 logo（标识、标志）辨识度极高。

1985 年，乔布斯离开苹果公司并创办了自己的 NeXT 电脑公司。此后，苹果公司的经营状况持续低迷，甚至濒临破产。但是，1996 年，乔布斯重返苹果公司，担任 CEO。从此，苹果公司打出"不同凡响"的口号——在其所涉足的领域，乔布斯都留下了革命性的、科技创新的印迹[①]——那绝对是科技与艺术融合创新的产品。

曾说过要"用一个苹果震惊巴黎"的塞尚，不辞辛劳地给传统油画的光线、阴影、线条和透视关系换上了一套全新的视觉词汇。是他把油画本身变成了一个简化了的"现实"，一个在他看来既古典又超前的现实，如同数学中直觉性的表达。乔布斯也是如此——他以科技与艺术交融的视角看待苹果系列的电子产品大家庭，并用另一个颇具后现代感的、使人印象深刻的"苹果"震惊和影响了全世界。

创作感言

我在创作乔布斯的科技发明图景时，大胆地模仿了塞尚式的画法，不用单一、固定的视点描绘事物，而将不同视角融合在同一幅画中，一切都像拼图一样完美地拼接在一起，将与乔布斯创造天性有关的多种简化图景进行整合——艺术家般的面相、简洁的亲笔签名与代表众多苹果创新产品的 iPad 以导线相连，"被咬了一口"的苹果设计光芒四射，作为背景衬托；我特意把乔布斯头像置于他所创造的"苹果"之中，对比强烈——用这种颇有带入感的平面构图，旨在凸显他为这个后来享誉世界的品牌付出的巨大努力。

---

① 乔布斯重返苹果公司担任 CEO 后，推出了 iMac、iPod、iPhone、iPad 等一系列让人刮目相看、耳目一新的产品，苹果公司再次成为行业的引领者。凭借这一系列创新产品，苹果公司重新走出危局，业绩屡创新高，并引领全球手机、通信娱乐、计算机等行业，进行了里程碑式的变革。这一切验证了乔布斯对"数字生活时代"的预见：个人计算机就是为许多改变我们生活方式的更为精巧的小玩意——音乐播放器、蜂窝电话、掌上电脑等配备的一个接口。

7

146 ~ 167

科学探索图景

科学探索是指对自然未知部分的探索性发掘。它与科学探险虽只有一字之差，但却有不同的含义。现在比较热门的领域有：以星际探索、地球自身空间探索为代表的空间探索，以地外文明探索、史前文明探索为代表的文明探索，以考古、考据为代表的历史性探索，以人类学研究为代表的人类文化探索，以人类意识和思维形成为代表的脑科学探索和以宇宙大爆炸前探索、多重宇宙探索为代表的宇宙探索，等等。本章描绘了 10 幅科学人物肖像，并解析其所凸显的科学探索图景。

威廉·哈维（William Harvey，1578—1657）

01

哈维

假说 + 实验探索 "血液循环"

文艺复兴之后，不论是对外部世界还是对内部世界[①]的探索，欧洲科学家中都出现了一批既能提出理论假说，又能动手实验，还能撰文出书的人物——这种做法似乎也成为这些伟大智者的探索模式。其中，完成内部世界整体图景探索的一个标志便是英国生理学家哈维提出的人体"血液循环"理论——呈现他于 1628 年出版的《心血运动论》中。

此书堪称现代生理学开始阶段最重要的著作，因此哈维也被誉为"现代生理学之父"。他是第一个用简单观察结果辅助提出实验方法论及量化生理的人。《心血运动论》的重要性不在于有什么直接的应用，而在于它提供了理解整个人体如何工作的生理学基础。事实上，它应该是现代生理学的起点，但当时由于哈维挑衅了伽林的权威[②]，争议一直持续了大约 10 年的时间。虽然哈维的理论在开始时遭遇了激烈的反对，但在他去世时已得到普遍的承认——在这一点上，之前的哥白尼学说与之后的孟德尔学说就没有那么好的历史条件和运气了。

《心血运动论》中提出这样一个定量的假说[③]，即血液开始是由心脏往一个方向泵送，穿过一个封闭的系统，从动脉至静脉，而后又回到心脏。哈维的理论基础是建立在解剖和生理实验上的，其对象是各种各样的动物以及尸体。解决这个谜题的关键在于他的观察结论——静脉血管中的瓣膜只能允许血液往单一方向流动（就像现在的管道系统上的单向阀），即流向心脏方向。

哈维在书中清楚地指出动脉促使血液离开心脏，而静脉将血液送回心脏。由于当时还没有用显微镜来观察的条件，哈维无法看到毛细血管[④]。但就在这种情况下，哈维正确地推断出了它们的存在。他还特别指出，心脏的功能是将血液泵入动脉。这一观点完全正确。另外，他还提供了大量的实验证据，用这些证据详细论证支持他的理论假设。

哈维是一个细心的观察者，他在胚胎学方面做了一些工作。他的著作《论动物的生殖》于 1651 年出版，标志着现代胚胎学研究的开始。另外，他还正确地断言一个胚胎的最终结构是逐渐发展而成的——现在这已成为生理学常识。

哈维的一生很成功，还充满趣闻。1598 年，他曾到意大利的帕多瓦大学学习医学（帕多瓦大学可能是当时世界上最好的学院之一。那之前 100 多年，哥白尼也曾到这所大学学习过——追根溯源，这些从外部世界和内部世界探索科学图景的科学家中，许多都是这所大学培育出来的）。当时，这所大学因为伽利略任教而闻名。1602 年，哈维在帕多瓦大学获得医学博士学位，之后回到英国建立起了血液循环论。

创作感言

我创作的哈维科学肖像，虽然没有反映出《心血运动论》著作的形象，不过，位于右上方的正是其著作中插入的血液循环整体放大示意图和小臂动静脉血管标记说明。从题图中，我用哈维那个时代的英式须发、穿戴及场景设置，呈现他俨然是一位受人尊敬的宫廷医生和生理学探寻者，探索着人类内部世界的一种整体图景。

---

① 外部世界包括自然的属性与结构、宇宙演化和数学等；而内部世界包括遗传进化和人体结构、大脑与意识等。

② 伽林关于血液流动的所谓权威论述在哈维之前约 1400 年问世，直至哈维的时代，所有的科学界及医学界权威都将其当作学术信条。伽林认为，血液源自肝脏，自食物中成形，而后它由隐形的小孔流经心脏的两个下方腔室，作为营养物给机体器官消耗。

③ 哈维首先采用简单算术的方法来计算血液的流量，并形成了血液循环的概念。之后，他花了整整 9 年时间进行实验验证，并仔细观察分析，以确定血液循环定量假说的细节表述。

④ 毛细血管是将血液从最小的动脉输送到静脉的细小血管——毛细血管微循环现象在哈维逝世后几年，于 1661 年由意大利生物学家马尔皮基发现。

本杰明·富兰克林（Benjamin Franklin，1706—1790）

02

富兰克林

用 "风筝实验" 探索电学世界

如果在世界历史范围内选出一位，既是杰出的政治家，又是贡献巨大的科学家和发明家的话，恐怕没有人比美国独立之初的卓越人物富兰克林更合适的了。

历史上，曾经有过这样一些大政治家，他们在位期间，所在国家的科学技术得到了快速发展，甚至有惊人的科技创举。但他们本身并不是科学技术专家，不做具体的科学研究。可是他们利用其政治权利鼓励科技发展，并给予足够的财政支持与发展空间……富兰克林不仅是一位政治家，他还将具体科学探索与技术发明做到了十分精细的程度，而且做出了大成就。

富兰克林对电学孜孜不倦的探索以及对自然闪电长期痴迷的研究，使他在 1752 年突然产生了一个用风筝做电学实验的想法，也就是传说中的 "风筝实验"①——他将事先做好的风筝放飞到空中，并试图在电闪雷鸣时，通过被淋湿的风筝线将云层中的电荷传送下来并进行收集，第一次证明了闪电也是一种电现象。他长期从事电学研究，并对电的本质有深刻理解，后来发明了避雷针②（见题图右上侧图景）。

1747 年，富兰克林在给英国科学家写信讨论有关电学的问题时，创建并使用了一些标准电学研究术语，例如 "正电" "负电" 等；而在寄给英国皇家学会的 5 封具有探索性发现的书信中，富兰克林阐述了正确研究电学现象的基础理论。他是世界上第一个使用 "充电" "放电" 等概念术语表示电荷性质的科学家。此外，他还首先意识到电荷不能被人为创造出来，只能从一个地方转移到另一个地方。

1749 年之后，富兰克林将更多的时间花在科学探索和研究上。比如，他致力于光学研究并最终发明了双焦距眼镜。虽然在当时可能还有其他人也独立发明了类似的眼镜，但是富兰克林的发明却更胜一筹。他设计的双焦距眼镜使用了分光镜，既能看清楚近处（如方便阅读）又能看清楚远处的事物（如远眺风景），一副眼镜就能实现之前两副眼镜的效果（见题图左下侧的眼镜）。

富兰克林不仅热衷于科学探索，作为政治家，他还特别热衷于用科技为公众服务。1757 到 1775 年，他频繁游走于欧洲和美国之间。他多次远赴英国、法国谈判，尽力争取欧洲对美国独立战争的支援。在此期间，富兰克林仍然兼顾着科学研究工作，他注意到发源于墨西哥湾的一股温暖海流穿越大西洋流向欧洲，成为世界上第一位系统地探索洋流的科学家③。

面对像富兰克林这样一位极其少有的兼具科技与政治成就的伟大人物，我们不禁想到了科技和艺术兼备的大人物达·芬奇。现在进行跨界探索的人物可能有一些，但两方面均有巨大贡献的人却凤毛麟角。富兰克林为我们树立了一个 "鱼和熊掌可以兼得" 的榜样。

创作感言

面对像富兰克林这样的杰出人物，我首先选择了他在 100 美元纸币上的形象作为画面主体——其稳重的形象表明他是一位实干家。同时我还选择了他的 6 项代表性研究和发明的图画围绕着人物主体，整体上体现了他运用发散性思维进行探索。其中，左上角的电学 "风筝实验" 画面已为大家所熟知。背景中所涉及的探索与发明内容十分广泛。蓝黑夜色用于凸显电学实验与避雷图景的效果。

---

① 经后人实验，这个故事违背了科学常识，夸大且失实，请勿模仿。富兰克林可能做过风筝实验，但肯定不会跟传说中的一模一样。

② 在建筑物频受雷击的时代，这是一个很受关注的研究课题。避雷针是富兰克林最知名的科技发明之一，它将一根细长的金属尖状物与大地相连接，利用金属的尖端放电，使云层中所带的电荷与地面上的电荷逐渐中和，从而避免或减少雷电对人类生活所造成的危害。

③ 富兰克林于 1786 年绘制了洋流图，他虽然没有找到海流的来龙去脉，但根据他的这个发现，人们利用海流，让海上航行速度大大加快，由此海上邮政服务的时间也大大缩短。

自然系统

卡尔·林奈（Carl Linnaeus，1707—1778）

整地为自然编写名录。

分类法可以追溯到古希腊时期。亚里士多德根据繁殖方式来为动物分类，而有的学者根据用途和培育方式来为植物分类。到了 18 世纪，林奈主要关注对生物的命名和分类[3]。在林奈所处的时代，他的分类法对博物学研究具有重要意义，因为西方人（主要是欧洲人）每年都会遇到成千上万种动植物新种，如果没有一套简明有效的分类和命名系统，那将会出现一片混乱。

林奈也从相关的医学中获得了一些博物学知识——医学涉及研习解剖、生理学和药用植物学，与博物学有所关联。他与同年出生的法国博物学家布丰都相信自然分类秩序支配着世间一切。他们从不同角度进行的研究共同为近代博物学奠定了基础。

03

林奈

探索生物秩序的"自然分类"

现代科学是建立在大自然的秩序之上的。如果大自然本身就不存在秩序，那自然科学体系也就失去了创建的根基。比如，现代生物分类体系[1]的基础就是自然生物的系统发生学，这种学说整合和归纳了生物（包括现存生物和已灭绝生物）之间的关系。

1735 年，瑞典植物分类学家林奈在第一版的《自然系统》中为植物、动物和矿物进行科学命名，并提出了一种新的分类方法，进而发展成了一种双名法[2]（后来他又扩展了其命名原则，并在 1753 年的《植物种志》一书中使用了这些原则，此书记录了当时所有已知的植物种类）。其中最具原创性、最有影响力的部分包括一套植物分类学体系——这是林奈创造的一套极妙、极简单的等级体系（见题图林奈头部周围的图示）。

在《自然系统》中，他创建了一个他相信会给博物学带来秩序的分类体系，他认为这一体系至关重要。在开篇中，他这样写道："智慧的第一步是认识事物本身……这一观念在于正确认识对象；而对象是通过系统地分类并恰当地命名来被区分、被了解的。因此，分类和命名将是我们科学的基础。"

对林奈而言，为大自然创造的丰富多彩且不同类别的生物命名及排序，将研究自然形态和万物起源联系在了一起。从林奈的秩序观念中可以看出，他将世界看作一个平衡而和谐的体系，他认为分类可以反映这种和谐。林奈在他后来的著作中，还描述了自然的一种总体平衡。每一种植物和动物都占据了生命之网中的一个特殊位置，并协助维持这一网络的平衡。由此，林奈强调自然的丰富性，他致力于尽可能完

创作感言

我创作林奈的科学肖像时，以象征着大自然的色彩代表其最具原创性、最有影响力的成就[包括一套植物性分类体系（环绕在林奈周围的植物类别）]。林奈安静而又智慧的、具有洞察力的眼神，手下的代表作，意在呈现他提出的自然生物分类法具有简洁而独到的特点。

---

① 分类体系有两大类：人工的和自然的。人工体系是一种组织、检索信息的方式，它并不对该体系所界定、排序的组群之间的真实或实际关系下结论。林奈因他提出的性分类体系而声名显赫。他基于花朵雄蕊的数目、位置或关系（比如，具有 4 个长雄蕊和 2 个短雄蕊）将植物分成 24 个纲。前 11 个纲是按雄蕊的数目区分的。

② 林奈首先为植物和动物指定了拉丁名，采用双名法，由属名与种名组成，这使得每一种生物体都有独特的名称，人们至今仍然在沿用这个系统。比如说，犬属包括亲缘关系密切的狗、狼和郊狼，每一种成员都有一个种名。林奈分类法的最高级别是界——他只归纳出了动物界和植物界。

③ 在自然界中，我们通常会用俗名来指称植物和鸟，但是这一类名称很容易产生误导——小龙虾、海星、鳖鱼和海蜇的英文名中都包含"fish"（鱼），但它们都不是鱼，而且彼此毫无关系。近代生物学分类所采用的林奈科学分类法根据生物体的身体特征和推定的自然关系，清楚地将它们分为不同的类别。

康斯坦丁·齐奥尔科夫斯基（Konstantin Tsiolkovsky，1857—1935）

04

齐奥尔科夫斯基

宇航历史上的"超时代探索"

尼加拉瓜"改变世界面貌的 10 个数学公式"系列邮票中，第 7 枚上的图案是齐奥尔科夫斯基提出的"火箭方程"，又称齐奥尔科夫斯基公式，该公式给出了火箭在燃料燃烧过程中的速度（见题图右上角的公式），也可写成 $\Delta v = v_e \ln(m_0/m_1)$。

如果将人类宇宙航行史上的几位"先驱"按时间排列的话——从幻想到理论，再到实践的三部曲，主要是由法国的凡尔纳等人、苏联的齐奥尔科夫斯基、美国的戈达德等人相继完成的（他们的人生在 19 世纪末有时间上的交集），其中，齐奥尔科夫斯基应算作宇航理论的先驱——他处于承上启下的重要探索阶段——是他独立奋斗，找到了一把开启太空大门的钥匙，并为人类描绘了未来航天事业的壮美图景："地球是人类的摇篮，但人类不可能永远被束缚在摇篮里。它首先小心翼翼地探索大气层的边缘，然后把控制和干预能力扩展到整个太阳系。"

19 世纪末 20 世纪初，凡尔纳和威尔斯等幻想登月的故事在全世界广为流传，迷住了无数对宇宙航行和太空图景充满好奇的人，齐奥尔科夫斯基也在其中。可以说，他是将宇宙航行从科学幻想转变成科学理论的第一人，其论文《利用喷气装置探测宇宙空间》就是把凡尔纳的科幻小说《从地球到月球》变为现实的第一步探索，他由此得到了"宇航之父"的美誉。

作为现代航天学和火箭理论的奠基人，齐奥尔科夫斯基主要是靠自学掌握知识的，他进行了大量的思考和研究。他的有关多级火箭的可行性和采取流线型设计的必要性论证、用煤油加液态氧的液体燃料代替固体燃料作为火箭推进剂的结构设计，以及作为宇航基本公式的"火箭方程"等，都是独立思考研究出来的；而且，用他自己的话说，"我常常发明或发现一些早已被人所知的东西"。在牛顿的绝对时空观广为人知的时代，爱因斯坦对其发起挑战，提出了相对论，齐奥尔科夫斯基的研究过程与此大同小异。

1881 年，还是一名中学年轻教师的齐奥尔科夫斯基开始自己琢磨气体的分子运动理论。两年后，他在一篇题为《自由空间》的文章中首次提出一种利用对空气反作用的装置，并思考用它来作为太空旅行工具推进动力的可能性，继而规划在引力弱、无空气阻力的宇宙空间惯性飞行的设想[1]，这为他赢得了作为"点燃天火"的宇航先驱者的声望。齐奥尔科夫斯基看到了他的理论概念体系[2]被大量用于后续的航天实践中。在他逝世 20 多年后，苏联政府在他百年诞辰这一年（1957 年）发射了世界上第一颗人造地球卫星，以此作为对他最隆重的纪念。

任何"大"科学最初诞生时，都是在于个别人的"小"探索——如人类大规模的宇航事业最初只是个别人在犄角旮旯里的孤军奋战。齐奥尔科夫斯基所做的，就是具体设计和规划了相关概念和技术蓝图，后来的人们还真的沿着这些设计去实施并取得了成功……

创作感言

面对齐奥尔科夫斯基这样一位在宇航科学上提出了一系列基础理论、概念框架和技术细节，但并不是科班出身的大师，我采用了如下关于他的肖像创作方式：以金字塔般的形象构图，让当时苏联典型的大胡子男人思考像作为画面主体，"火箭方程"从他手指大脑处渐渐发出并放大升空；他就像一只被同时代同胞、文学大师高尔基赞誉的海燕，思维驰骋，携着飞船手绘草图（见题图中段右侧），与蓝天融为一体。左侧犹如火箭挣脱地球引力飞向太空的各种飞行器轨迹象征着不同的飞行方向和距离，如飞向月球、火星与金星的，还有飞出太阳系、飞向外太空的，等等。

---

[1] 齐奥尔科夫斯基画出了飞船的草图，把飞船设想成一个贮有压缩气体的大桶，当把桶的一端打开后，强烈的压缩空气便不断喷射出来，由此产生的巨大推力使飞船不断向前运动。1897 年，他推导出了著名的"火箭方程"，这意味着，他找到了一把开启太空大门的钥匙。从 1903 年开始，齐奥尔科夫斯基较完整地描述了关于火箭技术的理论。

[2] 齐奥尔科夫斯基所构想的太空飞行（包括载人太空飞行目标），都是在他的祖国率先被实现的；而他在宇航方面的大部分理论、概念和预言也已变成了现实——是他首次提出了空间站的设想与概念，而苏联也于 1986 年发射升空"和平号"空间站（世界上第一个多舱空间站）。他的那些超前理论探索，后来逐渐被宇航实践所验证。

马克斯·普朗克（Max Planck，1858—1947）

05

普朗克

大胆假设探索微观"量子理论"

爱因斯坦在《探索的动机》（1918年4月在柏林物理学会举办的普朗克60周岁生日庆祝会上的讲话）中说道："我们看到，普朗克就是因此而专心致志于这门科学中的最普遍的问题，而不使自己分心于比较愉快的和容易达到的目标上去……祝愿他对科学的热爱继续照亮他未来的道路，并引导他去解决今天物理学中的最重要的问题，这问题是他自己提出来的，并且为了解决这问题他已经做了很多工作。"

1900年12月，德国理论物理学家普朗克因其大胆的假设而震撼了科学界：黑体辐射的能量不是连续的，而是一份一份的能量团块，他称之为"量子"。普朗克的假设与电磁波经典理论相矛盾，因此，他的量子理论[①]假设可以说标志着量子力学的革命性开端，并使我们更加深刻地理解物质和辐射的性质——一切物质和辐射的微观基础形态都是量子化的。

当时的普朗克对黑体辐射非常感兴趣。黑体辐射是指绝对黑体[②]发出的电磁辐射，它比同温度下任何其他物体发出的电磁辐射都强（实验物理学家们已经仔细地测量过由这种物体发出的辐射）。普朗克最初给出了一个相当复杂但正确描述了黑体辐射的代数公式。这个公式完美地总结了实验数据。但是有一个问题——它与当时已知物理学定律预言的公式完全不一样——究竟谁对谁错？

就这一问题，普朗克进行了深入的思考，最后提出了一个全新的理论假设（就是上面所说的量子理论）。虽然普朗克的假说与当时流行的物理学概念截然不同，但他运用这一假说发现了一个在理论上很精确的、关于黑体辐射的正确公式。普朗克以作风严谨、实事求是而著称，不然，他提出的具有如此革命性的假说可能会被当成一种疯狂的思想而遭到抵触。尽管该假说听起来很离谱，但这个奇特的想法确实让他推导出了正确的公式。

开始时，包括普朗克本人在内的大多数物理学家都把这个假说看作一种仅仅是为方便而做出的数学假设。但几年后的事实表明，普朗克提出的量子概念除了可应用于黑体辐射外，还可以应用于许多物理现象中[③]。到海森伯、薛定谔和狄拉克时期，量子理论已成为他们建立量子力学的坚实的理论基础。量子力学的发展可能是20世纪最重要的科学发展之一，在微观世界，它甚至比爱因斯坦的相对论应用得还要广泛。而普朗克常数 h [④]，在物理学理论中扮演了非常重要的角色，它的重要性，可以与牛顿力学中的 G（引力常数）和爱因斯坦相对论中的 c（光速）等相当。

普朗克被普遍认为是量子理论的创立者或"量子力学之父"。尽管在后来量子力学理论的发展中，他起的作用并不大，但最初由他带来的量子理论概念性的突破意义重大。普朗克让传统的物理学观念产生了跳跃性的变革，使他的后继者们能够构造出我们今天看到的更加深入、运用广泛的理论。

创 作 感 言

我在科学肖像中运用了大胆的描绘——将量子公式"辐射"穿过主人公冷静而深邃的双眼，意在强调这一革命性的物理理论是由普朗克探索发现的。而他聪明绝顶的头脑深深影响了物理学的世界。图中呈现的普朗克常数的符号与数值体现了微观世界的量子化与普朗克的科学标签。

---

① 量子理论是量子力学的概念先导，它指的是辐射能只能以一种基本单位的整倍数形式释放出来。普朗克称这一基本单位为量子。根据普朗克的量子理论，一个光量子的能量大小由光的频率决定（如由可见光的颜色决定）；它还与一个物理量成比例，普朗克把这个物理量用 h 表示，现在它被称为"普朗克常数"。

② 绝对黑体是在任何温度下对任何波长的辐射能的吸收率都等于1的物体，它体现了一种理想的模型。

③ 爱因斯坦在1905年运用这一概念解释了光电效应；玻尔1913年将这一概念用于他的原子结构理论中，两人因此都荣获了诺贝尔奖。而之后的1918年，普朗克因发现能量子获得了诺贝尔物理学奖。事实表明量子理论相当重要且应用广泛。

④ 普朗克常数 h 在物理学理论中扮演了非常重要的角色。它现在是几个最重要的物理学常数之一——出现在原子结构学说、海森伯的测不准原理、辐射理论以及其他许多科学公式中。而普朗克最初计算的常数值与今天用的（见题图中的数值）相差不到2%。

阿尔弗雷德·魏格纳（Alfred Wegener，1880—1930）

06

魏格纳

形象思维探索 "大陆漂移说"

德国地质学家、气象学家、探险家魏格纳是"大陆漂移说"的创立者，被世人称为"大陆漂移假说之父"。"泛大陆[①]"是他由形象思维激发并通过探索提出的一个古地质学概念（见题图中魏格纳所穿西服上所呈现的"泛大陆拼图"）。

1910年的一天，年轻的魏格纳由于身体欠佳，躺在病床上。无意中，他的目光落在墙上的一幅世界地图上。他发现，大西洋两岸的大陆轮廓，特别是巴西东端的直角凸出部分，与非洲西岸向大陆直角内凹的几内亚湾的轮廓，竟如此吻合。自此往南，巴西海岸每一个突出部分，恰好对应非洲西岸同样内凹形状的海湾；反之亦然。

难道是偶然的巧合？这位青年科学家的脑海里突然掠过这样一个念头：非洲大陆与南美洲大陆是不是曾经在一起？换句话说，从前它们之间没有大西洋，而是由于地球自转，原始大陆分裂、漂移，才形成如今海陆分布的情况？这显然是一个形象思维丰富的人以一定的逻辑推理能力给出的推断。但是，要让它上升为科学理论，还需要大量系统的实验论证，并且要提出其动力学机制。一个好的开始往往是成功的一半。第二年，魏格纳便开始搜集资料，旨在验证自己的设想。

早在1620年，英国哲学家弗朗西斯·培根就在地图前观察到了这一点。但他不是一名科学家，没有试图去寻找证据证实两个大陆曾经是相连的。在培根之前的人们没有想到这一点是情有可原的，因为哥伦布在1492年才发现了美洲，当时的地图错误百出，只是到了培根生活的时代，地图上大西洋的海岸线才逐步绘制得符合实际。但培根之后近300年的

时间里，仍没有一个科学家认真提到过这一问题。

对于大陆漂移假说，魏格纳做了一个很浅显的比喻：如果两片撕碎了的报纸按其参差不齐的毛边可以拼接起来，且上面的印刷文字也可以相互拼接，我们就不得不承认，这两片破报纸是由完整的一张报纸撕开的。除了大西洋两岸的各种证据，魏格纳还在非洲和印度、澳大利亚等大陆之间，发现了地层构造之间的联系，而这种联系都限于中生代之前（即2.5亿年以前）的地层构造。最终，创立大陆漂移说的荣誉落到了魏格纳身上。

冒险探索和获得真理往往相辅相成。科学假说的提出从来都是属于勇敢者的探索。魏格纳的"冒险"不但体现在他到格陵兰岛从事气象和冰川的科学探险上，而且体现在他提出"大陆漂移说"的假设与求证上——这是一种敢于并善于科学探索的人物的品质。他努力探寻地球物理学、地理学、气象学及地质学之间的综合关联，并进行事实归纳。在人们习惯用流行的理论解释事实时，他有勇气打破旧有框架并提出新理论假说。后人认为魏格纳的学说呈现出了超越时代的理念。

创作感言

在创作魏格纳科学肖像的过程中，我不禁思考，是什么让他既观察到上述地理现象，产生疑问，进而提出假说，后续还一步步地去求证，直至最终得出大陆漂移的结论呢？或许，是他的探索。肖像画中，他身着的西装上的图形里，"红领结"部分代表他魂牵梦绕的格陵兰岛，"泛大陆"周围被一个超级大洋所包围，背景则是他倡导的大陆漂移说的动态图景。

---

① 泛大陆：1915年，魏格纳的《大陆和海洋的形成》问世，"大陆漂移说"作为一个大胆的科学假说受到广泛重视。在这本不朽的著作中，魏格纳根据拟合大陆的外形、古气候学、古生物学、地质学、古地极迁移等大量证据，提出中生代地球表面存在一个"泛大陆"，这个超级大陆后来分裂了，经过2亿多年的漂移，形成现在的海洋和陆地。一系列的事实与数据说明：早期的世界，非洲和南美洲相对海岸线"锯齿状拟合"。1801年，洪堡及其同时代的科学家们提出，大西洋两岸的海岸线和岩石很相似。而魏格纳首先提出，应该用大陆坡边缘进行大陆拟合。接着凯里证明，两个大陆的外形在海面以下2000米等深线几乎完全可以拟合。后来，布拉德等人借助计算机运算，发现无论用1000米还是2000米等深线拟合，结果差别不大。复原拟合证明，各大陆可以通过复原形成一个超级大陆，即魏格纳所命名的"泛大陆"。

尼尔斯·玻尔（Niels Bohr，1885—1962）

07

玻尔

构建原子"量子化"结构模型

爱因斯坦曾与玻尔就量子力学是否完备进行过旷日持久的讨论，最终也没有结论。他这样评价玻尔："他就像一个永远的探索者那样提出自己的观点，而不是像一个确信自己已经掌握了确定真理的人那样。"

玻尔在丹麦哥本哈根完成他的博士学位之后，经过一番周折，来到英国曼彻斯特与卢瑟福共事。在那里，玻尔重新审视了卢瑟福的原子模型，该模型认为带负电荷的电子围绕着中心带正电荷的原子核运动，但该模型并没有一个能使电子运动轨道稳定的机制。于是，玻尔就提出电子是在一些规定轨道上运行的，且每个轨道都有着特定的能级。如果增加能量，电子就会跃迁到能级更高的轨道上；反之，如果释放能量，电子就会跌落至能级较低的轨道上。这就意味着，电子不会存在于这些确定能级的轨道之间。

电子轨道的"量子化[①]"探索不仅符合普朗克提出的量子理论，而且还具有两大优点：它解释了为何原子总是辐射或吸收特定频率的电磁波，同时也解释了原子为何如此稳定。玻尔的大胆和谨慎推动了他的研究；他不但对隐秘的结构有一种直觉般的理解力，同时还有一种强有力的判断力。他具有关于微观物理的丰富知识，始终坚定地遵循量子基本原理。

影响科学大概有两种方法，一是做一个有贡献的科学家，二是号召和组织众多优秀人物，集体成为科学进步的推动者。玻尔同时做到了这两点——他在自己的作品中，不但提出了一种关于原子的量子化结构解释，为量子力学的诞生贡献了智慧和力量，而且在 20 世纪 20 年代推动丹麦首都哥本哈根成为世界理论物理学的研究中心——来访者中有大名鼎鼎的薛定谔、海森伯、狄拉克、泡利和玻恩，他们后来都成为诺贝尔奖得主。

通过量子化条件的引入，玻尔首先提出了自己的模型并解释了氢原子光谱的原理，而后又提出"互补原理[②]"和哥本哈根诠释来解释量子力学，从而成为"哥本哈根学派"的创始人，对 20 世纪物理学的发展有着深远的影响。1922 年，他因为原子结构和原子辐射的研究而获得诺贝尔物理学奖。

玻尔被称为"原子结构学说之父"。量子力学起源于原子结构的研究，并突破了经典理论，在解释光谱分布的经验规律方面有着意外的成功。这与玻尔酷爱立体主义画派等抽象艺术似乎有所关联。他甚至还亲自从事过这方面的创作。试想，有哪一位曾创造过伟大业绩的科学家没有广泛的兴趣和广博的知识呢？玻尔酷爱毕加索等人创造的立体主义绘画，从中获得灵感——他开始认识到，那些看不见的原子世界内部，其实是一个立体主义结构的世界图景，就像一幅被分解了的主题作品一样——它以什么形式出现，取决于你观看它的方式。玻尔与哥白尼、伽利略、牛顿、达尔文和巴斯德等人一样，熟悉具有空间性的造型艺术，特别是绘画和雕塑，他的原子结构图景也反映了这种对空间的理解。

创作感言

科学肖像中，叼着烟斗思考的玻尔，就像是在黑暗中打开探照灯的观察者，与量子化的原子结构模型图之间的联系是我想重点突出的——物体辐射是电子从较高能级轨道向较低能级轨道跃迁所产生的结果（如画中示意图及方程所示）。右下角是这位探索原子立体主义结构的"赏画者"的签名。

---

① 在物理学中，量子化是一种从经典场论建构量子场论的方式。使用这种方式，时常可以直接地将经典力学里的理论量身打造成崭新的量子力学理论。玻尔创建的原子结构就是最早量子化模型的实例。

② 玻尔的学生海森伯曾在 1927 年提出了微观领域中的测不准关系，即任何一个粒子的位置和动量不可能同时被精确测量，若要准确测量其中一个，另一个就完全测不准。玻尔敏锐地意识到其经典概念的局限性，他以之为基础，提出了"互补原理"，认为在量子世界里总是存在互相排斥的两套经典特征，正是它们的互补构成了量子力学的基本特征。

李四光（1889—1971）

08
李四光

支撑中国脊梁的 "地质力学"

2009 年 10 月 4 日，经国际天文学联合会小天体提名委员会批准，中国科学院和国家天文台把一颗小行星命名为 "李四光星"。我国著名地质学家、教育家李四光是地质力学①的创立者，是中国现代地球科学和地质事业的主要领导者和奠基人之一，为新中国的发展做出了卓越贡献。

长期以来，中国被认为是一个贫油的国家。而李四光用其所创立的地质力学作指引，在为国家找到大型油田上做出了巨大贡献。正是在仔细分析了我国的地质条件后，他深信在我国辽阔的疆域内，石油资源的蕴藏量应当是丰富的，关键是要抓紧做好石油地质勘探工作。特别是在东北平原、华北平原寻找油田先后取得突破之后，他更加坚定了我国具有丰富的石油资源的信心，指出新华夏构造体系沉降带找油的理论是可靠的。

早年，李四光就对蜓科化石及其地质分层的意义有过深入的研究，提出了中国东部第四纪冰川的存在，构建了新的边缘学科——地质力学，提出了 "构造体系" 的概念，创立了地质力学学派；提出新华夏构造体系 3 个沉降带有广阔找油远景的认识，并开创了活动构造研究与地应力观测相结合预报地震的途径。

而作为国家原子能委员会主席，李四光还为中国原子弹和氢弹的成功研制做出了突出贡献——他在强调地质构造规律的研究时提出："关键要把对构造规律的研究与辐射测量结合起来。" 遵循他的思路，我国地质勘探者们经过艰苦工作，找到了特大型铀矿床（元素铀是发展核能事业的必要原料）。到 20 世纪 50 年代末，中国发现了一系列铀矿床，铀产量保证了中国核工业发展的需要。

16 岁时，李四光就立志以振兴国家为己任。他先是去日本学习造船，不久后又远渡重洋去英国学习，想再次寻找科学救国的出路——当时，他深知祖国要富强就必须拥有充足的矿产资源，于是献身地质科学。后来，李四光毕业于英国伯明翰大学，其代表作有《地质力学之基础与方法》《地质力学概论》等。

在英国留学的 7 年中，李四光游历了古老的欧洲大陆。他先学采矿，后习地质学，毕业时获得自然科学硕士学位；1931 年，获得伯明翰大学自然科学博士学位。学习之余，他以拉小提琴为乐，后来又以乐曲的形式抒发自己的情怀和抱负，写下了一首小提琴曲《行路难》——这是中国人自己创作的第一首小提琴独奏曲。最可贵的是乐曲的立意深邃：行路难——这在当时的确是中国知识分子苦难历程的一个艺术写照。

艺术有时候是解开科学难题之锁的那把钥匙——这钥匙很多著名科学家都用过，李四光在科学探索中也用上了。他奏出了一首首属于中国的 "地质之歌"，帮助 "油气贫瘠" 的祖国找到了大型油田与特大型铀矿。留学英国时，李四光不但写下了《行路难》，其后更用多样性的地质贡献为古老而又崭新的新中国谱写了一首永载史册的地质交响乐，使自己成为一位让地质力学 "四" 面 "光" 明的 "讴歌者"。

创作感言

如要反映李四光的地质学图景，有几样东西是不可缺少的：地球仪、地图、放大镜、地质标本和地质类图书等。我在创作李四光的科学肖像时选择了几样——他手拿地球仪并手持摊开的学术著作，微笑地注视着远方。以他倾注毕生精力的中国东部版图和像受力不均的山堆一样的图书作为背景衬托；而比书山更高的则是他那头脑形成的智慧高峰——书本知识辅佐他，探索性地攀登地质学高峰只有不畏艰险才能做到。左侧的《地质力学》著作象征着他创立的最大的理论成果。

---

① 20 世纪 20 年代中叶，有关大陆运动起源的讨论正值高潮，李四光发表了《地球表面形象变迁之主因》一文，提出了 "大陆车阀" 自动控制地球自转速度变化作用的假说。地质学中的一个新的理论体系——地质力学就从这里萌芽了。李四光建立的地质力学，是把力学理论引入地质学研究，即用力学观点研究地壳构造和地壳运动规律。他认为，地球表层的各种构造现象都是地壳运动的产物。地壳在运动中存在，必然有一种力在起作用，这种力就是地应力。依据构造形迹的力学特征和组合形式，可以追索力的作用方向和方式，进而探索地壳运动的方向和起源。这是一项研究地壳运动的新方法，把力学和地质学密切结合起来，开辟了一条解决地壳构造和地壳运动问题的新途径。

弗兰克·德雷克（Frank Drake，1930—　）

09

德雷克

"德雷克方程" 探索地外文明

现代科学之所以出现在西方，有一个重要的原因是西方人具有逻辑演绎传统，并擅于将结果用精简的方程式、话语等数理性图景表达出来，即使在问题比较繁杂的情况下也是如此。1961 年，一个叫德雷克的美国天文学家计算并评估出银河系内可能存在地外文明的 7 个主要因子，并基于这些因素提出了"宇宙文明方程式"，也就是以他名字命名的"德雷克公式[①]"，后又称"绿岸公式"。本书中介绍的行星天文学家卡尔·萨根参与了方程的研究，并在其作品中进行大量描述。

目前，人类所知的宇宙文明所在地只有地球人类——为处于银河系一螺旋状支臂上的太阳系中、靠近太阳的第三大行星（地球）上孕育进化出的智慧生命。因此，兼具好奇心和想象力的人们自然而然地会想：地外文明是否存在？1960 年，在美国绿岸天文台，开始了一项名为"奥兹玛（OZMA）"的监听外星人信号的计划，而组织实施这项计划的"地外文明搜寻（SETI）"组织的创始人就是德雷克。

现在认为，太阳系由太阳及绕其运行的八大行星（按照离太阳的距离从近到远，依次为水星、金星、地球、火星、木星、土星、天王星和海王星）和一些较小的天体（卫星、彗星、小行星等）组成。八大行星中，有些行星（水星、火星、金星）的大小和成分与地球相近，有些基本上是巨大的气态球体（木星、土星、天王星、海王星）。德雷克考虑银河系内恒星的数量、恒星有行星的比例等情况时，正是参照了太阳系的情况。

银河系是一个棒旋星系，在天空呈现为一长条淡淡的光带，总质量大约是太阳质量的 1.5 万亿倍——德雷克等人进

行地外文明搜寻是基于整个银河系考虑的。他认为，任何现存的外星文明都可能比地球文明更先进，并且猜测外星人有两种途径发送信号。

一种途径是将星球作为功能极强的透镜，放大光信号和无线电信号。这种"引力透镜"足以绘制出某个遥远星系中某个星球的地形。逆向看待这项技术，利用透镜作为发射器而不是接收器，外星人就可以向整个银河系发送大量强劲的信号，并大喊道："我们就在这里！"这一点具有可行性，因为爱因斯坦的广义相对论已证明强大的引力可以导致光线弯曲，但地球人类目前还无法掌握这种技术。另一种途径可能是使用超强脉冲激光器产生的"能超过星星亮度的闪光"，类似核聚变反应堆使用的激光器。地外文明搜寻组织已开始寻找这种信号，不过目前尚无斩获。

德雷克曾说过："在广袤的宇宙中，智慧生命无处不在，这一点我很有信心。不过，找到智慧生命的难度究竟多大，还是个未知数。"这一科学探索的难度与不确定性可想而知。人类的科学勇士们就是这样，既怀揣梦想，又脚踏实地地将具体探索行动付诸实践；他们不但构想出理论目标，而且利用掌握的现有技术进行实际操作——这就是"德雷克们"科学探索的壮丽图景。

创作感言

"德雷克方程"给了人类信心，它让我们相信，地球人类在理论和情感上都可能是不孤单的。纵然宇宙那般浩渺无垠，时空之隔让每个有可能存在生命的星球成为一个个"孤岛"，未来的人类也会前赴后继地去无止境地探索——直到见到"地外文明"的朋友们……因此，我在德雷克肖像头顶上标出了德雷克方程式的手书，而让其肖像两边的外星人与地球人对视交流——我们并不知道哪种文明更先进，现在还处于探寻阶段。同时，我还在背景中凸显了银河系，旨在突出德雷克是基于整个银河系进行考虑和参照太阳系（银河系右下角）进行计算的，意在说明，对于未知的探索，无论探索的对象多么宏大，只要人类想去做，都可以有科学的方法。

---

① 德雷克公式的具体形式是：$N = R_* f_p n_e f_l f_i f_c l$。公式中各符号所代表的意思分别是：银河系内可能与我们通信的文明数量 = 银河系内恒星数量 × 恒星与行星的比例 × 每个行星系中类地行星数量 × 有生命进化可居住行星比例 × 演化出高级智慧生命的概率 × 高级智慧生命能够进行通信的概率 × 科技文明持续时间在行星生命周期中占的比例，共 7 个因子。

$$T = k / M$$
$$\mathrm{d}M / \mathrm{d}T = -c / M^2$$

斯蒂芬·霍金（Stephen Hawking，1942—2018）

10

霍金

果壳宇宙王探索 "黑洞蒸发"

霍金作为一位英国物理学家、宇宙学家，他的名气为什么那么大？甚至超过了许多同时代的诺贝尔奖得主。霍金或许是人类有史以来生理残疾度相当高——逐渐发展到只能靠手指的微弱动作发出指令进行交流（如题图上的手势动作），而大脑思考范围相当广——从黑洞到整个宇宙（见题图头部以上的图景）的人。他的《时间简史》作为一部科普著作在全球的发行量超过千万册。另外，许多关于黑洞的知识都要归功于 "霍金定律"[①]。

在经典引力论的框架里，黑洞只会吞噬物质。而 1974 年，霍金在《自然》上发表《黑洞在爆炸吗》一文，将量子效应引入了黑洞研究，证明在黑洞视界附近会蒸发出各种粒子，这些粒子的谱犹如来自普朗克量子理论中的黑体辐射，随着黑洞质量下降、温度升高，最终会导致爆炸，这被称为 "霍金辐射"（也称 "黑洞蒸发"）。量子理论、引力理论和统计物理在此得到了完美的统一——这种量子引力对研究宇宙大爆炸很有帮助。

霍金研究的量子宇宙学认为，整个宇宙是由一个果壳状的 "瞬子" 演化而来，果壳上的 "皱褶" 包含着宇宙所有结构的密码信息（这个想法可以让我们联想到分子生物学中的 "基因" 概念）。此原理有着深远的科学意义。宇宙大爆炸至今，即使同一时刻，相隔遥远的区域也处于关联的相同状态，因为当今的宇宙学研究得出结论，宇宙如同一张立体之网——牵一发而动全身。我们可以通过研究某个区域的演化史，发现宇宙的很多奥秘。

霍金所著的《果壳中的宇宙》一书使他的宇宙探索成为一种时尚的科学文化现象——1603 年，莎士比亚在首次出版的《哈姆雷特》中，隐含了其对宇宙的理解，这是一部关于哥白尼日心说的复杂寓言。在一些科学史家看来，其台词就像是一部解释天文学的戏剧。例如，"上帝啊，如果噩梦不再纠缠我，即将把我关在果壳之中，我仍然自以为是无限宇宙之王"。这里，主人公直接提到了 "无限宇宙"。正是这句台词，让近 400 年后的霍金写出了属于自己的《果壳中的宇宙》——这本书也可以算作对他长期被 "困" 在轮椅上而又不屈不挠地探索宇宙图景的真实写照吧。

让霍金名扬天下的不仅是他的科学成就，还有他科学探索时的巨大人生反差：他研究的东西离日常的生活太远——宇宙、黑洞；宇宙之大，无边无际，让普通人无法想象，他却从容不迫地探究。在整个银河系，其中心必然有一个超大黑洞，没有它，就像车轴辘没了轴承。霍金转动他头颅里那块 "小宇宙"，带动了对整个大宇宙秘密的探索……

创作感言

在创作霍金科学肖像时，我将一个大大的 "？" 置于他的头顶上方（问号上面包裹着黑洞的 "形象"，而他智慧的大脑自然就成了问号最下面的那个 "·"），从而象征性地说明霍金对宇宙传奇的探索——从黑洞的量子效应到宇宙大爆炸。即使是躬缩在特制的轮椅上，他也不忘努力抬头仰望夜空中的银河——那中心有一颗常人看不到的巨大黑洞在蒸发……此幅画面，真是让人难以忘怀。

---

① 霍金定律：许多关于黑洞的原理都归功于霍金，但他所提出的各种方程、观点和猜想通常不是以一种以其名字冠名的方式（像牛顿运动定律和麦克斯韦电磁方程组等那样）被提到，而且科学文献将其称为方程或定理，而不是定律；尽管如此，有些资料也确实偶将许多霍金原创的原理、方程或定理称为 "霍金定律"，因为在关于黑洞方面的许多宇宙天体研究中，就深入和精准程度而言，可能没有多少人能超过霍金。

8

168 ~ 189

科学文化图景

　　科学文化就是培育科技创新成果的精神土壤。科学文化的土壤肥沃、营养丰富与否，直接或间接地影响到科学种子的生长发芽和开花结果。科学与人文虽有不同的内涵，但却具有必然的内在联系——科学是探索事物的规律，是求真、求美；人文是把握科学的方向，是求善、求美。科学不一定能解决前进方向和价值观等问题，人文不一定能直接解决科研中的具体问题，但科学与人文的融合能产生最佳效应，推动文明发展与科技进步。本章描绘了 10 幅科学人物肖像，并解析其所凸显的科学文化图景。

欧几里得（Euclid，公元前 330—公元前 275）

01

欧几里得

凸显数学文化的 "几何原本"

被称为 "几何①之父" 的欧几里得，是一位伟大的古希腊数学家。他建立在前人成就之上的巨著《几何原本》②是西方数学乃至世界科学演绎体系的基础，被公认为人类历史上一部非常成功的教科书。如果就对整体数学文化图景的促进（包括对数学教育和对科学的影响）而言，欧几里得的贡献是至高无上的。

欧几里得出生于古希腊文明的中心——雅典。当时经济生活的高度繁荣，滋生了光辉灿烂的古希腊文化。古希腊人可能并不是几何学的唯一发明者，因为几乎就在同一时代，包括中国学者等也在独立地用自己的方法研究着几何学。但是确定无疑的是，古希腊人完成了大量的基本假设和证明，然后由欧几里得集之大成。

欧几里得对这些几何原理进行了汇总和扩展，将其变成一部 13 卷的论文集，最终取名为《几何原本》——它是人类历史上翻译、抄写及出版次数最多的一本非宗教类典籍。在这本书里，他给出了一系列的定义、公理、定理和数学证明方法，这些成为最早的几何学原理，所有的几何数学元素由此得以衍生。欧几里得著作的出现犹如一棵茁壮成长的几何之树，如果没有当时古希腊肥沃的科学文化土壤，是不可能孕育成型的。

《几何原本》几经易稿，最终在公元前 300 年定形。这部传世之作不仅第一次实现了几何学的系统化、条理化，而且还孕育出一个全新的研究领域——欧几里得几何学（简称 "欧氏几何"）。直到今天，他所创作的几何证明方法仍是世界各国学校里的必修课。

通过《几何原本》，我们可以看到几何是一种美，是和谐、简洁、明确以及理性有序的艺术。人们可以从中领悟到关于宇宙结构和世界设计的最终真理。欧几里得认为世界结构是按数学规律设计建造的。爱因斯坦说过："西方科学的发展是以两个伟大成就为基础的，那就是：希腊哲学家发明的形式逻辑体系（在欧几里得几何中），以及（在文艺复兴时期）发现通过系统的实验可能找出因果联系。" 牛顿的《自然哲学的数学原理》就是按照《几何原本》公理体系③形式写就的，这是人类科学史上最重要的经典著作之一。

《几何原本》是欧洲数学的基础，也是现代科学产生的重要因素之一，并已为全世界的学界所接受。正是因为它具有严明的逻辑推理以及演绎体系，我们认为它同时也是一部总结人类理性思维艺术之数形交融的伟大典籍。在笛卡儿发明解析几何和 19 世纪非欧几何问世之前，它一直被人们当作数形结合的经典思维和运用法则。

创作感言

欧几里得的头脑就像一部能产生几何数学秩序的 "机器"，零碎的点、线、面、体以及曲线、三角、各类图形的几何元素，经过它科学地、艺术化地形成井然有序、浑然一体的几何演绎体系——《几何原本》，而这些成果是建立在他日复一日的逻辑思考和不辍创作基础之上的。我们可以将《几何原本》视为一幅流芳百世的绘画杰作，它集整个古希腊数学的成果与精神于一身。

---

① "几何" 这个词来源于希腊语 γεωμετρία，由 "γέα（土地）" 和 "μετρεῖν（测量）" 两个词构成。顾名思义，希腊人感兴趣的是测量大自然的基本形式。几何学的实际应用涉及测量技术，即用数学方法确定长度、面积和体积，但他们很快意识到，这些图形的产生由一些基本的形式和规则来决定——这就是后来演变出的几何的意义。

② 《几何原本》是一部集前人思想和欧几里得个人创造于一体的不朽之作。它囊括了古希腊几何学从公元前 7 世纪到公元前 4 世纪数学发展的几何素材，内容涉及平面几何和立体几何、数论及比例理论。该书是演绎推理的典范，它从最初的几条公设出发，采用演绎法，按照逻辑和系统的顺序推导出新的命题。

③ 公理化是近代数学的主要特征，而《几何原本》则是公理化结构的最早典范。欧几里得创造性地将零散的、不连贯的数形知识整理出来，加上自己的创造，构建出彼此具有内在联系的体系。它的基本精神是由简单元素去证明较复杂的现象。其中，逻辑推理固然重要，但更重要的是，我们必须接受一些简单的现象作为不证自明的 "起点"——欧几里得将这些起点命名为 "公理"。

祖冲之（429—500）

02

祖冲之

体现古代数学文化的 "祖率"

1964 年 11 月 9 日，为了纪念祖冲之对中国和世界科学文化做出的伟大贡献，紫金山天文台将这一年发现的、国际永久编号为 1888 的小行星命名为 "祖冲之星"。1967 年，国际天文学联合会把月球上的一座环形山命名为 "祖冲之环形山"。

祖冲之是中国南北朝时期杰出的数学家、天文学家，出生于建康（今南京）。他一生钻研自然科学，在文学艺术方面也有很高的造诣。他在科学技术领域的主要贡献在数学、天文历法和机械制造三方面。祖冲之享誉世界的贡献是在刘徽开创的探索圆周率的精确方法——割圆术[①] 的基础上，首次将 "圆周率" 精算到小数点后第七位。

祖冲之提出 $\pi = 22/7$，跟圆周率相近似，并把它叫作 "疏率"，他还提出另一个圆周率的近似值 355/113，称之为 "密率"，因为它较之 "约率" 更加精细。过了 1000 年左右，德国人奥托和荷兰人安托尼兹才先后提出了这个近似值，欧洲人当时不知道在古老的中国已经有人算出这种 "密率"，所以在他们写的数学史上，将其叫作 "安托尼兹率"。而更熟悉中国的日本数学家主张把 "密率" 称为 "祖率"，认为祖冲之的成果在先，这是十分公允的。

计算圆周率是一件不易且需要智慧的事。祖冲之利用割圆术，就必须从圆的内接正六边形开始（题图下方用纸上的现代图形和数字来大体表示），然后算内接正十二边形的边长，再算内接正二十四边形的边长，再算内接正四十八边形的边长……边数一倍又一倍地增加，一共要翻 11 番，直到算出内接正 12 288 边形的边长，才能得到密率这样精密的圆周率。

内接正多边形的边数翻 11 番，看起来似乎很简单，其实不然。边数每翻一番，至少要进行 7 次运算，其中除了加和减，还有两次乘方、两次开方。祖冲之算出来的结果有 7 位小数，估计他在运算的过程中，小数至少要保留 12 位。加和减还好办，12 位小数的乘方，尤其是开方，运算起来极其麻烦。祖冲之要是没有熟练的技巧和坚强的毅力，是无法完成这么繁复的运算的。

中国古代一直都有着自己的自然哲学和科学文化[②]。祖冲之将其他人的数学研究成就汇集于他的数学专著《缀术》中。这本书的内容较为高深，还曾流传至朝鲜和日本；在朝鲜、日本古代的教育书目中，都曾提到《缀术》。难怪日本数学家对他赞美有加，建议将圆周 "密率" 称为 "祖率"。

20 世纪，中国著名数学家华罗庚在《从祖冲之的圆周率谈起》中写道："祖冲之不仅是一位数学家，同时还通晓天文历法、机械制造、音乐，并且还是一位文学家。祖冲之制订的《大明历》，改革了历法，他将圆周率算到了小数点后七位，是当时世界最精确的圆周率数值，而他创造的 '密率' 闻名于世。" 祖冲之堪称 "博学多才算 '祖率'"[③] 的科学文化之大家。

创作感言

祖冲之是一位闻名于世的中国古代的伟大科学家。因此我在这幅科学肖像中，用具有中国传统的绘画手法，勾勒出他毕生致力于数学研究的形象。背景中，我烘托出古代传统人文气息，表现他的博学多才。我特意让在 "割圆术" 方法中呈现的 "密率"（祖率）值跃然纸上；同时让他所改进的指南车指向他自己，使画面别有一番趣味。

---

① 割圆术是刘徽等开创出来的探索圆周率的精确方法。中国古人早已知道，在一个圆里画内接正多边形，计算这个正多边形的总边长，就可以得到圆周长的近似值。正多边形的边数越多，总的边长就跟圆周越接近。

② 中国古代有着自己独特的、与西方不同的自然哲学（科学思想和文化），如屈原的《天问》、勾股定理，还有祖冲之的密率计算与方法，都孕育着科学思想和精神的萌芽。

③ 祖冲之博学多才，精于 "算"，比如，他成功改善了当时的指南车（见题图右上方）的性能等。

卡尔·古斯塔夫·荣格（Carl Gustav Jung，1875—1961）

显示心理文化 "人格整体论"

瑞士心理学家荣格,人称"世界心理学鼻祖"。1907 年,他开始与弗洛伊德合作,发展及推广精神分析学说长达 6 年之久。之后,他创立了自己的人格分析心理学理论,发展出"情结"的概念,把人格分为内向和外向两种,并主张把人格分为意识、个人无意识和集体无意识三层。他曾任国际心理分析学会会长,其理论和思想至今仍对心理学研究产生着影响。

就像某些工艺制作方面的手艺人一样,荣格将当时对"人格"一知半解的知识碎片编制成整体化的知识体系,或称为"人格整体论"①。对他而言,意识是一个连续体,他能够随着意志徜徉在任意的深度和范围中。20 世纪初,荣格曾经历过心灵的死亡和重生,"伤痕下的灵魂医者"可能是对荣格这位 20 世纪心理学巨擘的公认描绘,"只有受过伤的医生才能治愈病人"。

在心理学文化方面,作为精神分析学界的先驱,荣格将其影响拓展到了非常广泛的文化领域,诸如医学、艺术、文学、宗教、科学等。他的作品是联系东西方文明的一座重要桥梁,对此,荣格做出了无可估量的贡献,堪称联系东西方文化的使者。

荣格揭示了欧洲及其衍生文化特征。他认为,欧洲及其衍生文化沉迷于技术和客观世界,却可悲地缺失了对建立于历史发展其他阶段的精神世界的主观复杂性的认知,如像中国古人对世界本源那样的整体性认知。

同时,荣格也是一位钟情于东方艺术的思想大师,尤其喜欢用宗教唐卡中的曼荼罗②表达内心世界。科学与宗教有着广泛的联系。爱因斯坦曾经说过:"没有宗教的科学是瞎子,而没有科学的宗教是跛子。"当然,这里的"宗教",指的是科学研究方面的信仰方向③。荣格认为曼荼罗是整体自我的心理表达,从而借此表达自己心理学上的思想。

从某种角度看,荣格也是一名艺术家或文学家,这从他后来的写作与艺术创作中就能看出。除了分析心理学之外,他的思想中交织着科学、艺术和宗教文化等。荣格在一生中,通过研究各种各样的文化,汲取了很多智慧。他认为,没经过激情炼狱的人从来就没克服过激情,通过感受更深层次的心理并进行整合,个体化历程让人们变得人格完整。

创作感言

科学肖像表现的是荣格人格整体论思考像:这里描绘的是一个习惯于低头思考、眉头微皱、常叼着烟斗的他——"伤痕下的灵魂医者"的形象。烟斗冒出的烟雾交叠呈现出他 80 岁时的画作《向创造力鞠躬》的一部分,以及古埃及神话传说的木画。画面最下端是荣格的《红书》——记录了他生命中跌宕起伏和最隐秘的心灵旅程。

---

① "人格整体论"是荣格分析心理学的核心理论。他把心灵当作心理学的研究对象,并认为,心灵是一个"先在性"的概念,与精神和灵魂相当。心灵是人的一切"软件"内容的全体,如思维、情感、行动等一切意识到的和一切潜意识的内容。人格的原始统一性和先在整体性,不仅在理论上追求心灵整体综合,而且在临床上要求恢复人格完整。因此,分析心理学的方法论实质上是一种整体论。

② 曼荼罗唐卡艺术广泛流传于我国西藏等地区,具有严谨的结构、丰富炫目的色彩、独特精湛的技艺、超凡脱俗的视觉感受,在形式上基本上是外圆内方。

③ 在荣格看来,没有神话,就没有我们的文化,没有宗教和信仰,也就没有科学、艺术、建筑、戏剧、典礼、史诗、社会习俗,甚至是精神障碍——这样的世界图景将是暗淡的。以神话和宗教为基础的心理学认为,我们既应该有勇气治愈身上的旧毒和老伤,也应该有勇气走进蕴含各种能力的内心宝库,把它们变成我们手中的工具,演奏出内心的最强音。

汤川秀树（Hideki Yukawa，1907—1981）

04

汤川秀树

东方文化启发 "介子论" 提出

日本物理学家汤川秀树因受东方文化和哲学的启发，发挥其天才的想象力，于 1935 年提出了关于核子强力的 "介子" 理论[①]。1949 年，他因为在核力的理论基础上预言了介子[②] 的存在而获得了诺贝尔物理学奖。他是第一个获得诺贝尔奖的日本人。

想象原子核内质子与中子之间的关系，建立起两种核子间的作用机制，源自当时汤川突然地想起《庄子·内篇》的最后一部分——南方皇帝和北方皇帝之间关系的一段故事。这段故事让汤川秀树茅塞顿开，加上受到电磁作用机制的启发，1934 年 10 月，他发现了原子核粒子间一个崭新的关系作用机制及其介子，为量子物理学的发展做出了卓越的贡献，成为吸收西方现代量子物理知识养料，由东方传统文化孕育出的科学骄子。

汤川秀树构建了核力的介子理论。他在取得非凡成就前未曾留学欧美，他是一位在东方文化的背景下土生土长的科学家。这位聪慧大家善于在东方传统文化和哲学中寻宝，消解东西方文化冲突，找到整体和谐之 "道"。

汤川秀树出生于日本东京的一个知识分子家庭。在自传中，他这样写道："家里泛滥的书抓住了我，给了我想象的翅膀。"他曾自谦地说过："我不是非凡的人，而是在深山丛林中寻找道路的人。"这证明他是一位非凡的智者——他的成功告诉人们：在所谓环境落后的条件下，只要找到有利于自己的内在民族文化优势和哲学根基，勤奋探求，勇往直前，同样可以到达最光辉的顶点。

汤川秀树居于世界东方，却创造出了西方人未做出的科学文化成果——许多成功的东西方科学大师都曾在古代中国的哲学文化中找到了立命之本。从汤川秀树的一些科普读物、科学方法论和自传（如《量子力学入门》《人类的创造》《眼睛看不见的东西》和《创造力与直觉》等）来看，作为一个亚洲人，他似乎缺乏西式的纯粹理性主义，他将东西方文化的矛盾进行了化解并糅合其各自优势的做法，让西方科学大师们刮目相看。海森伯就是这些大师中的一员，他对汤川秀树立足东方文化看世界，并确实精细地解决物理学难题的事实进行了高度评价，这是对汤川秀树物理成就的一种最好的赞誉。

创作感言

与本书中介绍的很多伟大的物理学家一样，汤川秀树也是一个喜欢在黑板上构建物理学模型的人，其科学肖像背景上的黑板上书写着他的数学方程式，绘制着原子核的介子模型反映了汤川秀树将东方传统文化与西方科学思想相结合的物理学研究者的精神风貌。我试图用东方人的内敛微笑、书法化的签名，与现代物理学中核子＋关系介子、宇宙射线和数字符号在场景中交会，体现他对东西方文化的有机融合。

---

① 具有想象力的汤川秀树认为，质子和中子会扭曲周围的空间（核力场），为了抵消此扭曲，遂产生了虚介子，借着介子的交换机制，质子和中子才能结合在一起。他结合相对论和量子理论，以质子和中子间新粒子的交换（π介子）描述原子核的交互作用，并推测其粒子的质量约是电子质量的 200 倍——这是原子核力的介子理论的开端。后来质量为电子 200 倍的粒子在宇宙射线中被发现，那时物理学家最先想到的就是汤川秀树的 π 介子。巧合的是，1950 年，诺贝尔物理学奖得主、英国物理学家鲍威尔发明了核乳胶技术，并记录下 π 介子衰变为 μ 子和中微子，这样才确定了介子的存在及其作用。

② 1935 年，汤川秀树对质子和中子的结合做了很圆满的解释。他假设质子和质子间、质子和中子间、中子和中子间，都存在一种交互吸引的作用力，在距离较近时，这种作用力远比电荷间的库仑力要强，但在距离较远时即减弱为零，这种作用力被称为核力或强相互作用力。它是由交换介子而产生的。

陈省身（1911—2004）

05
陈省身

大局观开创 "整体微分几何"

中华文化大多从宏观和整体上看世界图景，例如传统的中国山水画里有多角度将视界中的全景收入图画之中的经典作品。受到中华文化的影响①，陈省身将其特点融入数学研究中，以大局观开创了整体微分几何学。

1984 年 5 月，年逾古稀的美籍华裔学者陈省身被授予代表国际数学界最高荣誉之一的 "沃尔夫数学奖"。当时的以色列总统贺索亲自把这一奖项颁给了他。他以其一生对数学工作的不懈追求得到了评奖委员会的高度赞誉："此奖授予陈省身，因为他在整体微分几何上的卓越贡献，其影响遍及整个数学。"由此，陈省身被人们誉为 "20 世纪伟大的几何学家之一"。

作为 20 世纪国际著名的数学大师，陈省身开创并领导着整体微分几何②等领域的研究，影响了整个数学界的发展。1943 年，他受邀到普林斯顿高等研究院担任研究员，此后的两年间，结合微分几何与拓扑学的方法，他发表了划时代的《闭黎曼流形的高斯－博内公式的一个简单内蕴证明》和《Hermitian 流形的示性类》两篇论文，从而奠定了自己在世界数学史上的地位，被学界誉为 "微分几何之父"。他为大范围微分几何提供了不可或缺的工具，而这些工具远超微分几何与拓扑学的范围，成为整个现代数学中的重要组成部分。

同样精通中国文化的杰出物理学家杨振宁曾用一首诗赞美陈省身的贡献："天衣岂无缝，匠心剪接成。浑然归一体，广邃妙绝伦。造化爱几何，四力纤维能。千古寸心事，欧高黎嘉陈③。"而陈省身的一首《访理论物理研究所》的诗将数理联系表述得惟妙惟肖："物理几何是一家，共同携手到天涯，

黑洞单极穷奥秘，纤维联络织锦霞。进化方程孤立异，对偶曲率瞬息差，畴算竟有天人用，拈花一笑不言中。"这种数理与诗歌交织的高雅，是在他一辈子的研究生涯中，几经抉择、努力攀登、终成辉煌的篇章。

与古今中外许多擅于形而上思维的大学者一样，陈省身也是一位在不同领域擅于 "抽象" 地看问题的人物，他既擅长数学推演，又精于诗歌创作，文理兼修，得心应手——不能不说，这与他的天性和受到的良好教育有关。他既是创造整体微分几何的 "华夏诗人"、方程与诗歌交织的 "高雅之士"，又是喜爱脑力活动的 "运动健将"、把数学当成游戏的 "老顽童"。他的门下还有一位后来享誉世界的几何学高徒——丘成桐。

1963 年至 1964 年，陈省身担任美国数学会副主席。他的影响力穿越了时空——在学术上，有因他而得名的 "陈示性类"；在数学界，有以他名字命名的 "陈省身奖"；在美国国家数学科学研究所，有纪念他的 "陈省身楼"；在中国数学界，有 "陈省身猜想"；而在浩瀚的宇宙中，有以他的名字命名的 "陈省身星"。

创作感言

与其他得到世界承认的华裔学者一样，陈省身既传承了中华民族传统文化基因，又吸纳了西方现代科学文化的精髓——在他的科学肖像里，我试图用中国书法签名、印章、松鹰图等部分的描绘，与英文、数字符号演算式、几何素描图形等交融，凸显他的数学研究与文化涵养息息相关。

---

① 陈省身曾说过："我们处在一个新的春秋时代。因此，数学家不能只和数字、符号与枯燥的公式打交道。应该关注社会，体验生活，注重文化的碰撞和交流，一个中国数学家不可以没有中华文化的涵养。"这种注重文化的态度，从某种意义上讲，是成就陈省身的关键因素。

② 陈省身用内蕴的方法证明的 "高斯－博内" 公式是他一生中最杰出的作品，他由此得出 "高斯－博内－陈公式"，开创了整体微分几何的时代。过去微分几何学只是局部性质的研究，而陈省身将其转到整体性质的研究，也可以说这个转变带动了从当时至今微分几何学的发展。

③ 欧高黎嘉陈：陈省身在整体微分几何上的卓越贡献，影响了整个数学的发展，被杨振宁誉为继欧几里得、高斯、黎曼、嘉当之后又一里程碑式的人物。

钱学森（1911—2009）

06
钱学森

中国人自己的 "钱学森之问"

1991 年，国务院和中央军委授予钱学森 "国家杰出贡献科学家" 荣誉称号；1999 年，中共中央、国务院和中央军委授予他 "两弹一星功勋奖章"；等等。站在不同角度，对钱学森有不同的赞誉，大家公认他是一位战略科学家。

美国著名学者科林斯在《大战略》一书中写道："如果说在某个领域里，通才比专才更为可取，那个领域就是战略。" 从科学文化的视角看，对钱学森来讲，"战略科学家" 是当之无愧的，因为他本身就是一位十足的通才，爱好与涉足的领域非常广泛。如在涉及科学文化教育和人才培养的问题上，钱学森就竭力主张科学要与艺术相结合，并以自己的亲身经历给出了一个结论：只有科学与艺术有机融合的人物才会大有作为。晚年，经过深思熟虑，他还发出了 "钱学森之问"，即："为什么我们的学校总是培养不出杰出人才？" 这是一道事关中国科学文化教育之改革发展的艰深命题，需要全国教育界乃至整个社会共同破解。

钱学森一生让人瞩目的成果很多，如其空气动力学理论支持下的火箭、导弹和宇航事业，但本质上他是一位文化学者型的大家。他内心果敢，笑对人生，具有跨学科思维与战略格局。他的美国导师、世界著名空气动力学家冯·卡门评价钱学森是一个天才，其工作大大促进了高速空气动力学和喷气推进科学的发展（他俩共同提出了 "卡门 - 钱公式"[①]——由此，钱学森 28 岁就成为世界知名空气动力学家）。钱学森不但数理天赋高，还富有艺术想象力，他建立在想象力基础上的原始科学创新，正是科学与艺术 "联姻" 的硕果。

"李约瑟难题" 提出了近代科学为什么没有产生于曾经有过辉煌科技成就的中国的问题，但它已成为过去，而 "钱学森之问" 却提出了当下和未来中国科技进步所面临的一个更值得深思的远大问题。当代的中国需要民族的伟大复兴，而重大科学技术创新又立于一个国家 "文化金字塔" 的顶端。试想，没有一个培养杰出人才的庞大科学文化体系作为这座 "金字塔" 的 "塔座"，怎么能有高耸于 "塔身" 之上的、重大科技创新成果的 "塔尖" 呈现呢[②]？

钱学森一生致力于促使中国科技在战略上赶上西方，他还站在国家战略的制高点发出了 "钱学森之问"，试图推动中国科技从基础上和整体上赶超西方。他所取得的卓越成果正如一座高塔的塔尖，他科学与人文的底蕴构筑了坚实的塔座，他在不同阶段的科技攻关正如塔身，这是一座科学与人文交聚的 "金字塔"。

创作感言

"钱学森之问" 是钱学森晚年提出来的，因此在构思科学肖像时，我用其老年时的形象作为主体。对于 "之问"，我通过一个位于其头顶依稀可见的问号体现，让整个画面的境界提升到了一个无形的、高于有形的火箭、导弹和人造卫星的高度——它提出了一个关乎中国全局甚至未来的、更具长远发展的 "人才培养战略" 问题，这个问题的重要性在当下逐渐凸显了出来。

---

① "卡门 - 钱公式" 是冯·卡门引用钱学森于 1939 年发表的论文而提出的亚声速气流中空气压缩性对翼型压强分布的修正公式。

② 在这个问题上，钱学森比一般科学家甚至优秀科学家看得更深远，因为他是战略科学家——其逻辑很明晰：我们现在庞大的学校教育体系，如果培养不出较多的杰出人才，就不能构成优良的研究系统，也就不可能出现高端的创新成果。

理查德·费曼（Richard Feynman，1918—1988）

07
费曼

体现科学与艺术的 "费曼图"

提到美国理论物理学家费曼，涉及他的科学文化 "符号" 确实很多——1939 年，他的本科毕业论文就在《物理评论》上发表，里面有一个后来以他的名字命名的量子力学公式。目前量子场论中的 "费曼振幅" "费曼传播子" "费曼规则" 等均以他的名字命名。而他最为著名并得到广泛运用的当数 20 世纪 40 年代末首先提出的 "费曼图[①]"，他也以此图解的方法为基础创造了一个量子电动力学新理论，最终与施温格、朝永振一郎共同获得 1965 年度诺贝尔物理学奖。

20 世纪 40 年代，费曼发展了用路径积分表达量子振幅的方法，并于 1948 年提出量子电动力学[②]新的理论形式和重正化方法，从而避免了量子电动力学中的发散困难。他提出了研究量子电动力学和粒子物理学不可或缺的计算方法。他被认为是继爱因斯坦之后最睿智的理论物理学家，还首次提出了纳米的概念，并对 "挑战者号" 航天飞机失事原因的真相做出过关键性的揭示（见题图主人公 "手送" 的航天飞机之问）。

1958 年，费曼和盖耳－曼合作，提出了弱相互作用的矢量－赝矢量型理论（即 V-A 理论）——这是经过 20 余年的曲折发展才达到的关于弱相互作用的正确的唯象理论。这一理论为后来温伯格、萨拉姆和格拉肖建立电弱统一理论[③]开辟了道路。在 20 世纪 50 年代前期，费曼曾经从事过发展液氦微观理论的研究工作。60 年代末期，在高能电子和核子的深度非弹性碰撞实验的基础上，他还提出了强子结构的 "部分子模型"。

费曼的路径积分方法是他独创性的一个鲜明的例证——

他总是以自己独创的方式来研究物理学，从不受当时的薛定谔的波函数和海森伯的矩阵形式两种方法的限制，而是独立地提出用跃迁振幅的空间－时间描述来处理概率问题。他以概率振幅叠加的基本假设为出发点，运用作用量的表达形式，对从一个空间－时间点到另一个空间－时间点的所有可能路径的振幅求和。这一方法简单明了，成为第三种量子力学的表述形式。费曼的主要科学著作包括《量子电动力学》《基本过程的理论》《费曼物理学讲义》。

与爱因斯坦、弗洛伊德等一样，费曼堪称科学巨擘。他既有数理性逻辑思维，又有图示性形象思维，兼爱自然世界的秩序性和美妙，他的成就和他的科学与文化素养息息相关。

创作感言

几何之图与物理逻辑融合的形式（费曼图）体现了费曼的卓越贡献。我在他的科学肖像中，呈现了他常用的借助手势加强语言交流的习惯，并将他的突出贡献和参与的重大科学实践活动融合起来：T 恤衫上印有他的 "费曼图"；用手送出的航天飞机之间表现了他对挑战者号航天飞机失事原因的探寻；而身后的蘑菇云代表他对原子弹实验也有过智慧贡献（第二次世界大战中，费曼在洛斯阿拉莫斯科学实验室参与研发原子弹的 "曼哈顿工程"）。

① 费曼提出的 "费曼图"，用于表述场与场之间的相互作用，可以简明扼要地体现过程的本质，至今还是物理学中对电磁相互作用的基本表述形式——它改变了以往把物理过程概念化和数学化的处理方式，改为采用更加直观而形象的方式。这不能不说是他科学与艺术融合思考而诞生的独特产物。

② 量子电动力学是量子场论中最成熟的一个分支，它研究的对象是电磁相互作用的量子性质（即光子的发射和吸收）、带电粒子的产生和湮没、带电粒子间的散射、带电粒子与光子间的散射等。它概括了原子物理、分子物理、固体物理、核物理和粒子物理各个领域中的电磁相互作用的基本原理。可以说，它集中了所有微观电磁现象所必须遵循的普遍规律，是人类分析和解决微观电磁问题的有力工具。费曼的贡献在于用独立的方法建立了量子电动力学的新理论体系。

③ 电弱统一理论，即电磁相互作用和弱相互作用的统一理论——它是 20 世纪物理学理论达到的最高点。它预言的中间玻色子质量在 1983 年得到了实证；关于弱中性流的预言也多次被证实。

杨振宁（1922—　　）

08
杨振宁

改变中国人自觉不如人的"贡献"

2000 年，世界著名科学杂志《自然》评出千年以来最伟大的物理学家（20 名），当时的华人物理学家杨振宁名列第 18 位。如果"杨－米尔斯场"理论[①]和"弱相互作用中的宇称不守恒"原理不是他分别与米尔斯、李政道合作完成的，相信他的排名将更加靠前——当然，这等杰出贡献也足以让他在人类智慧史上留下深刻一笔。

不过，杨振宁自己却认为，"我这一生最重要的贡献，是改变了中国人自觉不如人的心理作用"。如果按这种说法，他的贡献已超出了物理学的范畴，而上升为一种民族的自信。说到底，这是一种文化基因中的自信中华儿女是有能力理解或改造世界的。

我国社会正大踏步前进，推动文化自信自强。"中国积极吸收自然科学，由来至今，已届树人之年。国人在国际科学坛上有建立不朽之功绩者，乃至杨振宁始。"对于杨振宁，实验物理学大师丁肇中这样评价。

杨振宁与 R.L. 米尔斯于 1954 年共同提出杨－米尔斯场理论，而杨－米尔斯方程（如题图所示，象征着杨振宁慧眼放出的"光束"）描述了基本粒子及其相互作用，是后来众多诺贝尔物理学奖得主在基本粒子领域工作的基础，由其带来的重大成就之一就是"弱电统一理论"。1956 年，他和李政道一起，深入研究了当时令人困惑的"$\theta-\tau$"之谜[②]（如题图中位于杨振宁头部上方的问号所示）。通过分析，杨振宁和李政道意识到，"$\theta-\tau$"之谜很可能说明了在弱相互作用中宇称不守恒。次年，这一理论预见得到吴健雄小组等的实验证实——由此，杨振宁和李政道荣获了 1957 年度诺贝尔物理学奖。

杨振宁这等高超的成就与他渊博的文化不无关联；他的一生，仿佛都在不断地筑造着自己的科学文化之塔——底部博大而坚实（囊括了中西方文化精髓），而科学成就位于其顶端。在诺贝尔奖贺宴上，杨振宁这样说道："我愿意说，我以自己的中国血统和背景而感到骄傲；同样，我为能致力于作为人类文明一部分的、源于西方的现代科学而感到自豪。"

从杨振宁的经历来看，我们认识到，只有将科学文化"金字塔"搭建得越高越坚实，其塔尖才有可能有更精彩的风光，在人类文明之光的照耀下，塔影才会长存。而这座"金字塔"的坚实基础有时深含着东方的文化底蕴。

创作感言

在创作杨振宁科学肖像时，我选取他凝视思考、彰显自信的神态进行刻画，呈现了他比肩的两项世界级贡献的图景描绘；背景采用粒子碰撞时的景象，说明杨振宁的研究领域是基本粒子的微观世界。色彩处理上，我采用了冷暗衬托暖明的手法，以突出人物的闪光之处。我试图表现杨振宁的中国文化背景与西方现代思维的碰撞，构造了肖像右下角射线与他中英文签字的交会，创意来自海森伯的一句话："……最富成果的发展几乎总是发生在两种不同思维方式的交会点上，它们可能起源于人类文化中十分不同的部分。"

---

① 杨－米尔斯场理论开辟了非阿贝尔规范场的新研究领域，为现代规范场理论（包括电弱统一理论、量子色动力学理论、大统一理论、引力场的规范理论）打下了具有物理学意义的数学基础。后来数学家 S. 唐纳森引用这一方程，获得了拓扑学上的重大突破。这是一个划时代的创作，对相对论及纯数学也有重大意义，后又入选"世界七大数学难题"之一。

② "$\theta-\tau$"之谜即后来所谓的 K 介子有两种不同的衰变方式：一种衰变成偶宇称态，一种衰变成奇宇称态；如果弱衰变过程宇称守恒，则它们必定是两种宇称状态不同的 K 介子。但从质量和寿命来看，它们又应是同一种介子。杨振宁和李政道通过分析认识到，很可能在弱相互作用中宇称不守恒。他们仔细检查并确认过去的所有实验，未能证明弱相互作用中宇称是守恒的。在此基础上，他们进一步提出了几种检验宇称不守恒的实验途径，并最终得到证实。

卡尔·爱德华·萨根（Carl Edward Sagan，1934—1996）

09

萨根

看无尽远方与未来的"宇宙"

美国著名天文学家萨根一生贡献颇多[1]，他在科学文化领域的影响尤为显著。他以行动落实对待宇宙、探索生命的方式，注视宇宙的各个层次，不仅探求无机宇宙，还探索有机世界——他的眼光长远，紧盯着无形的未来。

萨根长期担任美国康奈尔大学天文系教授和行星研究室主任。他深度参与美国的太空探测计划，并在行星物理学领域取得许多重要成果。他主要的研究领域是行星的表面和大气[2]，这个领域随着研究的不断深入和火箭技术的出现而重新获得了生气。第 2709 号小行星被命名为"萨根星"，火星上的一个陨击坑也以他的名字命名。

作为世界一流的天文学家和科学活动家，萨根的科普作品自然"含金量"十足。而且他的作品体现着透彻的哲理性、厚重的历史感和异乎寻常的洞察力，更是科学文化史上的奇迹。正因如此，享誉世界的科普大师阿西莫夫推崇萨根为"历史上最成功的科学普及家"。

20 世纪 80 年代，萨根撰写并主持拍摄了 13 集电视片《宇宙》，这部电视片被译成 10 多种语言在 60 多个国家上映，成为当时的一种科学文化符号。此外，他还撰写了数十部科普读物。1994 年，他被授予第一届阿西莫夫科普奖。此外，这位著名的科学家还对科幻文学颇有兴趣。人们发现，在他一部脍炙人口的科普作品《布罗卡的脑：对科学罗曼史的反思》中，有着整整一章对科幻文学意义的论述。他在书中以非常热情的语言赞颂了科幻作家在人类历史和科学发展史中所起的促进作用，并以自己的亲身经历跟读者分享，科幻文学会给所有人带来无与伦比的享受。

萨根有一句名言表明了他对宇宙生命布局的想象："宇宙比任何人所能想象的还要大，如果只有我们，那就太浪费空间了。"可见，他对地外生命的存在坚信不疑。20 世纪 60 年代到 70 年代是太阳系大发现的黄金时代，他参与了水手号和海盗号火星探测器的研制，试图在火星上发现生命活动的迹象。在后来的先驱者和旅行者号行星探测器计划中，萨根先后提出让探测器搭载镌刻有人类问候信息的金属板和金唱盘，后者就是广为人知的"地球之音"唱片。萨根对地外生命兴趣盎然。在《宇宙》中，他曾提到，如果哪天发现了外星人，没有谁会比他更高兴——他业余爱好研究的就是其他行星上存在生命的可能性，以及我们这个行星上生命起源的问题。但是，萨根并不相信所谓的"不明飞行物（UFO）"是来自外星的智慧生命的飞船。

萨根以及与之智慧、悟性、志向相当的科学家们，似乎已经找到了一条漫漫其修远的"通天"之途，一条人类文明的未来之路。因此，人们自然而然地对他充满着崇敬之情！行星探索、宇宙中的生命、科学文化教育、科学幻想和普及等——这些就是萨根数十年的兴趣、工作和成就所在。

创作感言

"他讲的题目是宇宙，而他的课堂是世界。"这是人们对萨根科学文化大视野的高度评价。他是天文学家、天体物理学家、宇宙学家、科幻作家，也是非常成功的天文学、天体物理学等自然科学领域的科普作家。科学肖像中，我难以将其身份形象一一表现，只能在行星探测研究（前、中景）和宇宙中探寻生命踪迹（远景）上做了概略性的描绘——以点带面，我们似乎可以从萨根若有所思的笑容中看到那无尽的远方与未来的宇宙。

---

① 萨根的贡献和影响：他的一生主要从事天文学以及核战争对环境的影响等方面的研究，他曾任美国天文学协会行星科学学会主席、美国地球物理学会联合会行星学会主席，在美国的太空计划中起到了十分重要的作用，曾荣获美国国家航空航天局的特别科学成就奖，两次获得公共服务奖和美国国家航空航天局颁发的阿波罗成就奖。此外，他还由于在反对使用核武器方面的杰出贡献而获得许多奖励。苏联的金星探测器证实了金星的表面温度高达 500 摄氏度——造成这种酷热的原因是极端的温室效应；几十年后，在"全球变暖"成为媒体热词之前，萨根就发出警告——人类活动导致的温室效应也许不会像金星上那样极端，但可能会带来风险。萨根的其他贡献还包括对火星表面颜色、季节变化的解释，以及对土卫六"泰坦"和木卫二"欧罗巴"的研究等。

② 例如，萨根创建了金星大气的温室模型，解释这颗行星具有令人费解的高温的原因，同时找到了火星表面存在高度差和木星大气中存在有机分子的证据。

林恩·马古利斯（Lynn Margulis，1938—2011）

马古利斯

细胞起源研究伴 "共生理论"

2000 年 3 月，时任美国总统克林顿授予女生物学家马古利斯美国国家科学奖奖章——她因推动细胞起源（真核生物起源）研究，并且提出了共生理论①而获奖。她是美国著名天文学家卡尔·萨根的第一任妻子。在人们发现共生现象②之后，她主导了现今生物学所普遍接受的内共生学说的建构，此学说解释了细胞中某些细胞器（如线粒体）的由来。

在读研究生期间，马古利斯就对某种繁殖现象发生了兴趣。她发现，在这种繁殖中，遗传物质并不在细胞的细胞核中，而是在细胞质中。也就是说所有的遗传物质都是在细胞膜内，而不是在细胞核内。20 世纪 60 年代早期，马古利斯和其他研究者给出了证据，证明叶绿体中的基因——即植物细胞里一种特殊结构的存在。

20 世纪 60 年代至 70 年代，马古利斯在研究她的理论时曾受到质疑，甚至遭到其他科学家的嘲笑和奚落。但她不为所扰，继续编写了一本关于共生理论的书——《真核细胞的起源》（1970 年出版）；之后，她又在修订版的《细胞进化中的共生》（1981 年出版）中详细阐述了这方面的工作。自那之后，马古利斯的理论得到广泛接受。同时，关于生物学的整体观使她成为"盖亚假说③"的支持者。

20 世纪末，马古利斯所著的《小宇宙——细菌主演的地球生命史》将地球 35 亿年前诞生的细菌及演绎出包括我们人类等的所有微观生命形式在内的世界视作"小宇宙"，并且认为这些小到人类不可见的微生物主导了地球的生命史。她认为，微生物才是当今全球多样性生物（包括人类）的共同祖先，并始终伴随其共生和演化。因此，小宇宙主导着生命世界——

这番图景让我们联想起我们所处的"大宇宙"，它也是由看不见、摸不着的暗物质主导的，显现着日月星辰的灿烂演化。

马古利斯是共生起源的提出者，而共生起源是进化的另类故事。提起进化论，人们往往想到的是达尔文，很少有人会想到马古利斯，鲜有人知的是，她是近代进化理论的开创者之一。共生起源是指新物种通过两种或多种物种在进化上的相互依赖而出现的，共生起源在生命史中与适者生存至少是同样重要的；生物体的合作和相互依赖对进化的贡献也许超过了彼此间的竞争。然而，这样的深刻见解可能还没有得到人们的充分关注。

马古利斯的内共生学说表明，尽管科学家们在 20 世纪中叶关注的是真核生命，但地球上最丰富的生物体类型——细菌，却是原核生物。实质上，所有真核生命已经适应了与原核细菌的共生关联。与此同时，马古利斯还与她的儿子多里昂·萨根合著了《性别的起源：基因重组的 30 亿年》（1986 年出版）、《微观世界的色彩图书》（1988 年出版）、《神秘舞蹈：关于人类性特征的进化》（1991 年出版）、《什么是生命？》(1995 年出版）等书，这些图书被传播到了世界各地（见题图下方的多种图景）。

创作感言

马古利斯是一位智慧、美丽而富有个性的女性科学家，因此我赋予她的科学肖像以知性为主的一面。她是试图普及共生起源学说的首批科学家之一，她将其几乎全部的学术生涯都花在了研究这种微观进化形式上。由此，我在她思考像的大部分背景上都加上细菌等幽暗的"小宇宙"活动衬之，而只将底端小部分留下来表现宏观生命和繁衍进化的形式，试图说明地球上绝大部分的生命是小宇宙的图景，但它们起着主导作用。

---

① 细菌在活体细胞发展中起着主要作用——此理论被人们称为同时连续内共生理论。

② 共生现象指的是两个不同的生物种紧密地生活在一起，而这种生活方式至少会对其中的一种生物有利。共生现象的例子有：能够清理大鱼身上寄生虫的小鱼，或者生长在人类皮肤上的真菌。马古利斯建立了一套理论：真核细胞（即具有核的细胞）是由无核细菌共生进化而来的，而这种细菌之前是可以独立存活的。这套理论还提出，叶绿体和细胞中的其他结构——线粒体，都是从之前能够独立生活的细菌种类进化而来的。同时共生理论以一个全新的视角看待进化论，帮助解释了真核细胞的起源。马古利斯的观点是革命性的：包括人体所有细胞在内的真核细胞都是由细菌进化而来的，而这些细菌在 20 亿年前都是在共生关系中存在的。

③ 盖亚假说认为，地球是一个统一的生命有机体，彼此运行、相互关联。它是英国生物学家詹姆斯·拉伍洛克于 1968 年提出的。根据他的观点，所有的生物相互作用，创造了生命赖以继续存活的环境。

9

190 ~ 211

科学哲学图景

    科学哲学是一门以科学作为研究对象的哲学分支。它探讨的主要问题包括：科学的性质及意义、科学知识的获得和检验、科学知识的逻辑结构、科学发展的模式、科学知识的语言表达、科学的合理性、科学与非科学的划界标准、科学理论的竞争与评价，等等。科学哲学的思想萌芽可以追溯到古代至近代。因此，我们的科学哲学图景描绘没有仅限于严格意义上的近代科学哲学家，而是将古代以来的广义科学哲学领域的人物都涵盖在内。本章描绘了 10 幅科学人物肖像，并解析其所凸显的科学哲学图景。

泰勒斯（Thales，公元前 624—公元前 546）

哲学以及科学的 "双料第一"

在评价古希腊科学家、哲学家泰勒斯时，著名哲学家罗素曾说过："他的科学和哲学都很粗糙，但却能激发思想与观察。"实际上，泰勒斯及其追随者们的探索已经展示出科学的特征：探讨普遍的、本质的规律，而不是特定的、偶然的事物。同时，他也展示了其在探索本源问题时的哲学思考。从这个意义上说，我们今天所了解的西式哲学以及科学，都是从泰勒斯这里开始的。

人们都说泰勒斯是哲学的开山鼻祖，因为自有文字记载以来，他就被公认为第一个进行哲学思考的人。但他的哲学思维并不是凭空而来的，而是长期仰望星空、注重观察地球上丰富多彩的事物，想要探索它们的真相进而发展得来的。他探究所有这一切的本质到底是什么，即那个包罗万象并使得宇宙一切能够产生、存在和发展的东西到底是什么。

亚里士多德最先肯定地指出，对事物原因的探寻是从泰勒斯开始的。他关心的不是事物的表象，而是其本质。应该讲这个问题既是哲学性的，也是科学最终想要证明的。时至今日，人们依然想要进一步获得这些最基本问题的终极答案。因为从人类有记载以来，是泰勒斯首先提出并研究了这些涉及哲学和科学两方面的问题，因此他当仁不让地成为研究哲学和科学的"双料第一人"。

柏拉图自己是一位鸟瞰世界的大学者，根据他的说法，泰勒斯以不问世间之事而著称。据说泰勒斯在观察夜空星星的时候，一直抬头仰望，无暇顾及脚下之"小事"，这说明他心中关注的是天上的"大事"（见题图上主人公的表情）。后来有很多科学家也跟他一样：哥白尼因为正确观察了斗转星移而提出了日心说；牛顿观察到苹果落地，进而联想到夜空上挂着的月亮，发现了万有引力；康德最关心的两件大事之一就是"头顶上的星空"；而哈勃则是采用了与泰勒斯同样的观测姿势（只不过借助了望远镜）才发现了宇宙膨胀。

泰勒斯试图通过经验和观察来探求、说明万物的本源，寻求对自然现象进行普适的、一般性的解释。他觉得，必定有某种物质是其他物质的来源，而该物质本身则保持不变。这种哲学观点可以看成其后原子论和还原论的雏形。

泰勒斯早就开始研究数学和天文学[①]，后来转向研究哲学，几乎涉猎了当时的全部思想领域，获得了崇高的声誉，被称为古希腊"七贤"之首。可贵的是他创立了古希腊最早的哲学学派——从利都学派；在解释自然现象时，他敢"让神一边去"[②]，根本不提超自然的力量。泰勒斯采用了哲学与科学相辅相成的研究方法，激发起人们的思想与观察。他的碑文上这样写道："他是一位圣贤，又是一位天文学家。在日月星辰的王国里，他顶天立地、万古流芳。"

创作感言

泰勒斯科学肖像描绘了他心怀疑问、抬头观察天象和手示物质关联的场景。我用左上的问号代表他的哲学思考，用右上的物联图代表科学问题，而位于满天星光中的那颗最亮的星就是泰勒斯本人，是他在科学和哲学间建立起了联系。

[①] 泰勒斯在数学方面的重要贡献是引入了命题证明的思想。这标志着人类对客观事物的认识从经验上升到了理论，其重要意义在于：保证了命题的正确性；揭示了各定理之间的内在联系，使数学构成一个严密的体系，为进一步发展打下基础；使数学命题具有充分的说服力，令人深信不疑。据说他提出并证明了下列几何学基本命题：圆被它的任一直径所平分；半圆的圆周角是90°；等腰三角形两底角相等；相似三角形的各对应边成比例；若两个三角形两角和一边对应相等，则两个三角形全等。在天文学方面，泰勒斯做了很多研究。他对太阳的直径进行测量和计算所得出的结果，与现今所测得的太阳直径相差很小。他还是第一个认为月亮是靠反射阳光而发光的古希腊人。

[②] 泰勒斯认识到，自然现象不是因为受到任意的影响而产生的，而是有规则的，并且受一定的因果关系支配。例如，他设想大地是由水托着的，而地震是由浮于大地之上的水中的波动摇晃所致的，根本不涉及波塞冬或其他的神（当时在古希腊较为普遍地认为地震是由海神波塞冬引发的）。他根据观察和推理来进行推测，而不愿接受任何与众神有关或与自然无关的答案；他探索地震、日食这些异常自然现象，寻求的是具有普适性的、一般性的解释，而不是个别情形。这为西方播下了科学的种子。

柏拉图（Plato，公元前 427—公元前 347）

02
柏拉图

兼顾哲学和科学的"理念论"

柏拉图是一位古希腊大哲学家，其哲学思想奠定了他整个学说的基石。雅典的学术在柏拉图时代走向系统化，因此，他被人们称为"西方思想之父"。柏拉图将古希腊唯心主义哲学发展到高峰，建立了一个庞大的、与其他科学思想浑然一体的客观唯心主义哲学体系——理念论①，它是柏拉图哲学的本体论。虽然他可能算不上纯粹的科学家，但由于其哲学思想对指导科学思维方法具有很大的贡献，我们可称他为广义上的科学哲学家。

柏拉图是杰出哲学家苏格拉底最优秀的学生，也是著名思想家、科学家亚里士多德的恩师，亚里士多德传承的正是他的科学哲学思想。柏拉图一生撰写了 36 本著作，这些著作大部分涉及政治和道德问题，也有一些是关于形而上学和神学的。在这些书中，他情不自禁地流露出了一些他特有的高妙科学思想和方法，这些思想和方法的作用微妙、间接，但影响广大而深远。

大约在公元前 387 年，柏拉图创建了后来被载入史册的柏拉图学园，在学园门前还立了一块牌子，上面写着"不懂数学者不得入内"，说明他对数学是极为重视的。这所学园后来存在了 900 多年。而建园后 40 多年间，柏拉图一边教书，一边从事哲学著述，在雅典度过了他的大部分岁月。特别注重数学的柏拉图用他的理念论告诉人们，圆的理念和直线的理念是最容易领悟的，因此，通过研究直线和圆这些几何对象可能更容易进入理念世界。在柏拉图看来，数学是通向理念世界的准备工具，所以在他的学园里，数学研究得到了极大的发展，他的学生中出了很多大数学家。

柏拉图本人的哲学思想受毕达哥拉斯学派影响很大，以至于许多人把他看作毕达哥拉斯学派的人。在柏拉图的哲学中，有一种神圣和高贵的东西，追求纯粹的理想是他的一大特色。而现代科学的实践证明，理想化是科学研究中创造性思维的基本方法之一。有些科学家将柏拉图的思维视角称为鸟瞰式的思维——理想、全面而长远；而将亚里士多德的视角比作井蛙式的思维——托勒玫的"地心说"就是建立在其思想基础之上的。有意思的是，文艺复兴时期的著名画家拉斐尔在《雅典学派》画作中，让柏拉图的手势指向了天空。

宇宙生成论是在柏拉图的《蒂迈欧篇》中提出来的——他借蒂迈欧这个人物之口，解释了宇宙的起源问题。柏拉图是哲学家，也算是一位数学思想家——他用几何学对现实的宇宙进行了分布。按照现在的说法，他有着一般人所没有的格局和理想化的大局观，所以，他的著作堪比几乎处于同一时代的中国老子的思想，面对头顶上的星空（科学）与人间的道德（哲学），人们都可以从中吸取思想养分。

柏拉图的思想和形而上学的理论，影响了后来的许多哲学家，也间接促进了科学思维与方法的发展。他的影响持续至今已经有 23 个世纪之久——比其他西方哲学家的都长。

创作感言

我在科学肖像中突出了柏拉图那微皱的眉头、洞察事物的眼睛和反映在著作中深邃思想的光芒。这位在世界科学哲学史上影响力存续了 2000 多年的学者，夹着《蒂迈欧篇》（其中提出了宇宙生成论），其右手指向上天及提出了理念论的《理想国》。虽然柏拉图个人对数学的具体贡献不详，但他对数学演绎方法的建立和完善起到了重要的作用。在《理想国》中，柏拉图谈到了应该重视对立体几何的研究，而且他已经知道正多面体最多只有 5 种：正四面体、正六面体（立方体），正八面体、正十二面体和正二十面体——题图中左下部分给予了具体描述。

---

① 理念论：柏拉图相信，真正实在的不是我们日常所见所闻的种种常识和感觉。这些东西千变万化、转瞬即逝，是不牢靠的，真正实在的是理念。哲学的目的就是把握理念。理念先于一切感性经验，具有超越的存在，日常世界只是理念世界不完善的摹本。任何一张桌子都有这样或那样的缺陷，不足以代表真实的桌子。只有桌子的理念才是完美无缺的。在诸多自然事物中，数学的对象更具有理念的色彩，虽然它也不是理念本身。比如，我们所见到的任何一个圆显然都不是真正的圆，谁也不能说自己画得足够圆；我们所见到的任何一条直线也不是真正的直线，因为真正的直线没有宽度，而且没有任何弯曲。真正的圆和真正的直线，不是我们感觉经验中的圆和直线，而是圆的理念和直线的理念。它们是最容易领悟的理念。由此，通过研究直线和圆这些几何对象，更容易进入理念世界。

老子（春秋末期）

03

老子

中国哲学诠释 "道法自然"

在《影响人类历史进程的 100 名人排行榜》中，美国作家麦克·哈特将生活在公元前 4 世纪的中国古代哲学家、写下道家经典之作《道德经》的老子列入其中，证明其人其著作的世界性地位。中国的典籍浩如烟海，《道德经》是其中有史以来译成外文版本最多、海外发行量最大的一部[①]。

据热衷老庄哲学的著名华裔数学家陈省身回忆，他曾到爱因斯坦晚年在普林斯顿的家中做客，发现其书架上有一本德文版的《道德经》。陈省身总结说："西方有思想的科学家，大多喜欢老庄哲学，崇尚道法自然。"

《道德经》是一部风格隐晦、可以有多种理解的图书，正因如此，它启发了各类读者的不同思想——其中心观念是"道"。我们现在可以认为"道"的意思就是"自然"或"自然规律"。比如对"水"自然属性的理解，道家认为它是非常柔弱而心甘情愿地向低处流淌，即使遇上最微弱的阻力，也不表示反抗，从而绕道行之；然而水又是不可摧毁的，在一些特殊情况下，它势不可挡。所以，我在题图中有两处表现了水，一处是画面左上侧自由下落、跌入山谷的瀑布，另一处为老子胡须下端突卷的巨浪，它们辩证地反映了水的双重性。又比如，我们现在认识到的宇宙中只有两种最基本的力——引力与斥力，这也反映了力的双重性，可以看成力的自然之道。

《道德经》在中西方影响都很大，它具有普遍哲理性。在这部 5000 余字的著作中，思想内涵极为丰富。在西方，《道德经》比其他儒家、哲学的著作都更流行，这源于这本著作将自然规律与社会道德统一了起来，并寻求其共生之道，而不仅仅是关注社会关系问题。《道德经》中还包含有东方思想体系中少有的演绎性思想——"道生一，一生二，二生三，三生万物"（标注于题图中老子那顶具有道家特点的帽子上）。这本书将这种逻辑推演思想用在了万物起源的论述上，中国古代哲学中已经蕴含了科学哲学。

《道德经》的科学哲理还体现在对整个宇宙深层规律的精辟阐述与递进式论述上，即"人法地，地法天，天法道，道法自然"（见题图中老子身着具有道家特色的黑衫上，右边台阶暗喻着此论述的递进关系）。同属此逻辑"大道"的有：达尔文的生物进化论（"人法地"），牛顿的万有引力定律（"地法天"），爱因斯坦的狭义与广义相对论（"天法道"）和大爆炸宇宙（"道法自然"）……我们可按其科学哲理去寻找万物至理。因此，我将水道、山道与自然之道等尽显于题图之中。而整幅画用了黑白表达，一是表明道家很重视黑、白这两种自然颜色，二是表明人、地、天、道的一脉相承性。

在中国，道教蕴含的高明的哲学思想对科学研究具有启示性和指导性，而好的科学指导原则没有东西方之分——老子的《道德经》就是这样的经典科学哲学之作[②]。

创作感言

创作老子的科学肖像的思路渗透于上述正文之中。对世界科学哲学的贡献而言，中国典籍中《道德经》难有匹敌者。可以预料，人类最终实现知识统一和对自然宇宙完整理解的"参考文献"中，必然有这本书的一个位置。老子的哲理思想对过去、现在甚至未来的科学研究都有哲学上的指导与启示意义，它虽然没有给出自然社会的具体构架，但却从广义上大道至简地给出了自然宇宙的一种推导逻辑。

---

① 事实上，该书至少有 40 多种英文译本，据国外一些资料，除了《圣经》以外，其他任何图书在发行数量上都无法与其相比。

② 道教思想体系本身是中国古天文学、古化学、古医学、古地理学和古数学的发源体。道家之道，既是宗教之道，也是自然研究之道，其中不乏丰富而辩证的科学哲学思想。围绕这一体系所形成的含有科学思想的学科门类也相当丰富——可分为博物学、天文学、地理学、数学、物理学、医药学、化学、生态学、养生学等。所以，中国历史上的各时代，有很多知名之士研究过道家之学，比如屈原《问天》的思想基础，追根寻源，来自老子的哲学。现代科学史上的一些大家也曾受到过道家思想的深刻影响，如提出"互补原理"的量子力学哥本哈根学派创始人玻尔、日本第一位诺贝尔物理学奖获得者汤川秀树。

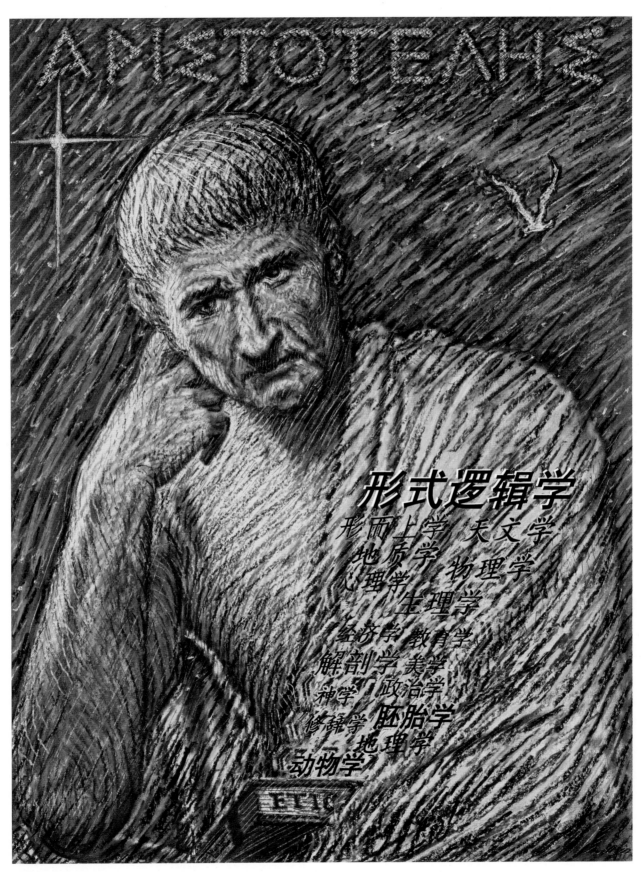

亚里士多德（Aristotle，公元前 384—公元前 322）

04

亚里士多德

"形式逻辑"惠及科学与哲学

相对于现代科学哲学家，古希腊的亚里士多德应该算作广义上的科学哲学家。他既是世界著名哲学家，又是一位古代百科全书般的科学家①。他开创了形式逻辑学，丰富和发展了哲学的各个分支②，同时对科学做出了巨大贡献。比如，有了形式逻辑学的基础，在他之后的欧几里得顺理成章地搭建了几何推演的形式逻辑体系。

17岁时，亚里士多德奔赴雅典，在柏拉图学园就读达20年的时间，直到其导师柏拉图去世后才离开。他一直有着自己的信念，"吾爱吾师，吾尤爱真理"是他的座右铭。也许是受父亲（马其顿国王的御医）的影响，亚里士多德对生物学和实证科学饶有兴趣；而在柏拉图的影响下，他又对哲学推理产生了浓厚兴趣，这是他在科学与哲学两方面都做出巨大成就的起因。

亚里士多德的许多思想在今天看来可能已经过时了。但是，成就他事业的基石——理性思维，比任何一个具体理论都更为重要。他的著作所表述的观点是，人类生活及社会的每个方面，都是思考与分析的客体；宇宙万物都遵循着一定的规律运行，而不受任何神灵所控制；我们应当通过实验和逻辑分析，得出自己的结论。亚里士多德的这种反传统、反对迷信与神秘主义的主张，对西方文化产生了深远的影响。

亚里士多德对世界文明的贡献之大，令人震惊。他至少撰写了170部著作，其中流传下来的有47部。当然，仅以数字衡量是远远不够的，更为重要的是他渊博的学识令人折服。他对世界的贡献领域之广无人可比（见题图中他典型古希腊式服装上标识的众多学科）。但他的成就远不止于此。他还是

一位真正的科学哲学家，不但对哲学的几乎每个学科都做出了贡献，而且将其哲学思考运用到科学研究之中。

中世纪，随着亚里士多德的作品不断被发现，出现了一个研究亚里士多德理论的时代，学者们以其作为求得各方面真知的基础。亚里士多德在研究方法上，习惯于对过去和同时代的理论持批判态度，提出并探讨理论上的盲点，使用演绎法推理，用三段论的形式进行论证。但具有讽刺意义的是，他的怀疑和批判精神也被欧洲文艺复兴后的学者们所运用，成了反过来批判他的传统思想的利器——他的许多观点在当时被认为是具有先进性的，但在现代科学倡导实验证明的环境下和氛围中就不那么正确了。例如，托勒玫的"地心说"就是建立在他的思想基础之上的，经过哥白尼的思想革命和伽利略等人的科学实验，被证明是错误的③。

如果我们想要找到科学哲学的原点人物群，那恐怕就是以泰勒斯、亚里士多德等人为代表的古希腊众先贤们了。尽管在现代科学中，亚里士多德的影响力明显下降了——那是因为他的思想体系在欧洲文艺复兴时期后出现了拐点，但是他的科学哲学体系（特别是其形式逻辑学和理性思维）已成为现代科学的支柱之一。

创作感言

题图中，一颗反射了太阳光辉的水珠，竟然产生了巨大的辐射和影响；一只遨游在爱琴海上的鸟儿，居然有着那么长的"思想航程"；而主人公身着的典型古希腊蓝绿裹衫上有着琳琅满目的"学科装饰"。我试图通过这些，反映出亚里士多德的科学哲学史思想影响了人类长达2000多年，且影响范围深远。

---

① 形式逻辑学：在科学哲学方面，亚里士多德最大的贡献在于创立了形式逻辑学这一重要分支学科。逻辑思维是他在众多领域卓越建树的支柱，这种思维方式影响到哲学的其他分支，也始终贯穿于其研究和思考之中。

② 亚里士多德的科学著作在那个时代简直就是一本百科全书。在自然科学方面，其内容涉及天文学、动物学、胚胎学、地理学、地质学、物理学、解剖学、生理学，即涉及古希腊人已知的所有学科；同时，他的哲学、社会科学的写作还涉及道德、形而上学、心理学、经济学、神学、政治学、修辞学、美学、教育学、诗歌、风俗，以及雅典宪法等方面。

③ 具体的"地心说"体系由托勒玫的《天文学大成》最终完成。有意思的是，在壁画巨作《雅典学派》中，画家拉斐尔将亚里士多德的手势方向朝地，其科学思想也被一些学者称为"井蛙式"视角——他对具体、实在而又庞杂的学科分支的"过分"探索，可能是导致他世界观形成的根深蒂固的原因。相对而言，有些学者称他的老师柏拉图的视角为"鸟瞰式"。

弗朗西斯·培根（Francis Bacon，1561—1626）

05
培根

试图使 "归纳法" 更趋于完善

科学哲学可解释为科学的一般方法论。作为各具体学科的方法论、认识论等狭义的科学哲学诞生于 19 世纪；而广义的科学哲学可以追溯到古希腊亚里士多德的《后分析篇》，其中阐明了演绎法①、归纳法② 等学术论证的结构，可以说这是科学方法论（科学哲学）的源头之作。英国的培根则在《伟大的复兴》中试图使 "归纳法" 更加完善。

培根一生大部分的时间是在官场上度过的，但其主要兴趣还是在业余的学术研究上。1621 年，在仕途中止后，他开始专门研究科学和哲学。培根对哲学的贡献体现在多个方面，其中与科学相关的是，他建立了一种过渡形态的唯物主义哲学，被马克思誉为 "英国唯物主义和整个现代实验科学的真正始祖"。

培根认为，客观物质世界的存在毋庸置疑，科学认识的对象就是客观存在着的事物。他把哲学研究和自然科学，特别是和有计划的实验联系了起来。他主要的哲学著作有《学术的进展》和《新工具》等。培根在《新工具》中阐述了他的科学方法论（见题图左下角主人公翻开的书），批判了经院哲学所坚持的亚里士多德的科学推理程序，提出了自己的实验归纳方法论。

整个哲学思想与自然科学的成就及普通文化的发展有着密切的联系，这是培根哲学的特色，他将实验分析法从自然科学搬到哲学中来，并且详细地研究了这种方法，并试图用它去认识世界。他认为，科学的基础不应该只是猜想，而应该是对客观世界的事物和活动进行分析，这就需要一定的方法——经验方法（实验方法）。他强调的是有计划的实验，而不是偶然的经验；真正地要解释自然界，也就是正确地进行

实验。所以他说，我们应当拿着圆规和直尺去研究自然界——就像那之后很多科学家肖像（如经院哲学英国诗人、画家布莱克 1795 年创作的油画《牛顿》）中描绘的那样。科学家应该先研究事实，然后对所掌握的事实材料进行分析和思考，从而得出一定的理论结果，再根据这些结论去获取新的认识。培根的上述方法无疑是对神学教条的彻底否定，同时包含着机械论的先声。

在倡导实验方法的基础上，培根提出了一种新的科学认识方法——归纳法。他认为，归纳是科学方法的基础，也就是从个别事实的知觉出发，一步一步地逐渐上升，最后才概括出普遍的原理。归纳法是相对传统的演绎法而言的。他提出，三段论的演绎推理只能确立错误，不能帮助人们探求真理，因此，我们唯一的希望就在于一种真正的归纳。可以看出，培根的归纳法，一是不允许不理性地做不着边际的幻想，二是不排除 "从定理中推演或引导出新的经验" 的演绎法。培根的归纳法对科学发展具有很大的指导意义。

近代科学诞生的主要标志是建立了一套有别于古代和中世纪的自然观和方法论。在 17 世纪末，这样的自然观和方法论建立了起来，并且在飞速发展的自然知识领域发挥作用。它们就是机械自然观和实验 - 数学方法论。近代的自然科学家和哲学家共同树立了这个新的知识传统。在强调这种自然观以及倡导实验方法方面，培根从科学哲学的角度带来了深远的影响。

创作感言

培根在哲学、科学、文学领域均取得了很大成就，他有一句经典名言——"知识就是力量"（见题图左上角中英文对照）。他逝世后，人们为他建立了纪念碑，上面刻有更煊赫的名头——"科学之光"。题图所呈现的肖像就是依照这一赞美之意刻画的：自然的能量来自太阳，而人类的力量来自知识，"科学之光" 犹如题图背景上呈现的寒夜之后的暖阳，它需要一套符合规律的正确方法才能获取。

---

① 演绎法又称演绎推理，指从一般性知识推出特殊性知识的推理。它是推理的基本形式之一，是一种必然性推理，它推理的前提与结论之间有蕴含关系，由真实的前提可以必然地推出真实的结论。

② 归纳法又称归纳推理，是由已知的若干个别性、特殊性或一般性程度较低的知识（事实）为前提，推出一般性新知识或一般性程度较高的知识为结论的推理过程和思维方法。它是一种与演绎推理过程相对立的推理。

伏尔泰（Voltaire，1694—1778）

06
伏尔泰

科学、哲学融合成 "启蒙运动"

伏尔泰（真名为：弗朗索瓦－马利·阿鲁埃）是 18 世纪一位法国诗人、作家、历史学家，他是当时思想解放的倡导者。他本人并不是科学家，但他对科学很有兴趣。其实他也不是十足的哲学家。广义上讲，他从英国的洛克、培根等哲学家那里获得了思想，然后加以发展，进行通俗化，让理性的科学、哲学等融合，从而促成了法国的 "启蒙运动[①]"，并通过《百科全书》[②]进行传播。实际上，伏尔泰是科学哲学领域的一位普及者和践行者。

1726 年后，在英国的旅居成了伏尔泰的转折点。他熟悉洛克、培根、牛顿、莎士比亚等人的思想和作品，了解了那个时代英国流行的思想观念，被莎士比亚及英国的科学和经验主义深深触动。回到法国后，他写下了自己第一部哲学著作《哲学书简》，该书出版于 1734 年，标志着法国启蒙运动的真正开端。他还特别以法国学界逐渐熟悉的笛卡儿作为背景，介绍牛顿的物理学，并以通俗的方式，与笛卡儿体系相对比，向法国公众介绍牛顿的宇宙体系。

伏尔泰是一位真正的历史学家，他有关全球历史的观点在两方面有别于以往的学者：一是他认为文化史比政治史更重要；二是他承认欧洲只是世界的一部分。通过他的著作，民主思想、宗教宽容和知识自由的精神传遍了法国乃至整个欧洲。公平地说，伏尔泰是启蒙运动的杰出先导。首先，他长期的专业生涯及辛辣的文风，让他赢得了广泛的读者；其次，他的思想是整个启蒙运动中最具代表性的，而且他的著作早于启蒙运动其他重要人物的作品。

在 18 世纪众多的思想家中，伏尔泰被公认为法国启蒙运动的泰斗和灵魂。他多识博学，著述宏富，才华横溢，在戏剧、诗歌、小说、政论、历史和哲学诸多领域均有卓越贡献。他的思想启迪了法国民众的心智，影响了整整一代人，其他的启蒙思想家们公认他为导师。他的一生几乎跨越了整个法国启蒙运动时期，推动着该运动的发展和扩展到整个欧洲。

《百科全书》是哲学家狄德罗和数学家达朗贝尔两位编辑构想出来的，成为科学家与哲学家联手的舞台。其他的文章则是由当时许多大名鼎鼎的思想家供稿，如孟德斯鸠、卢梭、霍尔巴赫和孔多塞，其中也包括先驱者伏尔泰。《百科全书》的这些编纂者让理性插上翅膀，为经验科学哲学思想提供了传播途径。

创作感言

18 世纪法国 "启蒙运动" 是人类历史上一个光辉灿烂的时代。在当时众多的思想家中，伏尔泰是公认的领袖和导师。参与编撰《百科全书》的思想家、哲学家、科学家群星闪耀，其中包括伏尔泰，他们共同为经验科学哲学思想的传播提供了一条理性的途径。题图中的形象是步入中年的、成熟的伏尔泰与他的作品《哲学书简》——在星点油灯的照耀下，他拨开 "黑夜" 的笼罩，传播和放大了那个时代英国著名思想家们的光辉思想，成为法国启蒙运动耀眼群星中最大、最亮的一颗。

---

① 17 世纪近代科学诞生了，当时大众还不了解新兴的自然哲学和科学方法论。18 世纪的法国启蒙运动在科学知识与科学精神的传播方面起到了举足轻重的作用。

② 《百科全书》：1751 年，狄德罗、达兰贝尔主编的这部书的第一卷在法国巴黎出版。这部书共 28 卷，丰富了 18 世纪的理性主义精神。这一巨大工程涵盖了历史、文学、科学、艺术和哲学领域。它生动形象地评估了过去的思想。它的指导原则是，理性和知识将人类带入一个新时代的门口，在这个时代里，人类将摈弃过去的无知，塑造更好的生活。在这个过程中，科学革命将发挥重要作用。科学家已经开始洞察大自然的秘密，并且将不可避免地继续进行下去，直到人类完全征服环境。对未来的乐观主义和对进步的无限信心来自对理性和科学的信任。《百科全书》描述了物理、化学、医药、天文、地球科学和自然史方面的现代思想。除此之外，它还通过文字和一系列图片介绍了那个时期的工艺和技术，如玻璃制造、造船、化学药品的配制、时钟设计、武器铸造、望远镜原理、外科手术方法和导航科学，由此成为那个时代完整的科学记录。

卡尔·海因里希·马克思（Karl Heinrich Marx，1818—1883）

07

马克思

可视为科学哲学的 "一名言"

1999 年，英国剑桥大学文理学院教授们发起人类公元纪年第二个千年的 "千年第一思想家" 的评选，结果马克思位居第一。2005 年 7 月，英国广播公司以古今最伟大的哲学家为题进行了调查，3 万名听众参与，马克思同样得票率第一。

按照美国《康普顿百科全书》中对 "科学" 的分类，社会科学属于 "科学" 三大门类之一，那么，马克思终身所从事并取得杰出成就的政治经济学等，也应该让他享有伟大科学家的声誉。正因为既是科学家，又是哲学家，马克思对科学哲学有着非凡思考，并得出了一个属于科学哲学范畴的结论，"在科学上没有平坦的大道，只有不畏劳苦沿着陡峭山路攀登的人，才有希望达到光辉的顶点"（引自马克思《资本论》第一卷法文版序言和跋）。

上述名言是马克思基于个人长期的科学研究，从大量史实中总结出来的，体现了一位大哲学家对科学结构体系的构建及如何逐步登攀其高精尖顶峰的深入思考。而我们也可以借助这个结论，搭建一个对科学哲学认识的形象结构——"科学金字塔"，借以深刻认识马克思科学哲学思想。

马克思这段名言中有 3 个关键词引发了我们对其科学哲学的联想：第一，科学的 "大道"——科学进步的路径；第二，"不畏劳苦沿着陡峭山路攀登"——获得科学的真知是一个具有极大难度和高度的动态过程，如同攀登陡峭的山体；第三，"光辉的顶点"——科学的形象结构是一种有高峰的山形。按照科学假设的理想化原则，我们可用金字塔这一构架模式作为马克思科学哲学的形象载体。"科学金字塔" 位于人类文化整座山峰的顶部，犹如古埃及胡夫金字塔顶端之 "顶角锥[①]"。

"科学金字塔" 的概念，可由下至上地被理解为其塔层犹如库恩的 "常识→前科学→常规科学" 的递进关系，也可以理解成杨振宁的 "唯象理论→理论构架→数学形式" 物理学理论的形象表达。又如，我们常将科学成就的等级比喻为王冠和王冠上的明珠。

1867 年，《资本论》这部马克思一生中最为重要的科学著作的第一卷出版，他在此书的序言中写道："本书的最终目的就是揭示现代社会的经济运动规律。" 这一规律后来演绎成了他的辩证唯物主义理论。恩格斯在马克思逝世后写道："正像达尔文发现有机界的发展规律一样，马克思发现了人类历史的发展规律……不仅如此，马克思还发现了现代资本主义生产方式和它所产生的资产阶级社会的特殊的运动规律。" 同时，马克思还是科学社会主义学说的奠基人，他的著作构成了共产主义和近代社会主义理论的基础。也是他首次认识到经济基础在人类社会生活中的重要作用，及其对文化和思想发展所产生的重要影响。

马克思为了写成《资本论》，参考了无数图书，20 年如一日在大英博物馆的阅览室埋头研究，筑就了人生境界的高度，最终攀上了 "科学金字塔" 的塔尖——《资本论》闪耀着真理的光芒。

创作感言

马克思是一位不畏艰险、敢于攀登，最终达到了科学之 "光辉的顶点" 的思想家。他所描绘的动态攀登结构和方法属于科学哲学范畴。因此，我用 "科学金字塔" 的几何体来表现这一点。在艺术处理上，我将这部《资本论》置于其他图书之上，凸显其重要地位。艰辛的科学攀登，发白的发须；烛光在幽暗的房屋里闪耀，象征着马克思将其思考升华到了科学思想的顶点……

---

① 古埃及的每座金字塔原先在顶部都有一个 "顶角锥"（一种微小且与整个金字塔相似的立体几何结构）。它往往被古埃及人用作题刻或镀金以烘托破晓时分太阳的光线，犹如人类期盼不断有新发现的真理之光辉。马克思科学哲学思想体系中，人类庞大的 "文化金字塔" 顶部也有微型金字塔——科学，而科学又是人类文明中一种罕见而精准的文化现象——这些等效于金字塔形象结构的比喻对我们理解马克思科学哲学之名言大有裨益。

$$\pi_1(M) = 0 \Rightarrow M \simeq S^3$$

亨利·庞加莱（Henri Poincaré，1854—1912）

08

庞加莱

强调 "直觉主义" 的科学哲学

法国数学家、物理学家、天文学家庞加莱对直觉的理解和有效利用都是建立在其科学哲学的基础之上的。他的著作《科学与假设》（1902 年出版）、《科学的价值》（1905 年出版）、《科学与方法》（1908 年出版）、《最后的沉思》（1913 年出版），在科学哲学领域均有着不俗的影响力。

庞加莱是一位学识渊博的科学家，在论证自己的哲学观点时，不仅大量引证了他所精通的数学、物理学、天文学方面的材料，而且还涉猎其他众多学科领域，他所掌握材料的丰富程度绝非纯粹哲学家所能及。同时，他还是一位具有哲学头脑的科学家，他研究、探索的问题，具有超出一般科学家的视野。爱因斯坦称他为 "敏锐的、深刻的思想家"。

庞加莱被公认为 19 世纪后期和 20 世纪初的领袖级数学家。他因对电子理论的研究被认为是相对论的理论先驱。可是，没有太多人知道他对科学哲学思想还有一定的影响——在科学哲学上，庞加莱继承了马赫等人的传统，汲取了康德的一些思想。他通过对科学的哲学反思意识到，无论是康德的先验论，还是马赫的经验论，都不能说明科学理论体系的特征。为了强调在从事实过渡到定律以及由定律提升为原理时，科学家应充分享有发挥能动性的自由，他提出了约定主义，并成为约定主义哲学[1]的代表人物。

约定主义既要摆脱狭隘的经验论，又要摆脱先验论，它反映了当时科学界自由创造、大胆假设的氛围，在科学史和哲学史上都有其积极意义。庞加莱的约定主义和马赫的经验主义都是逻辑经验主义兴起的哲学基础。此外，庞加莱对科学方法论的问题也有专门研究。关于假设、科学美、简单性

原则、事实的选择、直觉与发明创造，他都有精彩的论述和独到的见解。在数学哲学上，他在发现数学悖论的情况下复活了 "直觉主义[2]"，从而成为数学直觉主义学派的先驱。

在《数学中的直觉和逻辑》一文中，庞加莱对 "可觉察的直觉" 和 "纯粹数的直觉" 都做了肯定，他认为这两种直觉都是数学创造的主要工具。2000 年，美国克雷数学研究所将他的 "庞加莱猜想[3]" 列为 7 个 "千禧年大奖难题" 之一。而几十年来，每隔 20 年都有一个大奖授予庞加莱猜想，如 2006 年菲尔兹奖。

猜想一定以直觉为先导，而猜想的连续被证明，则意味着猜想者直觉的准确性极高。庞加莱的影响[4]整个改变了数学科学的状况，在各个方向上都打开了新的道路。他一生发表科学论文约 500 篇，出版科学著作约 30 部，几乎涉及数学的所有领域以及理论物理、天体物理等重要领域。可以说，庞加莱是一个用科学哲学思想和直觉进行探索的科学家。

创作感言

庞加莱科学哲学观念体现在他对数学及其应用具有全面的知识。题图中的 "庞加莱猜想" 图景有点海豚跃起的感觉，也有点像鹅毛笔，而人像的背景则是这个猜想的比喻性图景——一个巨大的充气空间，足球式样表面，具有 "单连通的" 拓扑性质。题图中庞加莱右手上方的方程式即为 "庞加莱猜想" 的简化公式。

---

[1] 约定主义哲学认为科学公理是人们为了方便而定义或约定的，可以在一切可能的约定中进行选择，但需以实验事实为依据，避开一切矛盾。

[2] 直觉主义强调直觉或直观在认识中的作用的思潮和学说，它主张不受逻辑规则的约束，认为直觉是比抽象的理性更基本、更可靠的认识世界的方式。

[3] 1904 年，庞加莱提出了一个看似很简单的拓扑学猜想，即在一个三维空间中，假如每一条封闭的曲线都能收缩到一点，那么这个空间一定是一个三维的圆球（或表述为任何一个单连通的、封闭的三维流形都与一个三维球面同胚）。后来这个猜想被推广至三维以上的空间："任何与 n 维球面同伦的 n 维封闭流形必定同胚于 n 维球面。" 这被称为高维 "庞加莱猜想"。

[4] 庞加莱一生中在数学和物理的各个领域都有建树，其中以其名字命名的科学发现就有庞加莱球面、庞加莱映射、庞加莱引理、庞加莱定理等。如今，地球上有 "庞加莱大学"，月球上有 "庞加莱环形山"，小行星中有 "2021 庞加莱"，等等，可见其影响之广。

欧文·薛定谔（Erwin Schrödinger，1887—1961）

09
薛定谔

哲学思想家俘获 "波动力学"

严格来讲,出生于奥地利的理论物理学家薛定锷并不是一位哲学家,然而他却是一位对认识论感兴趣的物理学家。按海森伯的话说,他是一个 "百分之百的哲学思想家"。他兴趣广泛,乐于跨越学科,具有哲学思考,由此对世界做出了多方面的贡献。

很多人认为,科学家就应该是科学家,哲学家就应该是哲学家。而薛定谔既是科学家,又是掌握了科学认识论的哲学思想家。他是现代量子力学的另一种形式——波动力学形式的奠定者,开先河地创立了分子生物学的概念及其理论基础。因发现了原子理论的有效新形式,他与狄拉克共同获得了 1933 年的诺贝尔物理学奖。

1924 年,法国物理学家德布罗意受到爱因斯坦光的波粒二象性的启发,提出物质电子不但具有粒子性,同时也具有波动性。1925 年底到 1926 年初,薛定谔在德布罗意的 "物质波" 理论的启迪下,通过经典力学和几何光学间的类比,提出了对应于波动光学的量子力学的波动力学方程[①],奠定了波动力学的基础。

最初,薛定谔试图建立一个相对论理论,但由于当时还不知道电子有自旋,所以关于氢原子光谱精细结构的理论与实验数据不符。之后,他改用非相对论波动方程——后来人们称之为 "薛定谔方程"(见题图中烟斗冒出的 "白烟方程式")来处理电子,得出了与实验数据相符的漂亮结果。他还基于科学哲学的认识论,学习爱因斯坦等科学哲学家们的方法,提出了理解量子力学的 "薛定谔的猫" 之 "思想实验"[②]——就这样,薛定谔用宏观世界猫的生死,说明了微观世界的混沌,进而生动地说明了量子力学的本质,使这个实验通俗易懂,成为科学史上最著名的十大思想实验之一。

1944 年,薛定谔以广博的知识作基础,加上敏锐的洞察力,将物理学新理论应用到生物学中,出版了通俗科学读物《生命是什么》[③]。书中用崭新观点解释了复杂的生命现象,开创了物理学和生命科学相结合的新天地。由于薛定谔在物理学界影响巨大,这本书受到广泛的关注,被誉为 "唤起生物学革命的小册子"。沃森、克里克等多位后来开创分子生物学的著名科学家,正是在这本书的影响下开始了对生命的奥秘——DNA 结构的探寻。薛定谔还发表了许多科普文章,这些文章至今仍然是进入广义相对论和统计力学世界的最好向导。

创 作 感 言

薛定谔具有一种科学诗人般的气质,他一生都有极其广泛的爱好,建树颇丰——从描述微观世界抽象的 "薛定谔方程" 到宏观性、微观性兼具的 "薛定谔的猫" 的思想实验,再到试图用物理学和化学来解释生命本质的《生命是什么》之广泛影响,可谓丰富多彩。因此,我将他多项标志性的贡献错落排布在题图的右侧,以此呈现他的诸多成果。科学肖像中,薛定谔的猫之生死突显出科学与哲学相联系的妙趣图景。

---

① 在了解了德布罗意的思想后,薛定谔发现了可以描述这些波的合适的偏微分方程——它在原子时代物理学的文献中应用广泛。方程的提出只稍晚于海森伯提出量子力学的矩阵形式,这使薛定谔一举成名。同年,他还证明了自己的波动力学与海森伯的矩阵力学在数学上是等价的。

② 薛定谔接受了爱因斯坦 "思想实验" 的可行性,并利用最著名的 "薛定谔的猫" 的思想实验,把量子力学中反直觉的效果转嫁到日常生活中的事物上来。在这个思想实验里,薛定谔假设:一只猫被封在一个黑匣子里,匣子里有食物也有毒药。按常规理解,黑匣子里的猫要么是死的,要么是活的,与你是否打开黑匣子察看无关。然而,量子理论却说这猫在黑匣子里是既死又活的,它是活态与死态的叠加态;只有到打开匣子进行观测的那一刻,才能决定猫的命运。这个思想实验生动地体现了量子力学的不确定性。

③《生命是什么》提出了 "负熵" 的概念,试图用热力学、物理学和化学理论来解释生命的本质,它使许多青年物理学家开始注意到生命科学中提出的问题,从而引导人们用基本学科的方法去探寻生命的奥秘。这也使薛定谔成为蓬勃发展的分子生物学的先驱。

托马斯·库恩（Thomas Kuhn，1922—1996）

⑩
库恩

探寻科学革命之 "范式转换"

库恩是一位优秀的科学史家，他提出的 "范式①" 论是一种科学史撰述的方法论，由此，他也可以被看作杰出的科学哲学家。在从物理专业转向科学史研究的过程中，库恩发现，科学在逼近最终真理的道路上，其发展或前进并不是得益于成果在数量上的连续累积，而是只有通过 "科学革命" 这种阶段性的 "范式转换" 才可实现。因此，他的科学观主张用 "进化" 来替换 "进步" ——这个基本命题包含了对当时占主流地位的逻辑实证主义的根本挑战。所以，他所提出的问题在科学哲学领域引起激烈的争论。

"范式" 这一概念的创始者就是库恩。在 20 世纪 60 年代左右，范式演绎出了推动其后科学哲学潮流的变革；范式概念作为专业术语使用时，其范畴远远超出了库恩当初的设想，它以极其迅猛的速度变成了一种日常用语。实际上，"范式" 一词在古希腊语中早已有之，库恩的新贡献则是给它赋予了在科学史、科学哲学专业用语中的新含义。

如果我们把科学哲学解释为学问的一般方法论，那么其起源就和哲学的历史同样古老②。科学是从自然哲学中分离出来、作为一种 "新知" 独立存在的，对具体学科进行专业分类则是 19 世纪以后的事情。也就是说，各具体学科的方法论、认识论等狭义之科学哲学的建立，是在范式这个概念被提出来之后的事。

库恩提出 "范式转换" 的典型的科学史案例就是 "哥白尼革命"。通常我们认为哥白尼是一位优秀的天文学家，是他搜集了准确的观测数据，并发现了新的观测事实，因此才得以实现了从 "地心说" 向 "日心说" 的理论转换。但实际上，哥白尼当时所得到的观测数据与托勒玫所掌握的并没有什么不同，只是他的思想方法发生了变化，即采用了一种艺术性的视角转换。正是他使用了 "与从前相同的一系列数据"，通过把它们套用到新视角体系③ 中，才构建出了 "日心说"。

我们通常认为，系统地记述宇宙结构的学说就是宇宙论。而搭建起古代 "地心说" 这一宇宙论框架的是亚里士多德，最终将其完成的是托勒玫。因此，在中世纪，与基督教的世界观相结合、直到近代初期一直支配着人们观念的这种宇宙论，通常被称为 "亚里士多德的宇宙观"。直到欧洲文艺复兴时代，哥白尼才完成了科学哲学意义上的 "范式转换"。

"范式" 一词应该拿到 20 世纪流行用语的大奖——可能有人不熟悉库恩的名字，也有人没有接触过科学史或科学哲学这些专业，但一旦提到 "范式" 这个词，他们必定有所耳闻，因为各行各业都有可能用到它。

创作感言

关于库恩与范式的形象绘画表述已在上面正文中有所涉及。题图中左上角下端的圆图就是托勒玫地心说的示意图，而上端的圆图则是哥白尼 "日心说" 的示意图。在库恩的认知里，"哥白尼革命" 对托勒玫来说就是一个范式转换。英国历史学家巴特菲尔德说过，"更换思维的帽子"，这种思维的转换在今天和未来仍有必要。我采用了这个 "转换" 作为设计的切入点，体现其在库恩的掌握之中。

---

① 范式是哲学用语，即体系或范例。科学共同体在其专业或学科中所具有的共同信念及所衍生的基本观点、理论和方法，以及在此基础上形成的共同理论模式和解决问题的框架。

② 在《后分析篇》中，古希腊的亚里士多德阐明了演绎法、归纳法等学术论证的结构。此外，英国的培根在《伟大的复兴》中试图使归纳法更加完善；法国的笛卡儿在《哲学原理》中阐明了自然哲学；康德在《纯粹理性批判》中试图建立起欧几里得几何学和牛顿物理学在认识论上的基础等，这些都可以算作广义的科学哲学的成果。

③ "新视角体系" 是视角发生根本改变后的产物——哥白尼革命是从地球看宇宙的视角转换到了从太阳看宇宙的视角。如果对拉斐尔名画《雅典学院》中心两位核心人物的手势（柏拉图 "手指向天" 与亚里士多德 "手掌朝地"）所表示的观念进行解析的话，那柏拉图的视角为 "鸟瞰式" 的，而亚里士多德的视角是 "井蛙式" 的。但那时，对鸟瞰式世界观并没有一个具体的宇宙论，而这个理想却在哥白尼的革命中实现了。

10

科学幻想图景

　　科学幻想是根据有限的科学假设（某些东西的存在、某些事件的发生），在不与人类最大的可知信息量（如现有的科学理论、有据可考的事件记录）冲突的前提下，虚构可能发生的事件。科幻有"硬科幻"与"软科幻"之分。以前，科幻作家多诞生于西方世界，许多科幻作家的幻想都实现了；近些年来，随着中国科幻事业的不断发展，也出现了一批在国际上获奖的中国作家。本章描绘了10幅科学人物肖像，并解析其所凸显的科学幻想图景。

玛丽·雪莱（Mary Shelley，1797—1851）

01

玛丽·雪莱

创科幻文学的"弗兰肯斯坦"

英国女作家玛丽·雪莱创作并出版于 1818 年的《弗兰肯斯坦》一直被奉为科幻文学的开山之作——如今它已被视为世界上第一部具备完整科幻小说特征、对后世影响深远的长篇小说。它充满了终极人性的关怀和奇思妙想，也被看作科学对世界所产生的影响在文学上的第一次反响、一则关于创造和追求的让人忧心忡忡的寓言。除《弗兰肯斯坦》外，玛丽还写过《最后一个人》《永生者》等科幻小说。

据说，玛丽听到他人谈到进化论创立者达尔文的祖父伊拉兹马斯·达尔文曾设想做过的人造生物实验[①]——"生命的本质是什么？能否最终被发现……也许，某种动物的各个部位都能制造出来，并装配在一起，最后赋予生命的温热。"那之后，玛丽做过一个梦："梦见一位脸色苍白的学者，正跪在他所创造的怪物旁边。显然，他所从事的工作是亵渎神明的。我见到一个可怕的幽灵躺在那里，一架功率强大的引擎正在启动，那幽灵同时开始颤抖，显现了生命的迹象。"

噩激发了玛丽的创作灵感，她随即便着手构思自己的第一部文学作品——《弗兰肯斯坦》。它讲述了一个名叫弗兰肯斯坦的青年科学家发现了制造生命的奥秘，并借助电化学方法"拼装"出了一个生命体，但最后却被那个扭曲的生命所杀死的故事[②]。这是世界上第一部科幻文学作品，起源于英国（产业革命的发祥地），绝非偶然。英国在历史上的发展，通常被看作经典的资本主义发展的模式。这个位于欧洲西部的国家确实也有着诸多荣耀，当然也包括玛丽创作的这部经典之作——"这是一个最惊世骇俗的故事，它探索创造的两大秘密：生命与死亡。我想它会使你入迷，也许还会使

你感到震惊，甚至还会使你感到恐怖……"

值得注意的是，玛丽引用古希腊神话中普罗米修斯创造人类、为人类盗取天火并教给人类各种技艺的典故，为《弗兰肯斯坦》一书加了一个副标题——"现代的普罗米修斯"。从中我们不难窥见作者构思的源头，以及作品的内在含义。《弗兰肯斯坦》具有十分深刻的思想内涵：一方面，科学向上帝挑战，创造了奇迹；另一方面，这奇迹又与人类的传统本性格格不入。事实上，近 200 年来，这种尖锐的冲突在人类与技术进步之间一直没停止过。

新奇的故事情节、深刻的主题思想、鲜明的人物形象，赋予了《弗兰肯斯坦》长久的生命力。它被译成多种文字，并被多次改编成戏剧上演，在西方社会家喻户晓。自《弗兰肯斯坦》问世以来，它还多次被搬上银幕，其中最知名的当数 1931 年好莱坞出品的同名影片。不过无论怎样演绎，我们都不会忘记它的创作者——玛丽·雪莱。

创作感言

在科幻史家看来，是科学技术促进了社会变革，而对社会变革的觉醒又催生了科幻小说。这是人类对变革的经历在艺术上所做出的反应。科学肖像中，我描绘的正是身处英国科学革命促进工业革命时代，一个 20 岁出头的年轻姑娘创作《弗兰肯斯坦》的场景——玛丽·雪莱所处的那个时代，英国装束打扮的贵族小姐在写"消遣故事"，书中文字理性与感性交融。

---

① 那个时期，大名鼎鼎的英国诗人珀西·雪莱和他的妻子玛丽·雪莱住在瑞士日内瓦附近的乡间。1816 年夏的一个雨夜，雪莱夫妇与英国诗人拜伦及其朋友波利多里围坐在一起，朗读一册手边的德国鬼怪故事，聊以自娱。这些故事使他们心生异趣，并激起了加以戏谑性模仿的欲望。于是他们约定：每个人都要根据某起神秘的事件，写一篇有关超自然现象的故事。但过了较长一段时间后，玛丽仍没有找到感觉。一天傍晚，雪莱与拜伦等又凑到一起谈古论今，就是在这次谈论中，玛丽听到了关于伊拉兹马斯·达尔文曾做过的人造生物实验的设想。

② 《弗兰肯斯坦》故事中的怪人，在某种意义上代表着正在发展和渗入人类社会的科学技术，而"弗兰肯斯坦"一词，在英语中已被赋予了一种特定的含义：自食其果或作法自毙的人。由这个故事所创造的一些原型与母题，如科技发展的负面效应、科学对伦理的挑战等，也被后来的科幻小说一再采用。

埃德加·爱伦·坡（Edgar Allan Poe，1809—1849）

"科幻规则"贡献的宇宙图景

谁会知道，第一个正确解决"夜黑之谜[①]"的人不是科学家，而是一位美国诗人、文学评论家爱伦·坡——这是他对宇宙图景的一个带有推测性的重要贡献。

爱伦·坡的思维范围主要在科幻、冒险、恐怖、侦探、讽刺、幽默、浪漫等方面，可以说，通过这些表面看似文学艺术般的作品中，他倾注了大脑中纵横交错的艺术与科学、直觉和逻辑交融的联想。尽管爱伦·坡的作品不是以科幻小说著称，但他在科幻文学的原则制定上举重若轻——他对科幻艺术最大的贡献和影响在于提出了一条规则，即：对所有超乎寻常的现象都必须进行科学的、合乎逻辑的解释。虽然这位身处变革时代的作家也有过迷惑和彷徨，但他崇尚科学，并且不带偏见地对待科学家与其科研成果。

在爱伦·坡看来，由于时空无形和人类理智等诸多因素的限制，现实被荒唐地歪曲了，许多自然现象不能得到合理解释。于是他尝试完善地讲解"一种以科学和哲学思想为基础的思辨故事[②]"。在世界上第一部科幻小说《弗兰肯斯坦》出版后，欧美小说中已开始描绘电力与医学等一些新发明、新发现，紧随其后的还有热气球的技术发明、催眠术的发现等，新的科学思维方法也随之逐步出现，后来成了年轻爱伦·坡创作科幻小说的灵感来源。例如，他的《汉斯·普法尔不平凡的探险》《荒凉山的传说》《瓦尔德马尔先生病例真相》等作品所涉及的内容均与当时的科技进展密切相关。他的写作风格也对其后众多科幻作家（如凡尔纳等）产生了巨大影响。

在400多年的现代天文学史上，天文学家们曾提出过许多对"夜黑之谜"的回答，但结果均偏离了正确的方向。没有人能从根本上符合逻辑地解释这一看似非常简单的自然现象。直到20世纪初，年逾八旬的开尔文把敏锐的目光投向这一谜题，答案才水落石出。但出乎意料的是，之前最早给出接近正确回答的居然是一位作家——爱伦·坡。按照宇宙学家哈里森的说法，他的诗刻画了一个真实的宇宙，就像他在《我得之矣：一首散文诗》中所写的那样："穿过群星，我们看到了宇宙的源头。"

这首散文诗改编自爱伦·坡一场演讲中的内容，副标题为"关于物质与精神世界的随笔"，它是一部非凡的作品，但并不是一部真正的科学著作，而是他对自然规律的直观想法。可以说，他猜想并论述了宇宙的起源及如何演化。在书中，他运用的是大胆猜测之后的逻辑推理，而并非具有明确科学依据的构想——从这个意义上看，直觉性的科学幻想也可通过逻辑演绎导出真实的科学图景。

奇特的是，关于夜黑奥秘的散文诗是爱伦·坡逝世的前一年写下的，也可以说是他生命的"绝唱"——文中将他的"科幻规则"发挥到了极致，产生了真正意义上的科学结果。任何一张"宇宙学年表"中可能都会有类似"1848年，爱伦·坡以文学形式提出了'奥伯斯佯谬'的一种科学解答"之条目。

创作感言

爱伦·坡呕心沥血地提出了一幅符合天象的逻辑图景，其解析就是，如果宇宙的诞生时间是有限的（这符合大爆炸宇宙论），那夜空必定会是他想象的一番图景（见科学肖像中右上侧"椭圆图"）。以科学和哲学思想为基础的思辨故事，夹杂着科学内容，融入自己所思考的一些独特见解，这就是爱伦·坡用自己制定的"科幻规则"描绘的科学幻想图景——它建立在可靠的逻辑演绎之上，最终揭示了宇宙的秘密。

---

① "夜黑之谜"也称"奥伯斯佯谬"：假设宇宙一直以来布满均匀的星星，遥远的恒星之所以看起来更暗，是因为我们只能看到它们的一部分，但是这部分应该和太阳的表面一样亮。但是，在一个恒定且无限（或者有限却无边界）的空间中，每个角度上都会有星光，所以，夜晚的天空看起来就应该如同白天一样明亮，而不是像现实这般黑暗。

② 爱伦·坡在夹杂着科学内容的作品中融入自己所思索的一些独特观念或见解；这样一来，他的科幻故事就反映了当时人们对自然的科学认识——科幻作品由此成为基于科学现象所创作的形而上学的思辨故事。

从地球到月球……

地心游记

Jules Verne

儒勒·凡尔纳（Jules Verne，1828—1905）

03

凡尔纳

创"科幻小说" 预言科技发展

法国科学幻想大师凡尔纳的作品使他成为"科幻小说[1]之父"，他也是有史以来最著名的科幻作家之一。凡尔纳的作品内容庞杂、包罗万象，其中许多假设与预言，后来随着科学技术的发展而被印证或实现——这也证明了科学幻想对科学技术发展的重要意义。从某种意义上讲，凡尔纳是一位伟大的"科学预言家"。

在凡尔纳 1865 年出版的《从地球到月球》中（参看题图的背景），他根据当时的科学知识推断并描绘了人类登月的整个旅程，其准确性令人不可思议：他选择的发射地点离美国佛罗里达州的卡纳维拉尔角（后来果真成为航天发射场）不远；他给出了飞行器需要用来摆脱地心引力的初速度；在其 1870 年出版的续篇《环绕月球》中，他准确地描述了引力微小而带来的失重的影响，并勾画了宇宙飞船重返大气层、落入太平洋的壮观场面；而且，他想象中的地点与 1969 年美国阿波罗 11 号飞船从月球返回时降落的地点仅相距约 5 千米。

据悉，当年，由于出版商无法理解和接受凡尔纳对 1963 年巴黎所作的"不可思议"的幻想，将他于 1863 年完成的一部手稿——《二十世纪的巴黎》打入了冷宫，并用红笔在手稿页眉上批道："所有这些先知的画面，100 年以后还嫌夸张呢。无疑你是一个先知，但大家不会相信你的预言……"可是，这部长年在保险箱中沉睡的书稿，却以 19 世纪的想象力，逼真地描述了相对于当时 100 年后由摩天大楼、电动楼梯、计算机、复印机、照相电报（即传真机）、汽油动力车（即汽车）、霓虹灯、高速列车和全球通信网络交织而成的缤纷世界……这个预言家用他那妙笔生花的想象力勾勒了人类美好明天的图景。

1863 年，34 岁的凡尔纳出版了他的第一部科幻小说——《气球上的五星期》，大受欢迎。随后，凡尔纳陆续又写出了《环绕月球》《八十天环游地球》《格兰特船长的儿女》《神秘岛》等近 70 部"科学小说"。他被人们誉为"未知世界的探索先驱"和"科学浪漫主义的奠基人"等。他的科学小说激励、启发了许多杰出的科学家、发明家和探险家——其中包括齐奥尔科夫斯基（见本书"齐奥尔科夫斯基"篇）。

事实上，凡尔纳并不是第一个撰写科幻小说的人。但是，他写作的题材和方法，对科幻文学形式的系统发展和普及，起到了主导性的作用。他一生创作了大量优秀的科幻文学作品[2]，其中，《地心游记》《海底两万里》和《八十天环游地球》是改变幻想文学作品的经典之作。早在大规模的太空航行和潜水艇付诸实际之前，他就对它们进行了详尽的细节描写，真令人不可思议，故而堪称伟大的科幻小说作家。

创作感言

凡尔纳科学肖像中，我力图呈现人类所具有的"上天入地"的想象力、创造力与实现能力。有人提出过"一个并非不合理的假设"：假如凡尔纳没写过《从地球到月球》和《环绕月球》这两本书，现代宇航事业就可能遇到更多的挫折。从某种意义上讲，想象力超过了已有的知识，因为《地心游记》和《从地球到月球》这样的科幻作品，建立了生活在地表的人类与地下以及天上的联系。

---

① 早年的凡尔纳在巴黎从事戏剧创作期间，他明白纯文学的路子实际上很窄，要想有所作为，就得独辟蹊径。因此他常常光顾国家图书馆，翻阅各种科学杂志、图书和报纸，了解各种新发明和新发现。同时，他开始系统地研究地理、数学、物理和化学等学科，并做了许多笔记，积累了大量的资料。渐渐地，他萌生了一个想法——可以把科学技术资料与小说结合起来，把幻想与事实、冒险与科学原理融合在一起，撰写小说——他称之为"科学小说"。

② 据联合国教科文组织的资料，凡尔纳的作品数量多，吸引了众多读者，被翻译的科幻小说数量世界排名第二，仅次于阿加莎·克里斯蒂，位于莎士比亚之上。据统计，全世界范围内，凡尔纳作品的译本已累计达 4751 种。法国将 2005 年定为"凡尔纳年"，以纪念他逝世百年。他以《在已知和未知的世界中奇妙的遨游》为总题进行想象创作，以大量"上天入地"的科技预言作品影响了人类如今的科技发展，正所谓幻想领先现实。而随着 20 世纪后期对凡尔纳研究的不断深入以及原始手稿的发现，科幻学界对凡尔纳的认识也趋于多样化。

赫伯特・乔治・威尔斯（Herbert George Wells，1866—1946）

04

威尔斯

幻想"火星人"以警示地球人

英国著名小说家威尔斯的科幻小说借助广博的自然科学知识，展开想象的翅膀（见题图主人公头部上方图景），在作品中倾注着他对科学与世界的未来的关注和担忧，而且还具有警示人类灾难的意义。他的经典作品（如《时间机器》）被许多人认为是迄今为止最好的科幻小说，《星际战争》（又译作《大战火星人》）和《隐形人》也同样非常出色。

威尔斯描绘的科幻图景出版一个世纪以来，这些作品仍然新鲜并极具吸引力。他为其他科幻作家树立了榜样，为确保科幻小说领域的持续发展和具有生命力奠定了基础。他的作品重新呈现了英国文学中那种对前途的忧虑和不安，并改变了凡尔纳科幻小说的乐观主义倾向；但由于威尔斯个性仁慈，因此在其带着悲观主义的作品中总是伴有希望之光，而且大部分作品的结局是乐观的。

威尔斯一生创作了 100 多部著作，是现代最多产的作家之一。他的作品内容涉及科学、文学、历史、社会、政治等各个领域。在创作中，他运用了当时最先进的科学技术，特别是现代物理学和现代生物学。但他又不拘泥于这些科学理论，显示出了作为科幻作家在想象力方面的优势——他所关注的不仅仅是科学的进步，而且还有科学进步给人类带来的美好或不良效应。有人称威尔斯为"科幻小说界的莎士比亚"，也有人称其为"英国的凡尔纳"[1]。

1898 年，威尔斯出版了著名科幻小说《星际战争》，将火星人这个科幻物种介绍给地球人类，导致在那个人们认知相对狭隘、对外星人充满想象的年代，有很长一段时间，"火星人"几乎成了外星人的代名词，从而令火星文化及火星人进入了主流文化[2]。

威尔斯的小说被多次搬上银幕，其中最著名的有两个版本。其一为 1953 年的《星际战争》，该片保留了原著的精华，将故事背景设置为第二次世界大战。值得一提的是，该片上映时期正值科幻电影的黄金年代，冷战和核弹的阴霾笼罩全球，科幻电影中无不是冷冰冰的科技恐惧感。这部影片之后，又出现了《火星人袭击地球》《火星人入侵》等阴暗主题的作品。

另一个版本就是 2005 年斯皮尔伯格执导的《星际战争》，该片并没有大开大合地展现人类与外星人之间的战争，也没有地标被毁、千军万马大 PK 的场面，而是借用了原著的背景和设定，展现了一个平凡家庭面对"最凶残"的外星人恐慌到极点的故事，展现出另一种科幻片的风格。虽然时过境迁，但这个版本的《星际战争》依然显示了原著的复古样式，其中包括如"八爪鱼"一般的火星人和飞行器等。这呈现了威尔斯对人类科技未来的关注和担忧所具有的警示意义。

创作感言

威尔斯创作的科幻小说对该领域影响深远，如"时间旅行""火星人入侵""反乌托邦"等，都是 20 世纪科幻小说中的主流话题。我们甚至可以说，他是有史以来最好而且最具影响力的科幻小说作家之一。科学肖像中，我选择了他托腮思考的形象——冷静的双眼注视着星际（尤其是火星）；思绪生长出想象的翅膀，正在飞翔；右方是他所著的《星际战争》等科幻小说精品。

---

[1] 有意思的是，威尔斯本人并不认为自己的科幻小说具有凡尔纳作品的传统，他甚至拒绝被称为"英国的凡尔纳"。他认为，凡尔纳作品的内容"总是涉及有关发明以及发现的实际可能性……但我却没有试图去描写这些。我所写的是在另一个截然不同的领域中进行想象"。这些"科幻传奇"是想象的产物，梦里感觉它是真，醒来即知全是空，其目标不在于预见科学发展的可能性。所以，对威尔斯来说，更重要的不仅仅是科技进步，而是进步的结果，以及它映射的人性光辉。

[2] 威尔斯在小说中设定的外形以及火星人的日常状态，被大量影视作品展现，如今在各种漫画、动画甚至我们脑海中的火星人，总是脱离不开这般"八爪鱼"一样的造型，这也成为火星人主流文化形象的代表。提到火星神秘文化，传言中，火星史前可能存在文明、外星人在火星有基地，等等，其中流传最广的就是 1976 年"海盗一号"卫星拍到的那张"火星人脸"的照片。尽管那张照片被科学地称为"幻想性错觉"，但有关火星神秘传说的争议一直没有断过。

卡雷尔·恰佩克（Karel Čapek，1890—1938）

05

恰佩克

创造 "机器人" 成为科幻经典

出生于捷克的童话寓言家、科幻文学家、剧作家恰佩克擅长幻想、讽刺和幽默，并以运用虚幻主义、象征主义的现代派表现手法为世人所知。他的童话作品以鸟禽牲畜和幻想的形象来揭露、讽刺社会生活中的丑恶现象。1920 年，恰佩克发表了科幻剧本《罗素姆万能机器人》，发明了 "机器人①" 这个词，此剧本现已成为世界科幻文学的经典。此外，他还于 20 世纪 30 年代用科幻的手法写过《鲵鱼之乱》《白色病》和《母亲》三部代表作。

人类长久以来的梦想是，以永远不知疲倦的机器人来替代人类简单而重复的劳作。在古希腊和古罗马时期，原始机器人以活雕塑和各种神奇的机械形态，存在于神话或诗歌等类型的文学作品之中。现代则开始出现模仿或模拟活物的自动装置②。

随着欧洲工业革命的开始，各种类型的自动装置不断问世，其性能和控制功能也得以不断提高、完善。人们对 "人造人" 的幻想更是花样翻新，并逐渐从过去的神话型幻想向科学型幻想过渡，但同时也搅动了一种不安的情绪。玛丽·雪莱于 1818 年出版了近代意义上的第一部科学幻想小说——《弗兰肯斯坦》，讲述了由人创造出来的 "活体" 最后竟然害死了创造者本人的故事（见本书 "玛丽·雪莱" 篇）。那之后 100 余年，这种幻想又以更高级形式的版本问世了，这就是恰佩克发掘的万能机器人题材。

恰佩克开创了东欧当代科幻小说的先河。他笔下的机器人具有象征的意义，故事本身也引发了人们无尽的思考：人们制造机器人，本意是想让人从繁重的体力劳动和令人生厌的工作中解脱出来；可是，一旦脱离了人的控制，机器人竟变成了人类的敌人，反过来伤害人类。这样的 "演绎"，表现出人们在迎接机器人时代到来的同时，对前景的迷惘与忧虑，而且在随后几十年中，几乎左右了机器人科幻创作的主题，并潜移默化，影响着社会公众的心理——很多年后，阿西莫夫为此提出了 "机器人学三定律"（见本书 "阿西莫夫" 篇）。

恰佩克深受西方哲学、文学思想的影响，善于采用虚构的情节和戏剧冲突揭示现实中的矛盾，通过动物或某种幻想的形象来讽刺社会中的丑恶现象。他既有富于思想深度的严肃作品，也有老少皆宜的感人故事。与他同时代的同胞伏契克曾对他有过一番深刻的剖析："他真愿意自己生活在其中的这个世界，是一个能为所有人完全忍受得了的，乃至不必进行任何激烈改革的世界。可是，他又不能不感觉到事实并非如此。所以说他是诗人，他的作品常常流露出由这一感受而引起的痛苦情绪。" 这样说，从创作上看，恰佩克真是一位具有民主意识和进步思想的作家。

创 作 感 言

恰佩克在其小说中虚构的许多幻景，后来竟都成了令人惊心动魄的现实。他的作品不仅是捷克家喻户晓的经典，也是世界文学的瑰宝，其中机器人主题一直引领着此类科幻创作。科学肖像中，我着重表现了他与 "机器人" 在一起的友好图景，因为是他首先发明了 "机器人" 这个词，并赋予机器人以深刻的社会与科幻的内涵——这都通过他与手持笔的机器人的 "合影" 体现了出来。

---

① 动物凭本能生活，人类则具有创造性，可造出机器人（给一定程序，便可执行人赋予的程序）。1920 年，恰佩克写了一部科幻剧《罗素姆万能机器人》，次年在布拉格国家剧场演出，产生了广泛的影响。该剧讲述的是在 23 世纪初期，机器人不愿再受人类统治，发动叛乱并屠杀人类的故事。剧中首次使用了 "robot"（机器人）这个词。它源于捷克语中的 robota，意为奴隶或被压迫的劳工。恰佩克塑造的机器人，类似于《弗兰肯斯坦》中在实验室里用电化学方法制造出来的 "人造人" 或 "复制人"（英文为 "Android"）。

② 18 世纪，欧洲钟表业等取得长足发展，各种观赏钟表和人形玩具相继出炉，引得贵族群体争相收藏。当时，在法国和瑞士，有许多技术专家在王室的资助下大显身手，接二连三地制造了许多自动偶人，它们能够自动地写字或弹琴。这些偶人实际上都是使用诸多齿轮制造出来的、复杂而又精巧的机械。

雨果·根斯巴克（Hugo Gernsback，1884—1967）

06

根斯巴克

科幻杂志促使"雨果奖"诞生

美籍卢森堡裔发明家、作家、出版商根斯巴克，于1926年创办了世界上第一份专业性科幻文学杂志——《惊奇故事》，副标题首次使用了 Scienti Fiction 一词。显然该词是由 scientific（科学的）和 fiction（幻想故事）拼成的——即科幻小说的正式称谓，"SF"成了全世界科幻爱好者通用的缩写形式。这是世界科幻史上的重要事件，它标志着科幻文学从此独立门户，正规发展。

在《惊奇故事》这本杂志的第一期上，根斯巴克将这个已经存在了近百年，但始终缺乏自觉意识的文学类别定名为"科幻小说"。因此，在凡尔纳、威尔斯等人仙去之后，他让这个词正式地、名正言顺地载入了科幻历史，也使自己成为开创科幻类型文学的先驱。1960年，匹兹堡科幻年会颁给他一个特别的科幻奖，并授予其"科幻杂志之父"的称号。世界科幻协会颁发的"科幻成就奖"——"雨果奖"[1]就是以他的名字命名的。

1953年，世界科幻大会决定设立雨果奖，根据爱好者的投票结果授予奖项。雨果奖的设立并不是为了纪念法国大文豪维克多·雨果，而是为了纪念现代科幻小说奠基人雨果·根斯巴克——也可能正是为了区分，该奖才使用了他的名，而没有用他的姓。

自设立以来，雨果奖的奖项已有很大变化。目前除了传统的最佳长篇小说、最佳中长篇小说、最佳中篇小说和最佳短篇小说奖之外，还设有最佳编辑奖、最佳美术奖以及专门针对科幻迷的"最佳科幻迷作家奖"和"最佳科幻迷美术奖"等。它的评奖范围是上一年内出版的科幻作品，由世界科幻大会的会员提名并进行评选，每个奖项一般只有一个获奖作品，但一个作家可以多次获奖。

从1953年起，雨果奖不负几位先驱者的赫赫之名，不断遴选出最优秀的科幻文学作者。无论是20世纪科幻黄金时期的"三巨头"罗伯特·海因莱因、艾萨克·阿西莫夫和阿瑟·克拉克，还是当今世界持续散发光彩的弗诺·文奇、尼尔·盖曼等人，都是这顶皇冠上熠熠生辉的宝石。2014年，我国科幻作家刘慈欣的《三体》英文版面世，之后他获得了雨果奖的最佳长篇小说奖，这也说明了中国科幻文学的长足进步。

评奖是为了激发更让人惊奇的幻想。人类文化艺术源起时即与幻想相伴，让人心驰神往的神话、岩壁上不可思议的绘画等皆源于此。科学技术兴起后，人类的无穷想象力在科技的土壤上继续萌发，而且迅猛异常。于是，根斯巴克将一些早已知名的、竭力宣扬科学技术[2]的科幻作家的作品列入科幻小说之列，比如儒勒·凡尔纳、赫伯特·威尔斯，以及埃德加·爱伦·坡等。由此，他总结了科幻小说的三个要素：真实可信的科学根据、充满新奇有趣的想象力、对于未来发展有一定预见性。这三个要素直接促进了科幻文学的发展，间接推动了科学技术的不断创新。

创作感言

根斯巴克创办了《惊奇故事》等[3]杂志（画中右侧），利用这些媒体平台，实现了把遍布世界各地的科幻作家群集于科学幻想文学大旗之下的目标，而后人又以他之名把科幻创作的激励机制建立起来，形成了科幻领域的良性循环——这是我在科学肖像中想要表达的。他酷爱无线电等，这在画中也有所展现。

---

[1] 雨果奖：世界科幻协会所颁发的奖项，正式名称为"科幻成就奖"，为纪念科幻之父雨果·根斯巴克而命名为雨果奖。自1953年起，每年在世界科幻年会上颁发，仅1954年度停办。它堪称科幻界的诺贝尔奖。这个奖项无奖金，是纯粹的荣誉奖。获雨果奖的作家及其作品构成了世界科幻艺术"金字塔"的塔尖。在现代科幻界，"雨果奖"和后来的"星云奖"被公认为最具权威与影响力的两项世界性科幻大奖。

[2] 根斯巴克是工程师出身，十分强调科幻小说在宣传科学技术方面的作用，强调的是科幻小说本身的知识含量。因此，他在编辑部里贴上"本刊欢迎那些有科学根据的小说"等标语。

[3] 继《惊奇故事》之后，根斯巴克又办了几本类似的刊物，有《惊奇故事季刊》《科学奇妙故事》《空中奇妙故事》《科学侦探月刊》。根斯巴克本人虽然在科幻创作方面没有什么了不起的作为，但他所创造的科幻杂志把遍布四方的科幻作家聚集起来，为他们提供了展露才华之地。从此，科幻小说形成了正式的文学流派。

奥尔德斯·赫胥黎（Aldous Huxley，1894—1963）

07

赫胥黎

科技虚幻反讽 "美丽新世界"

我们公认的"反乌托邦①三部曲",包括乔治·奥威尔的《1984》、扎米亚金的《我们》,以及本篇主人公、英国小说家、剧作家、诗人奥尔德斯·赫胥黎②的《美丽新世界③》。赫胥黎创作了 50 多部小说、诗歌、哲学著作和游记,其中以这部 1932 年出版的科幻名著影响最大,它给"极乐"世界敲响了警钟——人类一旦在科技社会中走向僵化程序、丧失思考和创造力,就会变成任人宰割的行尸走肉。此书在国内外思想界影响深远。

乍一看,"美丽新世界"是对科技文明和人类前途抱有的天真、乐观的态度所发出的一句赞叹,可赫胥黎将其用作书名,却成了一种反讽——他为我们描绘了一个虚构的福特纪元 632 年(即公元 2532 年)的社会。正是通过那个"完美"的乌托邦之种种"文明",他辛辣地讽刺了科技和专制奴役人类的结果:人类沦为机器,个性自由被扼杀,文化艺术濒于毁灭。

正如美国著名未来学家托夫勒所指出的那样,未来几十年会给广大家庭带来最明显颠覆的,可能会是新的生育技术(见题图右上角)。我们恐怕再不能以过去的经验来看待这些技术(例如,修复基因缺陷、治愈遗传疾病等)对社会的重大冲击了。人类"改良"自身的生育技术的进步背后,又潜藏着敏感的伦理纷争。

人们可以想象一下,一旦科学家掌握了上述技术,可能就会给未出生的胎儿附加某些理想的遗传性状,诸如更高的智商、更强的体魄,或者某种特异的个性特点。这样一来,原本为了预防某种疾病而开发出来的技术,就极有可能会发展成用以制造"完美"孩子的工具。其结果是,某些人或许会因其特定的合成基因被强化而获得生存优势,终使社会上分化出所谓的基因优等人和基因劣等人,遗传歧视之门由此打开,"遗传统治"可能会惯性而为。而以"基因纯洁性"名义所施行的流产、绝育乃至谋杀,恐怕也难以避免。

可能有这么一天,人类甚至会走得更远:可以决定什么类型的男女能最好地确保人类的延续,然后人工繁育出这样的人,就像赫胥黎在《美丽新世界》中所描述的那样:在未来高度发达的社会里,一个人从出生到死亡都受到控制④。在这个"美丽新世界"里,由于都是在"标准""规范"和"理性"之下生活,人们没了情感、痛苦和尊严,家庭和传统文化也消失了。最可怕的,也是作者所寓意的:人们崇拜那些使他们丧失思考能力的工业技术,最终却失去了自身的自由、人性和创造力……这就是赫胥黎警告我们的!

创作感言

赫胥黎曾坦言:"作为个人,我能尽全力使未来不像过去和现在那么富有悲剧和讽刺意味吗?我相信,我能。作为公民,我能以我全部的智慧和全部的善意……"他做到了。科学肖像中,我以虚构的手法描绘了他作为一个智慧、善意但同时带着反讽意味的科幻作家,想象着那去掉了自然之自由、人性和创造力的"美丽新世界"——人为的科技控制着一切,也包括人类自身,旨在把他对人类的警告表现出来。

---

① 反乌托邦:乌托邦的反义词,指的是充满丑恶与不幸的地方。它是一种不得人心、令人恐惧的假想社群或社会,与理想社会相反,是一种极端恶劣的社会最终形态。

② 奥尔德斯·赫胥黎出生在英国名门望族赫胥黎家族,其祖父托马斯·赫胥黎就是那位被称作"达尔文的斗犬"的著名生物学家(见本书"科学精神图景"之"赫胥黎"篇);其兄也为优秀的生物学家。

③ "美丽新世界"这个名字是有其特殊意味的——出自莎士比亚名剧《暴风雨》。剧中有个米兰达公主,她打小就生活在荒岛上,除了自己的父亲,没见过任何人类。该剧中,米兰达猛然看到一大群从海难中生还的人,情不自禁地大声喊道:"神奇呀,这里有多少好看的人!人类是多么美丽!啊,美丽的新世界,有这么出色的人物!"

④ 这是一个有阶级、有社会分工、物质产品极大丰富的"美丽新世界"。在这个社会里,人类的生殖是在孵化器(试管)中进行的。通过对精子和卵子进行操作(在某些情况下是经过克隆)之后,让所形成的胚胎在精细的营养、药物和配额氧气的控制下,发育成不同的社会等级成员,分别从事不同性质的社会活动。

阿瑟·克拉克（Arthur Clarke，1917—2008）

08

克拉克

科学设想成就 "克拉克轨道"

1945 年，28 岁的科幻作家克拉克在英国《无线电世界》第 10 期上发表了一篇具有历史意义的、有关卫星通信的科学设想性论文，题为《地球外的中继——卫星能给出全球范围的无线电覆盖吗？》[①]，他在其中详细论证了卫星通信的可行性。此文发表以来近 80 年中，卫星通信不但早已实现，而且遍及全球，成为当代人类不可或缺的太空通信网络设施。为了纪念克拉克的预言，远在 42 000 千米高空的同步卫星轨道被国际天文学联合会命名为"克拉克轨道"。可以说，克拉克不仅是一位科幻大师，也是 20 世纪最伟大的太空预言家之一。

虽然地球同步卫星的想法不是克拉克提出的，但他首次提出的利用同步卫星传送通信信号的设想，被公认为有史以来最伟大的科学预言之一。实际上，克拉克科幻小说里的许多预测都已变成现实。他的"太空奥德赛"系列小说成为有史以来最具影响力的科幻小说之一，由此把科幻形式的体裁写作带入了主流文化。

克拉克的科幻作品大多以宇航和太空为题材，与他之前的"太空剧"科幻相比，其科学原理和技术细节更为真实可信，是硬科幻小说的典范。他的《2001：太空漫游》被认为是 20 世纪最杰出的科幻作品之一，1968 年其同名电影上映时曾轰动一时。该片被认为是人类命运的图腾，是人们对茫茫未知的探索。它成功地表现了人类与机器之间永恒的依赖和争斗，吸引、激励、启发着整整一代人的思考。同时，克拉克一直专注于与外星人接触的主题，寻求对人类文明本质的解答。他认为外星生命提供了一个正确认识人类的视角。他曾断言：100% 的飞碟事件以及 99% 的超自然现象都是假的！

20 世纪 60 年代，克拉克出版了一部以太阳能利用为题材的科幻作品《太阳帆船》。它具体描述了利用阳光遨游宇宙的想法，即无须携带任何能源，只依靠阳光就可使宇宙帆船驰骋太空。该小说出版后曾引起美国国家航空航天局的注意——现在这种利用太阳能的太空飞行器已经实现。

克拉克的作品主要讨论人类在宇宙中位置的主题，其《童年的终结》（1953）、《城市和群星》（1956）、《与拉玛相会》（1972）、《天堂的喷泉》（1979）等作品也无不寓意深刻、脍炙人口。他的作品以出色的科学预见、东方式的神秘情调以及海明威式的硬汉笔法而著称。此外，克拉克的作品具有一定的哲理性，给读者以思考。他共获得过 3 次雨果奖、3 次星云奖。1986 年，克拉克被美国科幻与幻想作家协会授予终生成就奖——大师奖。

克拉克逝世后，在他的墓碑上刻着一句话："阿瑟·克拉克在这里长眠。他从未长大，但从未停止成长。"终其一生幻想未知的克拉克，是一位极具象征意义的科幻大师，他取得了技术派科幻的最高成就。科学技术中存在着预先的直觉性设想，否则不可能有所谓科技上的突破，这需要建立在知识结构、深邃直觉、思想境界和洞察力、想象力等基础之上的。因此，从另一种视角看，克拉克就是融合了这些基础的科学先知。

创作感言

基于克拉克大脑中对科技的预先直觉性设想，我对这位科幻大师、太空预言家的科幻图景进行了奇幻般的描绘：太空探险出发、太阳帆船运行、太阳风驱动器、克拉克轨道通信等，这些都成为他科幻思考和科学预言的关注对象。画中，他手持红色"星系神笔"，正准备描绘下一个宇宙太空图景的宏伟设想……

[①] 在这篇论文中，克拉克首先从当时的通信情况出发，分析了实现全球范围的全天候通信和电视广播的必要性，继而对传播的途径和方式进行考察，认为无论采用短波方式还是有线方式，都将受到一定条件的限制并且费用昂贵。克拉克根据当时科技发展的情况，尤其是太空技术和无线电技术的进展，首先提出了卫星通信的可行性。他设计了一系列地球同步卫星，进而指出，这些卫星可以接收和发射来自地面的无线电信号，起到信息中转的作用。后来发展起来的现代卫星通信充分证实了这一出色的预见。克拉克对科技领域的贡献并非仅此一例。1954 年，克拉克写信给美国气象局的专家，论及有关卫星在气象预测方面的应用，由此开创了气象学的一个新的分支——现在我们在电视上看到的"卫星云图"就与之相关。

艾萨克·阿西莫夫（Isaac Asimov，1920—1992）

学的基石"。

09
阿西莫夫

倾其一生著"科幻圣经"大成

美籍苏联裔科幻作家阿西莫夫应该是科幻史上最多产的作家之一。他出版和编辑了近500本书[1]（见题图他肩头堆积的图书）、90 000多封信件和明信片。他以其科幻小说和科普作品而闻名，他倾其一生创作的"基地系列""银河帝国三部曲""机器人系列"三大科幻系列被誉为"科幻圣经"，其中"机器人系列"和"基地系列"为现代科幻小说奠定了基础。小行星5020、《阿西莫夫科幻小说》杂志和阿西莫夫奖都是以他的名字命名的。

从1935年开始，阿西莫夫给《惊奇故事》杂志写了一些稿件并成功发表。3年后，他加入了一个科幻俱乐部。到1941年春天，阿西莫夫已经发表了15个故事。1941年，阿西莫夫发表《日暮》，描述了一个被6个太阳照耀、从未遇到过日落的行星，突然发生了日食的故事。许多人都认为它是阿西莫夫写得最好的科幻小说——后来成为其经典之作。同年8月，阿西莫夫见到了《惊奇故事》的主编约翰·坎贝尔，告诉这位主编他有了一个崭新的科幻点子：撰写一部历史小说，故事发生于未来，描述银河帝国衰落的始末。坎贝尔认为阿西莫夫应该将其写成系列故事——这就是后来著名的"基地"系列。

在《我，机器人》的第4个机器人短篇《转圈圈》中，阿西莫夫提出了"机器人学三定律"，并在故事里直接引用。这也是"机器人学"这个名词在人类历史上的首度亮相[2]。这三大定律是：机器人不能伤害人类，或因不运动而使人类受到伤害；机器人必须执行人类的命令，除非这些命令与第一条定律相抵触；在不违背第一、二条定律的前提下，机器人必须保护自己不受伤害。这三条定律被称为"现代机器人

阿西莫夫出生于苏联彼得罗维奇，他是犹太人，毕业于美国哥伦比亚大学。他不但是著名科幻小说家、生化学家和历史学者，而且还是很有名的科普作家、文学评论家，美国科幻小说黄金时代的代表人物之一。他与儒勒·凡尔纳、赫伯特·乔治·威尔斯并称为"科幻历史上的三巨头"，与罗伯特·海因莱因、阿瑟·克拉克并称为"科幻小说的三巨头"。通过这两个头衔，可见他在科幻世界里的地位。

从阿西莫夫15岁（1935年）开始给《惊奇故事》杂志投稿，到1990年下半年他病体缠身，双手颤抖得厉害，越来越难于操作机器打字——他只能口述他的最新作品，让别人帮他打出来——总共半个多世纪的时间，他都在不停地创作或调整创作方向，倾一生著就"科幻圣经"，终获大成——他曾获得科幻界代表最高荣誉的雨果奖和代表终身成就的星云科幻大师奖。

创作感言

在题图中，我凸显了与阿西莫夫科幻作品有联系的科学幻想图景：他写出"银河帝国三部曲"的手指玩转了"银河"；机器人的手操作着"基地"的太空运动；想象中的"银河帝国"被另一个星系所牵动。题图左上方的3个不同形状的旋涡星系代表他的"银河帝国三部曲"。肩头堆积如山的图书表明了阿西莫夫著作之丰富——其文字串接起来，恐怕可以延伸至太空。

---

[1] 阿西莫夫一生所编著的众多图书中，内容涉及自然科学、社会科学和文学艺术等许多领域；他既撰写小说，也撰写其他类型的作品，涵盖了当时"杜威十进制分类系统"除了哲学以外的所有类别。1979年2月，他出版了第200部作品，1985年突破300部，到了1987年8月，作品已增至394部。在他逝世前不久，曾自述出版过467部著作，但研究他的作品的专家称，他至少出版过480部著作。目前还没有人计算过阿西莫夫的所有作品垒起来会有多高，但他肯定是"著作超身"了，而且极有可能打破吉尼斯纪录。单论小说类作品，阿西莫夫就创作了201种，含科幻小说38部、探案小说2部、短篇科幻和短篇奇幻故事集33种、短篇奇幻故事集1种、短篇探案故事集9种。此外，他还主编了科幻故事集118种大基地系列：本来"银河帝国三部曲"是独立的故事，"机器人系列"也跟"基地"系列没什么关联，但到了晚年，阿西莫夫将三大系列的宇宙历史观融入"基地"系列，于是便诞生整个"大基地"系列。

[2] 《牛津英语词典》提出，"机器人学""心理史学"和"正子学"（完全虚构的科技）这几个名词都首创于阿西莫夫的科幻小说。"基地"系列中，阿西莫夫借主人公哈里·谢顿之口提出了"心理史学"这个概念。

刘慈欣（1963— ）

⑩

刘慈欣

想象服务社会的"三体"科幻

1926 年，雨果·根斯巴克创办了世界上第一本专业性的科幻杂志。为纪念这位开创者，世界科幻协会将每年颁发的"科幻成就奖"定名为"雨果奖"（参见本书"根斯巴克"篇）——它逐渐成为世界科幻领域最权威的奖项之一。自1953 年起，雨果奖就不断遴选出最为优秀的科幻作家。2014年，中国科幻作家刘慈欣的《三体》英文版面世，作为第一部输出到美国的中国长篇科幻小说，在世界科幻文学奖项上连战连捷，除了荣获雨果奖，还获得坎贝尔奖第三名，并入围星云奖、轨迹奖和普罗米修斯奖。

刘慈欣的《三体》系列作品讲述了一个时间跨度无比漫长的故事，他以平实的笔调书写了宏大壮美的宇宙诗篇。其中获得雨果奖的第一部，主要讲述了女主人公叶文洁经历了十年"文革"的艰难时期，开始思考人类文明的本质。当她掌握了地球文明与外星三体文明①交流的钥匙时，随即做出了改变人类与地球命运的选择，之后展现了一系列科学幻想性的演绎故事和图景……

《三体》的英文版编辑莉兹·格林斯基在接受采访时说，这部科幻小说讲述了地球接触外星文明的故事，正是人们儿时痴迷的那类题材；虽然英国科幻界率先展开反思和探索，正在形成业内的"新浪潮运动"，但她仍然认为读者依旧喜欢读此类作品。《三体》很好地延续了这个主题——当地球面临外星文明的威胁，刘慈欣拓展了另一种可能，让中国在这样的科学幻想中获得话语权。这无疑给读者带来新鲜的阅读体验，于是，《三体》既抓住了中国读者，也征服了美国读者。

刘慈欣坦言自己的写作之始受惠于阿瑟·克拉克（参见

本书"克拉克"篇），于是，他选择了传统科幻主题，书写属于中国人自己的科幻故事。懵懂时读科幻的孩子如今写出了科幻小说，并获得了科幻世界的最高荣誉。刘慈欣说，科幻小说描写无数可能的未来，《三体》只写出其中一种，仍有太多的未知等待人们去探索。也许正如同他反复提及的那样，无论世界如何变幻，我们之中总需要有人仰望星空——这个想法与近 300 年前的大哲学家康德是一样的。

根斯巴克曾总结了科幻小说的三项要素："真实可信的科学根据、充满新奇有趣的想象力、对于未来发展有一定预见性。"不论刘慈欣的《三体》在真实可信的科学根据和对未来发展有一定预见性上做得是否完美，他都在充满新奇有趣的想象力上展现出了中国人理应有的想象力——这不免让我们联想到第一个获得自然科学诺贝尔奖的亚洲人汤川秀树对待古代东方和中国人想象力的看法②。

2015 年，刘慈欣获得雨果奖。美国《纽约客》的一位著名作者将刘慈欣誉为"中国的阿瑟·克拉克"。2018 年，美国东部时间 11 月 18 日晚，由阿瑟·克拉克基金会主办的年度克拉克奖颁奖仪式在华盛顿举行，刘慈欣被授予"想象力服务社会奖"。

创作感言

刘慈欣的科幻肖像基于这样一种创意：宇宙中绝大多数的物质和能量都是隐暗的——他年轻时就像绝大多数人一样隐埋在企业里，是一个普通职工，利用业余时间，依靠喷涌的科学幻想力，创造出了一个五光十色的科幻世界图景——其中一个有着庞大叙事结构的科幻故事演绎成了《三体》（题图左上角和主人公胸前有一个天体物理上的"三体"模型）。于是他用工程师般的神通，巧妙描绘出了一个宏大的天体社会的科幻图景。他头脑中充沛的想象力，为中国乃至全世界的读者创作出了中国式的科幻经典。

---

① 在天体力学上，三体指的是由 3 个质点及其相互引力作用组成的力学关系（主要是指 3 颗质量相似的恒星）。而刘慈欣《三体》中"外星三体文明"可能就借鉴了这个天体力学中因力学关系形成的星体系统概念。2014 年 1 月，天文学家利用射电望远镜发现了一个奇特的"三体"恒星系统，但周边有没有我们想象中的地外文明，这番图景还有待继续探索。

② 汤川秀树认为东方人在想象力方面有着天赋，比如印度人在想象力方面是大有天赋的。他幼年时读过《西游记》，后来又读了《庄子》，这些作品使他认识到中国人也是有高度想象力的。在他看来，想象力既属于艺术家，同时也属于科学家——当然，艺术家中包括当今的科幻作家。他在《东方的思考》一文中曾表达过这样的思想：科学往往被看成想象力的直接对立面。但是持有这样看法的不过是那些只知道科学的一个方面的人。创造新事物的行为不仅仅是从已有的事物开始的，科学家会在这种或那种形式下给旧事物增添某种新的东西。所以我们需要想象力。

附　录

世界图景为科学可视化奠定基础
——对科学的视觉思维与可视化科普的新探索

这篇文章实际上是一次关于"世界图景为科学可视化奠定基础"的讨论，为的是总结本书所表述的主题思想和画作实例，论述科学的图景化与可视化之间的诸多关联。世界的科学图景表现为四个方面——数学化、空间化、时间化和机械化，对它们的描绘均来源于人的主体意志。笛卡儿的主体性哲学既确定了人作为主体，也确定了世界作为表象——世界作为表象就是世界的图景化。世界图景为科学可视化奠定了基础，换句话说，可视化的科学可以牢固地建立在世界图景化基础之上——本书中的 100 幅科学肖像就是按照这样的思路和方式去创作的。

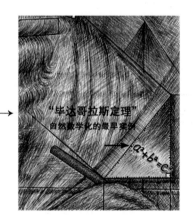

五官几何化的毕达哥拉斯（左）及其"毕达哥拉斯定理"（右）——这一定理可能是有记载的自然数学化的最早实例

一、数学是使自然直观化的关键

"数学是使自然直观化的关键"是古希腊哲学家柏拉图的一句带有先知先觉的至理名言，它可能也是最早提出世界图景化思想的语录，只不过那时"图景化"的概念还不明确，所以柏拉图使用了"直观化"一词。正因如此，我们对世界图景化的溯源可以追寻到古希腊。毕达哥拉斯－柏拉图主义传统极其重视数学在认识世界过程中的地位和意义。毕达哥拉斯学派甚至认为世界本质上就是一个数学结构，他主张"万物皆数"。

虽然柏拉图认为数学不是自然的最终理念，但他仍相信其是让自然直观化的关键（直观化的概念已接近图景化概

念），并坚信数学是通往理念世界的必由之路。他的名著《蒂迈欧篇》讲述了一个创世的故事，其中的创造者完全采用几何的方式建造了宇宙结构。在这个故事中，柏拉图学派证明了正多面体只有 5 种，且正好与当时人们认知里的宇宙间只有 5 种元素相对应。这几种元素的几何结构不同：火元素为正四面体，土元素是正六面体（立方体），气元素为正八面体，水元素是正二十面体，以太元素是正十二面体。

也就是说，自然这部巨著的具体内容是用数学语言写成的；如果没有数学符号来表象，人类可能会读不懂自然——

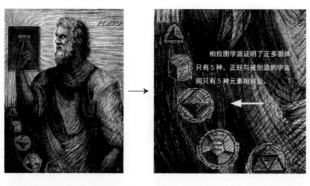

世界图景化的思想在柏拉图（左）甚至更早的毕达哥拉斯时代就开始了——柏拉图学派证明了正多面体只有 5 种，且正好与当时人们认知里的宇宙间只有 5 种元素相对应（右）

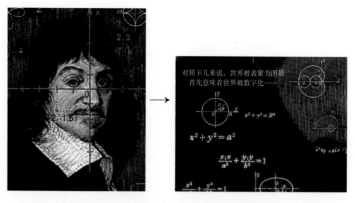

笛卡儿（左）不仅是发明"解析几何"（右）的大数学家，而且还是伟大的哲学家，他构建了主体性哲学

自然之理需要借助几何图形来显示。柏拉图的学生、哲学家和科学家亚里士多德也强调了这样的观点：一件东西之所以能被感知，是因为其"形式"在起作用。而形式又是人赋予的，这就涉及科学的本质——假设。现代科学认为，假设需要实验予以证明。经验告诉我们，自然的数学化（人为符号的设计及其运算）被证明是行之有效的形式，它可担当起表象化自然本质的大任。

进入笛卡儿时代，作为表象的世界图景化概念被逐步明确。我国科学史家、科学哲学家吴国盛在其著作《什么是科学》的"世界图景化：自然数学化与世界图景的机械化"一章中写道："对笛卡儿来说，世界被表象为图景首先意味着世界被数学化，只有那些能够被数学化的东西才能进入我的世界表象，才能被认定为真实存在的东西，否则就只是存在于我头脑里的幻觉。"但按照柏拉图不认为数学是自然最终理念的观念，数学化仍然只是一种有效的形式。

实际上，柏拉图认为自然的最终理念应该就是自然的本质，类似于老子的《道德经》中的"道"——如果"道可道"，那必然还是数学。在笛卡儿之前不久，伽利略在其《试金者》中有这样一段论述："哲学被写在那部永远在我们眼前打开着的书上，我指的是宇宙；但只有学会它的书写语言并熟悉了它的书写字符以后，我们才能读它。它是用数学语言写成的，字母是三角形、圆以及其他几何图形，没有这些工具，

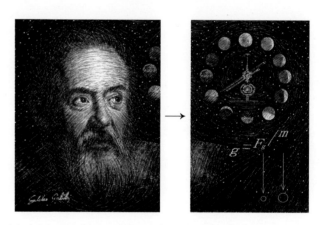

伽利略（左）利用自制的望远镜观察到离地球最近的众多卫星、行星和太阳都是几何圆形，并以数学形式表述了重力加速度（右）

人类连一个词也无法理解。"这可以看成自然数学化运动的宣言。

直到今天，在我们的时代，探索宇宙构成近 30 年的宇宙学家泰格马克仍然坚持和发展自然的数学化——宇宙之所以有这样的表象（图景），是因为它本质上就是数学的："当我们追问万物由什么组成，并拉近距离，从微小的尺度上观察世界时，我们发现物质的终极组成材料是数学结构，它们的性质都是数学性质。当我们追问万物有多大，并把距离拉远时，我们回到了同样的境地：数学结构的国度……"

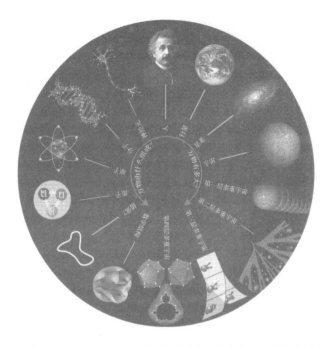

当我们环顾四周，不论处于宇宙的何等层次，它们都以数学结构的图景呈现，只不过表象形式不同罢了

思考中的牛顿（右）与传说中苹果下落引发的对引力的探索（左）——牛顿万有引力定律方程式（数学化物理性图景）的建立选择了绝对空间的参照系

二、空间化是世界图景化的另类表现

空间化是世界图景化的另一种形式的表现。我们认为，它本质上还是数学化的一种演绎形式——运用的还是数学化语言。牛顿最先开启空间化的大门——他在《自然哲学的数学原理》开头给出了这样的定义："绝对的空间，就其本性而言，是与外界任何事物无关而永远是相同的和不动的。"牛顿世界图景里含有 3 个有关联的要素：第一，绝对空间如同一个筐——我们可以将其理解成一个具有唯一"参照系"的框架；第二，框架中包含具有质点的物质体；第三，质点性物体在力的作用下改变其运动状态。

德国哲学家康德对牛顿的绝对空间概念（以及绝对时间）做过先验论的表述，并将之处理成人的先天感性直觉形式。也就是说，在现代世界图景中，一切事物唯有被纳入人为主观预先设计好的绝对时空框架之中，才有可能成为被认识的对象。从认识论来讲，如果一个东西不能被纳入时空之中，那它就是子虚乌有。科学在时空中被定位时才能成为研究对象，那些宣称研究超时空事物的学问，现在还无法被科学定位，也无法对其做图景化运动的描绘。

如果没有空间化图景的概念，可能就没有牛顿第一定律（"惯性定律"），它从来不是任何意义上的经验定律。牛顿的第一定律跟他提出的绝对空间概念一样，是一种先验构造。也就是说，它们不是人们从经验世界中发现的，现代世界图景是以符合牛顿第一定律的方式被构造出来的。本书的主题试图表现这一点：描绘科学图景的主体是人，其假设形式如同画家手下的线条与色彩，科学其实并不那么"客观"，而是在相对条件下进行验证的。

在爱因斯坦看来，牛顿最伟大的成就是他认识到特选参照系的作用——"牛顿的解决是天才的，而且在他那个时代也是必然的。"引入绝对空间对牛顿力学来说极为重要，否则，空间化的"运动"概念将无法被理解。在牛顿之后约两个世纪，爱因斯坦将空间转化成了一种相对的图景（参照系可以从观测者的角度进行选择），他认为对牛顿力学来说，绝对空间必不可少，他提出的广义相对论被证明比牛顿绝对空间下的万有引力更加精确。

爱因斯坦科学肖像（右）与其狭义相对论（见质能关系式）、广义相对论（见引力场方程）空间弯曲图景同框出镜（左）

如果你问一个当代人空间实际上是怎样的，他可能会说，空间是弯曲的——它与物质体相互作用而又共生共存；时空是相对的，关键是你怎样选择参照系（就像下面埃舍尔令人不解的、"时空错乱"般的画作一样）。特别是很多科幻电影和科普图书让我们都知道了这样一个常识——爱因斯坦的狭义相对论和广义相对论将时空作为一个有机整体概念进行研究，并得到了图景化相对论形式的描绘。

三、时间与空间一起作为世界图景的框架

在现代人心目中，时间常常与空间一同出现，并作为世界图景的数学框架呈现。但在较早时期，时间与空间是相互分离的两个概念，并没有必然的联系，只是通过运动的数学化这种方式，才被相对论物理学紧密地联系到一起，并逐步成为现代世界图景的一对基本范畴。但是，我们必须注意到，时间与空间在现代世界图景中所扮演的角色并不一样。我们不能简单地像在现代物理学中那样把时间与空间并置在一起。事实上，即使在物理学中，时间与空间也不完全对称，其表现图景也不一样——宏观空间是三维的，而时间是一维矢量。爱因斯坦的老师闵可夫斯基将这两者进行了数理性结合，得到了四维时-空图景，从而帮助爱因斯坦建立了狭义相对论。

宇宙的膨胀或溯源之"大爆炸"可以看作时空联手呈现的经典动态演化图景。这一研究领域的代表性科学人物有哈勃与伽莫夫，还有这一理论的创始者——比利时宇宙学家勒梅特，以及无意中为"大爆炸"起名的英国天体物理学家霍伊尔等。本书以艺术手法，在哈勃与伽莫夫两人的科学肖像中借助了"未来主义"（即带有时间性变化元素的动态构成图景）的画面，在一幅静态的图画里统一呈现了时空的演进。

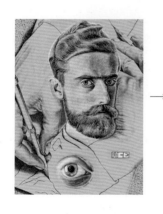

独具慧眼的荷兰图形大师埃舍尔（左）将相对论中选择不同参照系看世界的空间图景以艺术的形式奉献给观众（右）

幽默而联想力丰富的伽莫夫（左）与他的宇宙"热大爆炸"形成的时空变化图景（右）

哈勃（左）通过星系退行的天文现象发现了宇宙正在膨胀的时空变化图景（右）

对空间的图景描绘比较好理解，现代人在中学阶段就学会了立体几何和空间坐标系等。但对时间进行图景化显现就需要"脑补"。本书正文中对哈勃和伽莫夫两位宇宙学家创想的科学图景进行了可视化描绘，对时间以及空间的起源和发展进行了科普性表述：时间、空间及其中的物质，在大爆炸宇宙论中是同时被创造的；也就是说，在宇宙瞬时爆炸的那一刻起，时间、空间和物质同时出现；之后，物质与时空就不断随着宇宙的膨胀而发生演化——于是，宇宙的时间性也就被表现了出来。

现代时间观念的基本特征是单向线性（有"时间之矢"和"时间轴"之称），它与古希腊世界流行的循环时间观形成对照。历史上，希腊和印度人多持循环时间观，而希伯来人和基督徒则奉行线性时间观。但是，谁的时间观更正确，现在并没有一个肯定的答案——在单向线性的现代时间观（存在于大爆炸宇宙观中）盛行的当下，各种"循环宇宙"模型也纷纷出炉。

所谓循环时间观，指的是将时间理解成一个圆圈，周而复始。它们有强和弱两种表现形态。强循环时间观认为，历史事件会严格地周期性重演，从前发生的事情在下一个周期中会毫无例外地重复出现。弱循环时间观则认为某些历史形式的特征会周期性重现，但并不严格地重现曾经发生过的事件。中国人的阴阳时间观就是一种弱循环时间观——它们支持循环宇宙的结构变化图景。

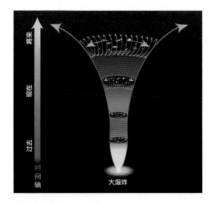

现代时间观念的基本特征——单向线性（左），此图是标有时间轴的"大爆炸宇宙论"演化图景

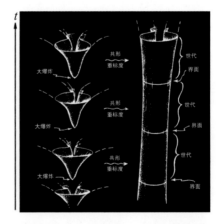

诺贝尔物理学奖得主的罗杰·彭罗斯的"共形循环宇宙学"应该是弱的循环时间观最新表现的宇宙学图景

四、机械化和力学化本质上都是数学化

吴国盛曾提出：现代世界图景的机械化有两个意思，一个是通过机械类比或隐喻来理解世界，另一个是用力学方式

解释世界运行；近代早期，机械类比与力学本身成长为新物理学的主干且相伴而行。那时力学与机械学还没有区分开来；等到牛顿力学与笛卡儿的机械论分道扬镳，并成为现代物理学公认的基础之后，机械化就更多的是指牛顿的力学化了。

在笛卡儿和牛顿之前的文艺复兴时期，《达·芬奇笔记》中有这样一段话："力学是数学的天堂。正是因为有了机械力学，我们才能实实在在地品尝到数学的果实。"在达·芬奇看来，机械力学与数学的关系是不可分的——数学是"因"（本质），机械力学是"果"（表象）。沉迷于机械力学的达·芬奇曾设想并绘制了许多机械装置，数量之多、想象力之丰富，实在令人叹为观止。

许多人认为，飞行器毫无疑问是达·芬奇最了不起的发明设计，即使这一项目最终宣告失败，也不影响它的伟大。在下面的图景中，我们感受到这位伟大艺术家对机械力学的无限兴趣。而等到机械力学分为笛卡儿的机械论和牛顿力学之后，达·芬奇时代紧密相连的机械力学图景已不复存在，机械化的思想被牛顿的力学思想边缘化了，但机械化概念图景仍然保留并包含力学机制，从而被沿用了下来。

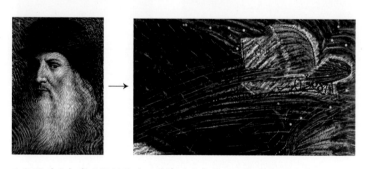

飞行器（右）毫无疑问是达·芬奇（左）最了不起的发明设计之一，它所呈现的图景是人类的一种美好追求

在古希腊，机械与自然是相对的；而在现代，机械与有机体是相对的。而机械的本义是人工制作的东西，用以征服自然、辅助人类。作为制作出来的东西，机械总会有一个制作者。但如果把整个宇宙设想为一架机器，就会存在一种逻辑上的矛盾——谁是这巨大无比的机器的制造者？于是乎，古希腊就有了这方面的创世神话，中国也有如此神话——"盘古开天地"等。柏拉图在《蒂迈欧篇》里也提供了一个创世故事，说创造者把形式注入纯粹的原材料之中，创造了今天

我们看到的这个感性世界。但这个故事不能完全自圆其说。后来，亚里士多德就不再讲创世了，而是明确主张宇宙是永恒不灭的——它甚至影响到后来众多的伟人。

但是后来，由于基督教把上帝看成无所不能的"超然人物"（基督教把整个宇宙看成一架机器）。基督教的创世理论破除了上述机械宇宙论可能产生的逻辑矛盾——基督教的上帝是一个绝对的超越者，他创造了这个世界，但他自己并非这个世界的一部分。因此，通过上帝之手，世界完全可以成为一架正在运行的机器而不产生任何逻辑矛盾——但这似乎不是科学所想要的自然图景。无论如何，在撇开"第一推动"问题之后，世界图景力学性质的机械化还是对理解宇宙运行机制有所帮助。无论是哈维的"血液循环轮"，还是瓦特蒸汽机所带动的复杂机械系统，基于力学传导的机械化机制图景比较容易理解。

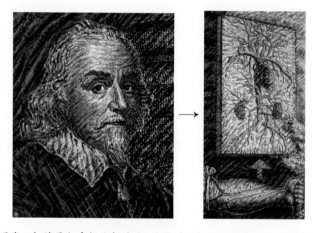

在现代，机械是与有机体相对的：哈维（左）与他书中描述的人的血液循环整体放大示意图和小臂动静脉血管标记——犹如机械化在运行（右）

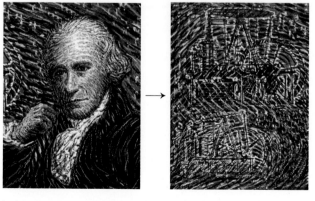

瓦特（左）与蒸汽机的循环往复给机械运动提供动能（右）——如同哈维所提出的心脏泵血给有机体供给能量一样

对机器构架和运行进行类比的机械化图景在 16、17 世纪兴起，有两大背景。一是中世纪机械技术革命让欧洲人拥有了丰富而多样的机械技术经验。在评论近代机械自然观时，英国哲学家科林伍德曾说过："文艺复兴的机械自然观从其根源上讲也是类比的，但它以相当不同种类的观念为先决条件。首先，它基于基督教的创世和全能上帝的观念。其次，它基于人类设计和构造机械的经验……每一个人都懂得机械的本质，制造和使用这类东西的经验已经开始成为欧洲人一般意识中的一部分。导向如下命题就很容易了：上帝之于自然，就如同钟表制造者或水车设计者之于钟表或水车。"简言之，机械自然观有其机械技术革命的背景。二是亚里士多德物理学当时正在瓦解，新的实验科学要求对自然界进行干预和控制，而不是听之任之。干预和控制通过两种路线进行——炼金术和自然魔法，以及机械力学。每种支配和征服自然的手段背后，都预设了一个自然的模型。在炼金术士看来，上帝是一个炼金家，宇宙是一个大熔炉；而在机械论哲学家看来，上帝是一个钟表匠，宇宙是一台由机械驱动的大钟表。科学革命时期，这两条路线均非常活跃，最终机械力学占据上风。

一位画家于 1803 年在伦敦看到世界上第一台依靠自我驱动的机械载客蒸汽马车，画下了人们为之狂热的场面

五、把看不见的东西变成可见的图景

德裔美籍美学家鲁道夫·阿恩海姆在《视觉思维》一书中提到了一个命题："把看不见的变成看见的。"他写道："人们经常把看不见的东西描绘成球体形象，一代代的人都在用这一形象去描绘种种物理的、生物的甚至哲学的现象。从人类对这一形象的使用中，我们同样可以看到一个从简单到复杂、从粗糙到细腻的发展过程。人类普遍地和本能地用圆形来再现某些无确定形状的事物或无形事物，有时又用它来代表一切形状。"

确实，圆形（不论是二维的圆面还是三维的球体），都是完美的图形。这方面典型的例子来自托勒玫的水晶球"地心说"和哥白尼的"日心说"——这似乎是一种哲学（美学）的、科学（数学）的，甚至是艺术（设计）的图腾化形状，代表了人类的信仰与理想图景，并且在当时不容置疑。

哥白尼（右）的"日心说"（左）完美、简明地将托勒玫天体运行图景的本质彻底改造了一番

然而，没过多久，开普勒就将哥白尼这一似乎看不见的构造形式改造成了椭圆形——按照美国科学哲学家库恩的说法，这种范式上的变换同样是数学化的——这样的图景在数学上更接近于那似乎看不见形状的真相。

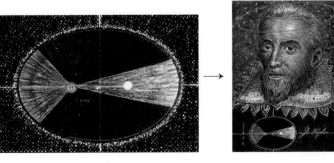

如同开普勒（右）头上的"光环"——行星运动更真实的轨道是椭圆形的，并且它处在这个椭圆的一个焦点上（左）

上：谁能知道，第一个为"夜黑之谜"提出合理性解释的人不是科学家，而是一位美国诗人、文学评论家——爱伦·坡

左：我国明清时期富有创造性的杰出画家石涛的山水画，他以大片留白等效云雾的方式描绘了山间图景

除了经常把看不见的东西描绘成球体形象，前面说过，描绘自然图景的科学家还引入了"参照系"这种实际上不存在、也不可能看得见的空间化架构；"时间之矢"也是科学家、哲学家导入的一维矢量图——它不但不可能被看见，而且可能只是一种存在于人们心理上的图景；机械化图景的实现则更是从无到有……科学家尚且是这样，那科学幻想家、艺术家（包括音乐家、画家、诗人等的创作）不更是如此？他们（尤其是艺术家）将人们对看不见的世界的想象发挥到了个性化的层面，以激发人类对世界图景的无限遐想。

例如，第一个为"奥伯斯佯谬"（夜黑之谜）提出合理性解释的爱伦·坡对宇宙动态演化有着带有推测性的重要贡献，即用大脑殚精竭虑地提出了一幅符合天象的逻辑图景，而这

种图景是凭肉眼看不到的——其中的解析是，如果宇宙的诞生时间是有限的（这符合大爆炸宇宙论），那夜空必定会是左侧所示画作中他想象的那番图景（右上侧"椭圆图"中）——就像他在《我发现了：一首散文诗》中所写的："穿过群星，我们看到了宇宙的源头。"

这里我们顺带聊一下中西方对"图景"不同的描绘方法。爱伦·坡的表达方式是"补齐真实的物质－时空"图景（包括那些看不到的动态图景），于是，他依靠看到的夜黑图景，加上想象力和推理，发现了"夜黑之谜"；而石涛描绘的云雾缭绕的山水画，则显示出东方式的美妙写意，但想在他的画面得到一个完整清晰的表象图景，需要观者用大脑对画面的留白处加以后景的"补缺"。一个是"多画"了一些，一个是"少画"了一些——这两种对图景不同的表达方式，可能是由东西方流传下来的、截然不同的文化基因所造成的，它也可能从另一个方面解释了"李约瑟难题"。

历史上，还有一些被人们视为精神异常的著名人物，在"强迫症"的驱动下，将其幻想或幻觉图景以艺术的形式呈现出来，但其中具备了一些科学幻想的成分。这里列举一位世人皆知的荷兰画家凡·高，在他的世界中，为人类幻想并绘制了一幅幅不同的天空图景，有些画面甚至后来被认为具有宇宙学意义——被证明这些看不见、摸不着的天文学现象确实存在。如当代宇宙学证明，他的名作《星空》中那些可见的日月星辰都被看不见的暗物质晕所包裹，而凡·高竟然把它们都画了出来，至于真实暗物质晕是否像他所画的层层叠叠、弯弯曲曲的那样，就另当别论了。

凡·高（左）与他另一版本的《星空》（右）；他将自己的理解以及一般人看不见的天象在一幅画中同时呈现给了观者

六、绘就一幅简化又易于理解的世界图景

本书"前言"开头，我引用了爱因斯坦在《探索的动机》里的一句话："人们总想以最适合自己的方式画出一幅简化而又易理解的世界图景。"这是科学家、科学哲学家、科学幻想家等，以及画家、诗人和音乐家等艺术家的美好愿景。他们共同的想法（也是全人类的共同心愿）是，上天既然让智慧的人类出现，就一定有它的道理和用处，我们应理解并进一步掌握自然之道，描绘出一幅形式上简洁优美而内涵上丰富非凡的图景，从而达到从必然王国走向自由王国的目标。

德国哲学家李凯尔特曾围绕科学的分类问题提出了他的历史哲学理论，在《文化科学和自然科学》一书中，他提到："也许，可以把美学的基本问题表述为关于普遍直观的可能性问题……"而普遍又直观的东西是什么呢？"美"是科学家与艺术家都追求的共同理想，但他们追寻的分别是"科学之美"和"艺术之美"，它们的共同点在于形式——看看那些简洁优美而又内涵丰富的科学方程式、示意图（如海森伯的不确定性原理表述方程和沃森、克里克论文中的DNA双螺旋示意图），印象派画或写意画、音乐五线谱（如中国当代著名画家、法兰西学院艺术院通讯院士吴冠中具有东方情调的写意画与鲍罗丁的曲谱），我们就可以理解这一点。

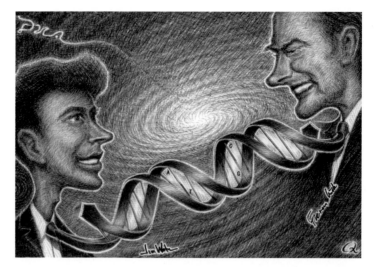

沃森（左）、克里克（右）与他们整体形式简单美妙的DNA双螺旋图景（中）

科学与艺术中的形式及形式之美的表现是多样化的：数理学家方程化的抽象之美，生物学家图形化的形式之美；作曲家五线谱上的音符之美，画家点线交融的形式之美。但不论什么形式或形式之美，最终都需以易于理解的形式呈现——这是上面论述过的科学图景化与后面将要论述的科普可视化都要遵循的原则，否则将毫无意义。

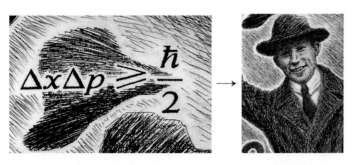

海森伯（右）与他简洁优美的"不确定性原理"的数学方程化表述（左）

左：鲍罗丁素描像（中）和他优美的曲谱（背景）以及化学结构变化方程（下）提供了一种可视化的图景

右：吴冠中素描像（中）与围绕他的画作具有直观化的表达——它们都是按照其肖像下面的作画程序进行的

综上所述，我们知道科学与艺术之所以能够深入人心，其形式内在之联系，正如美国物理学会会员阿瑟·米勒在《爱因斯坦·毕加索——空间、时间和动人心魄之美》一书表述的那样："阿尔伯特·爱因斯坦的'狭义相对论'和巴勃罗·毕加索的《亚威农少女》……这两大杰作还共有着更深层的联系。"这个更深层的联系便是在不同领域或以不同视角绘制出的简化而又易于理解的物质－时空形式的美妙图景。

毕加索 1932 年的一幅画《画家与模特》，它表明了"绘就一幅简化又易理解的世界图景"的内涵——从而得到人的认识规律：从复杂到简化，从表象到内在（图景），最后让人类终于可以"透过现象看本质"

七、世界图景是科学可视化科普的基础

英国哲学家培根曾对艺术有过这样的命题："艺术是人与自然相乘。"这句话透露出许多认识论、方法论方面的重要内涵和信息。我们认为这里的"艺术"是广义的，实际上，它就是更好地为人们一切探索过程提供巧妙的形式。这些认识论、方法论，甚至连最理性的科学家们也是需要的。掌握了这样的形式，人类就能快速、准确而且事半功倍地获得来自自然世界的真理信息——今天我们认为，它也可被我们转用到科学普及上。

通过以上多方面的讨论或铺垫，大家已经知道，科学图景化是人类认识自然过程的一种艺术化形式，作为一种科学方法，它获得了极大的成功。科学普及更需要在此基础上的

可视化运用，因为人体接受的全部信息的 70% 来自视觉——抓住可视化的艺术方法，哪怕是有着很抽象或很深奥内容的科学内容也有可能被大众接受。科学已经为我们提供了一种图景化的方式，我们现在要做的是，在此基础上，运用更好的可视化手段，为大众提供更加快捷、信息量大并充满视觉享受的科普读物。

记得在 2015 年在日照举行的"第八届海峡两岸科普论坛"上，本书责任编辑韦毅女士提交了一篇论文《视觉艺术与美丽科学——论化学领域科普的科学可视化创新》。这篇文章以探讨科学可视化的论述，介绍了当时在国内广受好评的科普作品（如《视觉之旅：神奇的化学元素》及其系列 App、《疯狂化学》及系列视频等），剖析了其背景和特点，尤其是它们在化学可视化方面的创新，探讨了它们大受欢迎的原因，对科普领域的科学可视化创新进行了进一步的思考。她提到的《视觉之旅：神奇的化学元素》这本书展示了 118 种元素的基本特性，如大部分元素的实物展示图，还有熔沸点、原子量、电子排布结构等——在论文中举例论述了元素形形色色、在自然界不同方面的可视化表观图景，并逐步让读者领略到它们的自然表象化（各种物质存在于大自然中的实物图景）、内在的空间化（化学结构）、数学化（化学分子式）等。结合我们这本书的实例，可以用诺贝尔化学奖得主霍奇金的科学肖像及其晶体研究的各层次表现来进行一揽子图景化解析。

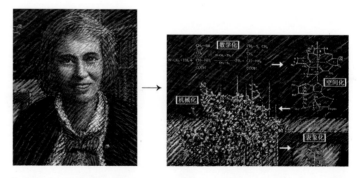

霍奇金（左）与她研究的晶体结构不同层面的递进图景（右），说明了科学可视化基于图景化

韦毅女士在她这篇论文中写道："他们（作者）都选择了让内容可视化的形式向大众展示科学知识，为我们提供了与常见化学课本中方程式冷冰冰的面孔截然不同的热烈与新鲜，

他们提供的内容或贴近生活，或是唯美艺术，重在引导对化学的热爱，而不是简单地说教……以精美图片和视频给人以感染力，突破了文理科的界限，因为美丽的事物势必会引起各个阶层和年龄层次的人们不由自主的共同呼应，让观者不由得产生对化学乃至科学的兴趣。"事物表现形式之美会引发人们的兴趣，并可能由此引导进行更深入的探究。本书用绘画的形式，对科学图景的方方面面进行更深入的数学化、空间化、时间化和机械化解析，旨在通过对100位科学人物探索科学之美妙图景进行更深入的描绘，引发读者对科学和艺术的兴趣。

美国美学家、心理学家阿恩海姆在《视觉思维：审美直觉心理学》一书的前言中这样写道："我以往进行的研究告诉我，艺术活动是理性活动的一种形式，其中知觉与思维错综交织，结为一体，然而思维与知觉的这种结合并不单单是艺术活动特有的。通过对知觉，尤其是视知觉的研究之后，我深深地懂得，感官'理解'周围环境时所涉及的典型的机制，与思维心理学中所描写的那种作用机制是极为相同的。反过来，大量证据又表明，在任何一个认识领域中，真正的创造性思维活动都是通过'意象'进行的。这就是说，心灵在艺术中的活动与它在其他领域中的活动是相似的。这种相似性促使我们对人们长期以来的那种抱怨（即对艺术在社会和教育中受到孤立和忽视的抱怨）有了新的理解。真正的问题或许并不在此，而是存在于一个更基本的领域——感知与思维之间的分裂中。正是这种分裂，才引起了现代人的各种'营养缺乏症'。"而本书正是试图将感知与思维进行有机融合，以消除存在于人们思想观念上的"营养缺乏症"，给大众带来一种美妙的、可视化的、视觉思维的图景。

在本书的科学肖像创作中，新中国首位诺贝尔自然科学奖（生理学或医学奖）得主屠呦呦一生的科学实验研究所归纳出的递进画面，也可以帮助我们理解科学"由表及里"的科学探索路径，这也是本书所要解析并呈现给广大读者的典型可视化科学图景。

总之，当一个科学方程式或一个精简科学结论出现在读者面前时，它们的抽象性以及所蕴含的关系、意义是不易立即被理解的。但是，如果有一个生活中常见的形象与之进行联系、类比，或者将一些有关联但看不见的东西通过想象加以呈现，再加上比较准确的文字解析，就可能变得不那么难理解了。例如，像对页这幅名曰《放眼宇宙图景》的科学画作，以一个袒露心胸、无比敬畏宇宙的画家背影为主体，通过他的视觉，对地球（地月系统）→太阳系→银河系（中心黑洞）→星系团→星系长城→暗物质→宇宙之网的一连串由小到大的天象图景（其中黑洞和暗物质结构是人类难以观察到的图景，我们也将其形象地画出）进行了可视化。

这就是本书想要奉献给读者的科学绘画形式——它不是科学知识，因为单纯的科学知识能在教科书、百科全书中或网络上查到；它也不是科学故事，因为故事有时会偏重讲述或可能偏离真相。在我们这个"读图时代"，我采用人文化、简洁化的方式进行解析，希望可以让读者在一幅画面中尽可能多地获取来自科学家主体描绘的科学图景信息。

屠呦呦（左）的研究历程可以化为一个图景系列——自然形态的植物青蒿→研究提取→液态青蒿素→粉剂青蒿素→青蒿素分子式、结构式（右）

一位手拿画笔的画家面对着浩瀚无垠的宇宙，他该画出怎样的一幅全景图？

相应地，如果他是一位科学家，又该怎样获得一个囊括全宇宙的数学化图景？

　　最后，我要说的是，在世界图景化基础上，对科学可视化的内容进行科普传播的研究正处于发展阶段。在认识科学图景概念的前提下，艺术性地将其转化为美妙的可视化形式，最终可以把我们的科普产品更好和更有效地奉献给广大读者。

尾之诗

——献给创绘科学图景的人们

刘夕庆

科学的图景你们来绘就，
不是临摹，也不是仿制，
而是创作、创造，或者创意。
科学的图景你们来诠释，
不是考试，也不是答题，
而是在热爱驱动下的探索，
那是一种令人无比惊奇的惬意。

像爱因斯坦那样去真正理解，
伟大成就的取得需要热爱的动机。
科学是在创绘一种普适的图景，
如同激情的画者挥动彩笔，
创作一种直觉上的形式美丽。
不过，有所不同的是，
它必须要得到实验的证明，
就像符合相应规则的自然游戏。

科学图景是美妙和深沉的，
它反映世界本质的表象道理。
但这种美不像画家们的作品，
带有明显的个性与做派，

任由观画者去想象、分析。
也不像哲学家思考的那样不具体，
更不像诗人任由自己抒发的诗句。
科学图景是尽可能地广普，
只要有一次实验上的不符，
你就不能信以为真——必须重启！

然而，它又像艺术和哲思一样，
创造的原动力直接来自激情。
直觉引领前行，逻辑只是步序，
形式的巧妙，那肯定是必需。
就像画家创作用的线条、彩块，
又像诗人心潮澎湃时的语句。
科学家运用的形式是符号、数字，
带有验证这些字符成立的印记，
并散发出构建自然的数学化诗意。

世界数学化的诗篇啊，
是图景化之门的密钥，
只要这扇大门开启，
人类便可窥视自然的奥秘——

空间化、时间化和机械化接踵而来，
它们是人类发明的自然语言之翻译。
形式多样，但万变不离其宗，
溯源起来，都受自然数学化的启迪。

自然的图景啊，多么神奇，
竟然可以用这样的形式，
被地球上的精英们所创立，
又可以被全人类智力所分享，
借助的是与科学对应的科普羽翼。
将科学图景转录成可视化科学普及，
让公众觉得科学不再那么神秘！

为此，
我们决定用艺术去理解科学，
去画解世界的科学图景，
让万亿人易于领会那自然简化的魅力，
以实现人类在自由王国中最美好的心意。

于紫金山东麓观山墅
2022 年 8 月

致 谢

我完成这本《画解科学图景：100位科学人物的探索创新》全部文稿是在2022年8月，恰巧我的夫人邓玲萍的生日也是在8月，从这个巧合来看，这个数字大约象征着我的幸运数字。就此，我要加倍感谢她——无须多言，没有夫人的支持和帮助，我不可能创作出这具有一定深度和难度的作品。

由此我又想到，数学（数字符号）图景虽然抽象，但如果没有它们的表象、运算联系和组成表征自然本质运行的方程式，我们今天的世界将是另外一种情景——最起码，我不可能用到由"二进制"支持的计算机来方便地进行图文创作。数学化表象奠定了世界上最基本、最有效的数符图景——对我来讲，2022不仅是一个数字，更是一个值得纪念的年份。

这本书的完成，意味着我对科学与艺术两方面及其融合的认识达到了一个新的阶段。除了夫人在生活上的直接帮助外，我还要感谢以下有缘人（以我们相交的时间为序），他们给予我思想和方向上的引导和帮助，这对我而言更加珍贵：钟训正、禹天成、邓海南、张宏生、陆大有、王军、吴同椿、高云、汤寿根、李剑龙、尹传红、张骏、周忠和、祁云枝、钱小华、郭晶、钱卫民、林兴仁。感谢这些科学、科普与文化艺术方面的专家在机械化图景中为我提供了动力支持，我记录下了人生前进路途中与他们知交的时空化图景的坐标点。

在人类历史上，最先全方位以数学化、空间化、时间化和机械化（力学化）形式创绘科学图景的人应该是英国科学家牛顿；从他所掌握的素描技巧来看，他无疑也是一位画家。

左：我与著名科普作家卞毓麟（左）合影于中国电影资料馆入口处的电影机前——2014年10月25日，在中国科普作家协会科普与中国梦高层论坛暨2014年学术年会上听了他的报告，感觉自己境界有了质的提升

右：2015年8月31日，我国当代科普战线的"老战士"汤寿根（右）与我合影于日照"第八届海峡两岸科普论坛"

在英国那段发生黑死病的岁月里，这位当时还很年轻的人物，为了躲避鼠疫的侵扰而拥有了在乡间难得独处的幽静时光——这也是创造和描绘世界图景的大好机会，牛顿把握住了。本人没有如此天分，但从300多年前牛顿在瘟疫期间创造自己"奇迹年"的故事中获得启发——与其在躲避新冠疫情的情况下虚度光阴，还不如创作一点有益的精神产品——

牛顿是创绘世界图景的伟人，我只图为他这样的科学人物添加一些色彩而已，于是就有了这本书的诞生。

下面这幅照片是 2016 年底，在中国科学院物理所礼堂，中国科普作家协会理事长、中国科学院院士、美国科学院外籍院士周忠和颁发 2016 年"十佳新锐科普创客"各奖项时的合影，照片顶端有两个醒目的大字——"创想"，未来我也将在这个方向继续努力。

就此，我要特别感谢此次为本书作序的全国中国画学会副会长高云先生，撰写推荐语的中国科普作家协会理事长周忠和院士、副理事长尹传红先生，以及张骏先生、殷志敏先生、王强先生、林兴仁先生、陆大有先生和纪太年先生。他们在繁忙的工作中抽出时间读了我的书稿，将自己的独特看法浓缩成精简的推荐语，好让读者从不同的视角迅速了解这本书的内核。

在本书创作的最后阶段，我的家乡南京遇到了 1961 年国内有完整气象资料以来旷日持久的超高温，多项纪录被打破。加上新冠疫情，我的活动空间逐渐减小——从小区范围收缩到家内，再被挤压到书房，但空间的压缩却换来了更充裕的时间——事后看来，这对按时完成全部书稿倒是很有益，让我在书房的小空间看到了平时没有时间感受的大世界图景。

在此，我还要顺便感谢一下我的各位亲朋好友——没有人能总是生活在顺境中。在我基本完成此书全稿的时候，我的小外孙矼矼也快 6 周岁了——这几年来，他幼小的成长过程需要有人照顾与陪伴，而外孙女思琦也要准备升学考试，我的亲家潘义法和王春凤协助做好了这些事情，让我不致分心于此。再有，年轻的平面设计师潘宁杰和刘元宁坚持为这本书完成了封面和版式的高质量设计 [我所著的《玩转科学的"艺术家"》(上下册) 和《玩转艺术的"科学家"》这三本书的封面也是由他们设计的]，让本书增色不少。在此，我一并表示感谢！

刘夕庆

2022 年 8 月 16 日于紫金山东麓观山墅

2016 年底，中国科普作家协会理事长周忠和（右一）颁布 2016 年"十佳新锐科普创客"各奖项，左二为刘夕庆

参考文献

［1］ 爱因斯坦 . 爱因斯坦文集（第一卷）[M]. 许良英，李宝恒，赵中立，等，译 . 北京：商务印书馆，1976.

［2］ 吴国盛 . 什么是科学 [M]. 广州：广东人民出版社，2016.

［3］ 哈特 . 影响人类历史进程的 100 名人排行榜 [M]. 赵梅，韦伟，姬红，译 . 修订版 . 海口：海南出版社，2014.

［4］ 戴克斯特霍伊斯 E J. 世界图景的机械化 [M]. 张卜天，译 . 长沙：湖南科学技术出版社，2010.

［5］ 阿恩海姆 . 视觉思维 [M]. 滕守尧，译 . 北京：光明日报出版社，1987.

［6］ 霍利切尔 . 科学世界图景中的自然界 [M]. 孔小礼，等，译 . 上海：上海人民出版社，1987.

［7］ 吴国盛 . 世界的图景化——现代数理实验科学的形而上学基础 [J]. 科学与社会，2016（1）：43-73.

［8］ 尹传红 . 青少年创新思维培养丛书 [M]. 上海：上海科技教育出版社，2019.

［9］ 那塔拉印 . 宇宙新图景——揭示宇宙奥秘的变革式理念 [M]. 涂泓，冯承天，译 . 北京：人民邮电出版社，2017.

［10］ 刘夕庆 . "美"是科学与艺术的共同元素 [C]. 南京：江苏省科普美术家协会第五次代表大会论文集，2008.

［11］ 刘夕庆 . 绘画与科学的关系图景 [Z]. 北京：中国科普作家协会官网，2021.

［12］ 史莱因 . 艺术与物理学——时空和光的艺术观与物理观 [M]. 暴永宁，吴伯泽，译 . 长春：吉林人民出版社，2001.

［13］ 易杰雄 . 世界十大思想家 [M]. 合肥：安徽人民出版社，1990.

［14］ 莫尔 . 改变世界的发现 [M]. 唐安华，粟进英，译 . 长沙：湖南科学技术出版社，2008.

［15］ 郭奕玲，沈慧君 . 诺贝尔物理学奖 100 年 [M]. 上海：上海科学普及出版社，2002.

［16］ 威尔逊 J. 邮票上的数学 [M]. 李心灿，邹建成，郑权，译 . 上海：上海科技教育出版社，2002.

［17］ 时代生活出版公司 . 人类 1000 年 [M].21 世纪杂志社，译 . 上海：上海三联书店，1999.

［18］ 赫尔内克 . 原子时代的先驱者：世界著名物理学家传记 [M]. 徐新民，贡光禹，郑幕琦，译 . 北京：科学技术文献出版社，1981.

［19］ 李啸虎，田廷彦，马丁玲 . 力量——改变人类文明的 50 大科学定理 [M]. 上海：上海文化出版社，2004.

［20］ 考克斯，科恩 . 人类宇宙 [M]. 杨佳祎，丁亚琼，张洋，等，译，北京：人民邮电出版社，2016.

［21］ 赛格雷 . 从 X 射线到夸克——近代物理学家和他们的发现 [M]. 夏孝勇，杨庆华，庄重九，等，译 . 上海：上海科学技术文献出版社，1984.

［22］ 皮克奥弗 A. 从阿基米德到霍金：科学定律及其背后的伟大智者 [M]. 何玉静，刘茉，译 . 上海：上海科技教育出版社，2014.

［23］ 吴国盛 . 科学的历程 [M]. 长沙：湖南科学技术出版社，2018.

［24］ JACKSON T. 数学之旅 [M]. 顾学军，译 . 北京：人民邮电出版社，2014.

［25］ 布伦诺斯基 . 科学进化史 [M]. 李斯，译 . 海口：海南出版社，2002.

［26］ LIGHTMAN A. 爱因斯坦 vs 牛顿 [J]. 何俞嵩，赵庚新，译 . 科学（中文版），2004（11）：82-83.

［27］ 巴罗 . 艺术与宇宙 [M]. 舒运祥，译 . 上海：上海科学技术出版社，2001.

［28］ 刘夕庆 . 科学美术在生命科学科普创新中的作用 [J]. 海峡科学，2015（12）：106-110.

［29］ 查洛纳 . 发明天才：他们这样改变世界 [M]. 龙金晶，李苗，霍菲菲，译 . 北京：人民邮电出版社，2014.

［30］ 刘夕庆 . 玩转科学艺术的爱因斯坦 [J]. 科学 24 小时，2015（5）：28.

［31］ 曹则贤 . 一念非凡——科学巨擘是怎样炼成的 [M]. 北京：外语教学与研究出版社，2016.

［32］ 杜卡斯，霍夫曼 . 爱因斯坦短简缀编 [M]. 傅善增，译 . 天津：百花文艺出版社，2000.

［33］ 哈里森 . 宇宙学 [M]. 李红杰，姜田，李泳，译 . 长沙：湖南科学技术出版社，2008.

［34］ 刘夕庆 . 艺术与科学的联系自然天成 [C]. 北京：科普与中国梦高层论坛暨 2014 年学术年会论文集，2014.

［35］ 胡翌霖 . 科学文化史话 [M]. 北京：北京大学出版社，2014.

［36］ 普兰 . 科学与艺术中的结构 [M]. 曹博，译 . 北京：华夏出版社，2003.

［37］ 斯蒂恩.站在巨人的肩膀上 [M].胡作玄，邓明立，等，译.上海：上海教育出版社，2000.

［38］ 贝尔.天文之书 [M].高爽，译.重庆：重庆大学出版社，2015.

［39］ 皮寇弗.数学之书 [M].陈以礼，译.重庆：重庆大学出版社，2015.

［40］ 杰拉尔德 C，杰拉尔德 E.生物学之书 [M].傅临春，译.重庆：重庆大学出版社，2017.

［41］ 刘夕庆，骆玫.爱因斯坦，奇迹的人生演绎——纪念爱因斯坦创立广义相对论 100 周年 [J].知识就是力量，2015（11）：4.

［42］ 刘夕庆.叙画——解读画作背后的科学故事 [M].北京：科学普及出版社，2019.

［43］ 丘成桐，纳迪斯.大宇之形 [M].翁秉仁，赵学信，译.长沙：湖南科学技术出版社，2012.

［44］ 米歇尔.复杂 [M].唐璐，译.长沙：湖南科学技术出版社，2011.

［45］ 泰格马克.穿越平行宇宙 [M].汪婕舒，译.杭州：浙江人民出版社，2017.

［46］ 杨振宁.杨振宁文录：一位科学大师看人和这个世界 [M].海口：海南出版社，2002.

［47］ 刘夕庆.玩转科学的"艺术家"上册 [M].北京：人民邮电出版社，2017.

［48］ 刘夕庆.玩转科学的"艺术家"下册 [M].北京：人民邮电出版社，2017.

［49］ 潘宁杰，刘元宁."玩"物立志——评刘夕庆《玩转科学的"艺术家"》[Z].北京：中国科普作家协会官网，2019.

［50］ 汤寿根.科普美学 [M].北京：科学普及出版社，2016.

［51］ 莫尔.改变世界的发现 [M].唐安华，栗进英，译.长沙：湖南科学技术出版社，2008.

［52］ 福建省科协闽台科技交流中心.海峡两岸优秀科普论文集 [M].福州：福建科学技术出版社，2018.

［53］ 里德 H.艺术的真谛 [M].王柯平，译.沈阳：辽宁人民出版社，1987.

［54］ 李凯尔特 H.文化科学和自然科学 [M].涂纪亮，译.北京：商务印书馆，1986.

［55］ Crease P R.历史上最伟大的 10 个方程 [M].马潇潇，译.北京：人民邮电出版社，2010.

［56］ 赵中立，许良英.纪念爱因斯坦译文集 [M].上海：上海科学技术出版社，1979.

［57］ 古德.康普顿百科全书：自然科学卷 [M].周志成，等，编译.北京：商务印书馆，2003.

［58］ 野家启一.库恩范式 [M].毕小辉，译.石家庄：河北教育出版社，2002.

［59］ 贝弗里奇.科学研究的艺术 [M].陈捷，译.北京：科学出版社，1979.

［60］ 托马斯.法拉第和皇家研究院：一个人杰地灵的历史故事 [M].周午纵，高川，译.上海：上海科学技术出版社，2015.

［61］ 内格尔.心灵和宇宙：对唯物论的新达尔文主义自然观的诘问 [M].张卜天，译.北京：商务印书馆，2017.

［62］ 侯世达.哥德尔 艾舍尔 巴赫——集异璧之大成 [M].郭维德，等，译.北京：商务印书馆，1997.

［63］ 布鲁克 H.科学与宗教 [M].苏贤贵，译.上海：复旦大学出版社，2000.

［64］ 奥迪弗雷迪.数学世纪——过去 100 年间 30 个重大问题 [M].胡作玄，胡俊美，于金青，译.上海：上海科学技术出版社，2012.

［65］ 刘蔚华.世界哲学家辞典 [M].重庆：重庆出版社，1990.

［66］ 查尔默斯 A F.科学究竟是什么（最新增补本）[M].鲁旭东，译.北京：商务印书馆，2018.

［67］ 许志军.论康定斯基抽象主义绘画中的科学精神 [J].艺术探索，2008（5）：93-97.

［68］ 卡普拉 F.物理学之道：近代物理学与东方神秘主义 [M].朱润生，译.北京：北京出版社，1999.

［69］ 皮科夫.物理之书 [M].严诚廷，译.桂林：漓江出版社，2015.

［70］ Stöcker H.物理手册 [M].吴锡真，李祝霞，陈师平，译.北京：北京大学出版社，2004.

［71］ 法伯.探寻自然的秩序——从林奈到 E.O. 威尔逊的博物学传统 [M].杨莎，译.北京：商务印书馆，2017.

［72］ 布罗克曼.过去 2000 年最伟大的的发明 [M].袁丽琴，译.上海：上海科学技术出版社，2000.

［73］ 《知识就是力量》杂志社.奇妙艺术与科学——绘画 [M].北京：科学普及出版社，2017.

［74］ 伦迪. 神圣的数——数字背后的神秘含义 [M]. 贺俊杰，铁红玲，译. 长沙：湖南科学技术出版社，2012.

［75］ 董光壁. 易学科学史纲 [M]. 武汉：武汉出版社，1993.

［76］ 刘夕庆. 才华横溢的人为什么太少 [J]. 现代管理科学，1986（1）：29-31.

［77］ 本森. 宇宙图志 [M]. 余恒，译. 北京：电子工业出版社，2017.

［78］ 惠特菲尔德. 彩图世界科技史（上、下卷）[M]. 繁奕祖，等，编译. 北京：科学普及出版社，2006.

［79］ 刘兵. 艺术与科学 [M]. 武汉：湖北科学技术出版社，2017.

［80］ 程志民，江怡. 当代西方哲学新词典 [M]. 长春：吉林人民出版社，2003.

［81］ 钱德拉塞卡 S. 莎士比亚、牛顿和贝多芬——不同的创造模式 [M]. 杨建邺，王晓明，等，译. 长沙：湖南科学技术出版社，1996.

［82］ 霍金. 果壳中的宇宙 [M]. 吴忠超，译. 长沙：湖南科学技术出版社，2002.

［83］ 程九标，张宪魁，陈为友. 物理发现的艺术：物理探索中的机智运筹 [M]. 青岛：中国海洋大学出版社，2003.

［84］ 赫伊津哈. 游戏的人 [M]. 多人，译. 杭州：中国美术学院出版社，1996.

［85］ 丹纳. 艺术哲学 [M]. 傅雷，译. 南京：江苏凤凰文艺出版社，2017.

［86］ 利文斯通. 文化地理学译丛：科学知识的地理 [M]. 孟锴，译. 北京：商务印书馆，2017.

［87］ 盖尔曼 M. 夸克与美洲豹——简单性和复杂性的奇遇 [M]. 杨建邺，李湘莲，等，译. 长沙：湖南科学技术出版社，1998.

［88］ 赵鑫珊. 天才与疯子——天才的精神构造 [M]. 南京：江苏文艺出版社，2003.

［89］ 卡斯蒂，维尔纳·德波利. 逻辑人生——哥德尔传 [M]. 刘晓力，叶闯，译. 上海：上海科技教育出版社，2002.

［90］ 许延浪. 科学与艺术——人类心灵的浪漫之旅 [M]. 西安：西北工业大学出版社. 2010.

［91］ 列舍特尼科夫. 夜空为什么是黑的——宇宙是怎样形成的 [M]. 张杰，王茨，王月楠，译. 上海：上海科技技术文献出版社，2018.

［92］ 怀恩 M，威金斯. 科学上的五大学说 [M]. 彭利平，等，译. 上海：华东师范大学出版社，2002.

［93］ 刘夕庆. 刘夕庆科学　科普画集 [M]. 南京：南京大学出版社，2007.

［94］ 米勒. 爱因斯坦·毕加索——空间、时间和动人心魄之美 [M]. 方在庆，伍梅红，译. 上海：上海科学教育出版社，2003.

［95］ 邓恩. 世界心理学鼻祖——荣格传记 [M]. 王东东，宋小平，译. 西安：世界图书出版公司，2015.

［96］ 考夫曼. 穷查理宝典——查理·芒格智慧箴言录（全新增订本）[M]. 李继宏，等，译. 北京：中信出版集团，2021.

［97］ 刘夕庆. 玩转艺术的"科学家" [M]. 北京：人民邮电出版社，2020.